GRUNDLAGEN DER ROMANISTIK

Herausgegeben von Eberhard Leube und Ludwig Schrader

6

Gesprochenes und geschriebenes Französisch

von

Ludwig Söll

bearbeitet von

Franz Josef Hausmann

Dritte, überarbeitete Auflage

ERICH SCHMIDT VERLAG

CIP-Kurztitelaufnahme der Deutschen Bibliothek

Söll, Ludwig:
Gesprochenes und geschriebenes Französisch / von Ludwig Söll. Bearb. von Franz Josef Hausmann. – 3., überarb. Aufl. – Berlin : Erich Schmidt, 1985.

(Grundlagen der Romanistik ; 6)
ISBN 3-503-02251-1

NE: Hausmann, Franz Josef [Bearb.] ; GT

ISBN 3 503 02251 1

(ISBN 2 503 00767 9, Erstausgabe)

3., überarbeitete Auflage 1985

Druck: Buchdruckerei Loibl, Neuburg/Donau

Inhalt

Vorwort zur dritten Auflage

Gegenüber der vorhergehenden ergeben sich in der vorliegenden dritten Auflage folgende Änderungen:

1. Die Bibliographie wurde durch das Einarbeiten von mehreren hundert neuen Titeln auf den Stand von 1985 gebracht[1]. Um den Umfang der Bibliographie nicht über Gebühr anschwellen zu lassen, wurden dagegen aussortiert: a) eine Reihe veralteter Titel, b) die in die zweite Auflage eingeführte große Zahl von Titeln zur Wissenschaftsgeschichte, c) die Titel zur Sprechsprache in der Literatur (bis auf wenige Ausnahmen).
2. Die neu aufgenommenen Titel wurden in der Mehrzahl in die Fußnoten eingearbeitet.
3. Von kleineren Korrekturen abgesehen wurde der Text des Buches nur in I, V 4 und VII verändert. Bei erheblicher Aktualisierung bleibt somit die dritte Auflage in der Paginierung mit der zweiten Auflage kompatibel.

Trotz deutlicher Verbesserung der Forschungslage bestand zu einem tiefgreifenden Revirement des Textes kein Anlaß. Einer im Umbruch befindlichen Forschung wird ein Handbuch wie das vorliegende gemäßigt reserviert gegenüberstehen und eine Phase der Konsolidierung abwarten. Es spricht allerdings vieles dafür, daß eine solche Phase in Reichweite rückt, was für die nächste Auflage dieses Handbuchs nicht ohne Folgen bleiben könnte.

Erlangen, im Mai 1985

Franz Josef Hausmann

[1] Seit 1979 sind noch folgende Rezensionen erschienen: a) (zur ersten Auflage) *K. E. M. George* in: French Studies 33, 1979, 1045 f. *H.* u. *R. Kahane* in: Romance Philology 34, Special Issue, February 1981, *15–*19. b) (zur zweiten Auflage) *K. Baldinger* in: ZRP 97, 1981, 675. *A. Barrera-Vidal* in: Praxis des neusprachlichen Unterrichts 28, 1981, 191 f. *A. Greive* in: RF 93, 1981, 193–195. *K. Hunnius* in: ASNSL 218, 1981, 450–453. Auf den sehr kritischen Tenor der beiden letzten Rezensionen wird ausdrücklich aufmerksam gemacht.

Aus dem Vorwort zur zweiten Auflage

Der allzufrühe Tod von Ludwig Söll (1931–1974) hat die deutsche Romanistik tief getroffen[1]. Vor allem die Erforschung des Gegenwartsfranzösischen, dem etwa seit 1968 Sölls vornehmliches wissenschaftliches Interesse galt, erlitt durch sein Dahinscheiden einen schweren Rückschlag. Denn nicht nur hat er durch seine bahnbrechenden Arbeiten zur „Situierung von *on* ‚nous'“, zur „Konkurrenz von *futur simple* und *futur proche*“, zum „direkten Fragesatz“ sowie durch seine Zwischenbilanzen über die „Krise der französischen Sprache“ und „Aspekte der französischen Gegenwartssprache“ diese Wissenschaft wie kaum einer vorangebracht, er hat ihr auch ein Prestige verliehen, das nicht selbstverständlich ist und dessen sie im Wettstreit mit den allemal als „wissenschaftlicher“ geltenden historischen und theoretischen Forschungen dringend bedarf. Hier scheute sich ein mit einer preisgekrönten klassischen romanistischen Arbeit habilitierter Ordinarius nicht, sich fürderhin fast ausschließlich Corpora des heutigen Französisch zu widmen und in einer Zeit stürmischer Theoriebildung für „nüchterne Beschreibung“ zu plädieren. Aus diesem Geist lebt das breit fundierte und faktenreiche Buch, das er kurz vor seinem Tode der von ihm als wesentlich erkannten besonderen Zweisprachigkeit des Französischen widmete: *Gesprochenes und geschriebenes Französisch.* Niemand ahnte, daß er die schon so bald fällige Neuauflage nicht mehr selber würde besorgen können.

Wenn Söll von „nüchterner Beschreibung“ spricht, so darf man das nicht mißverstehen. „Nüchtern“ bezieht sich hier auf den Schreiber; für den linguistisch gebildeten Leser ist Sölls Buch fesselnde Lektüre, einzigartig in seiner Verbindung von hoher Wissenschaftlichkeit und Nähe zu den Problemen, mit denen sich der fremdsprachliche Praktiker, deren Söll selbst einer war, konfrontiert sieht. Dies ist – bei aller berechtigten Detailkritik — der einhellige Tenor aller bislang publizierten Stellungnahmen[2].

[1] Vgl. H. H. Christmann, *Ludwig Söll (1931—1974). Mit einem Schriftenverzeichnis,* in: ZRP 90, 1974, S. 679—686. Nachrufe erschienen ferner in: NM 27, 1974, S. 119—120 (H. H. Christmann); RF 86, 1974, S. 119—122 (A. Greive) und VR 33, 1974, S. 374—375 (M. Pfister).

[2] Auf folgende Rezensionen konnte bei der Erstellung der Neuauflage zurückgegriffen werden: *A. Barrera-Vidal* in: Praxis des neusprachlichen Unterrichts 22, 1975, S. 198 f. *S. Ettinger* in: FM 43, 1975, S. 283 f. *A. Greive* in: ASNSL 215, 1978, S. 197. *F. J. Hausmann* in: Romanistisches Jahrbuch 26, 1975, S. 19—45. *G. Holtus, M. Pfister* in: ZRP 93, 1977, S. 58—96. *J. Klare* in: BRP 14, 1975 S. 221—224. *H. Kröll* in: Revista Portuguesa de Filologia 17, 1975—77,

Der Bearbeiter der Neuauflage sah sich vor keine leichte Aufgabe gestellt. Angesichts der großen Verbreitung von *Gesprochenes und geschriebenes Französisch* vornehmlich als studentisches Handbuch mußte vor allem auf Kompatibilität zur ersten Auflage geachtet werden. Andererseits war der Bearbeiter dem wissenschaftlichen Ethos des Autors verpflichtet, und es kann kein Zweifel sein, daß Ludwig Söll versucht hätte, der seit 1972 explosionsartig entwickelten Forschung in einer Neuauflage Rechnung zu tragen. Dies an seiner Stelle zu tun, wurde hier versucht.

Tübingen, im Juli 1979

Franz Josef Hausmann

S. 655—658. *B. Müller* in: ZRP 92, 1976, S. 557—561. *W. Oesterreicher* in: französisch heute, 6, 1975, S. 133—139. *G. A. Plangg* in: RF 88, 1976, S. 423—425. *E. Rattunde* in: NS 74, 1975, S. 612—614. *M. Scotti-Rosin* in: ZF 4, 1975, S. 43 f. *H. Weinrich* in: NM 29, 1976, S. 154—156.

I. Einleitung

Das gesprochene Französisch ist auf dem Vormarsch, im Alltag wie in der Forschung. Im Alltag ergibt sich dieser Eindruck durch den Einbruch des Sprechstils in Texttypen, in denen er noch vor wenigen Jahren undenkbar gewesen wäre. Man nehme nur die seit 1983 fast täglich in der hochseriösen Tageszeitung *Le Monde* erscheinende Rubrik „Sur le vif", in der die Journalistin CLAUDE SARRAUTE die Vielfalt des Lebens mit den lexikalischen und syntaktischen Mitteln der Sprechsprache kommentiert. Das liest sich etwa so:

> Déprime
>
> J'ai mon amie Paulette, elle est en pleine déprime. Qu'est-ce qu'elle a? Elle en a marre. Marre de quoi? Marre de tout. Et vraiment elle a tout fait pour se remonter le moral, pour se changer les idées. (. . .). Chaque fois c'est pareil. Au début, elle s'emballe. Elle se croit sauvée. Ça tient quoi . . . trois semaines, un mois. Et ça recraque. Et elle est de nouveau là, pendue au fil du téléphone ou suspendue au bord de la fenêtre. Elle habite au cinquième.
>
> Moi, je la retiens par le fond de son jean. J'essaye de chasser ses papillons noirs, de dissiper ses angoisses. Oui, juillet en solo dans un village de vacances, ce n'est pas tellement rigolo, c'est vrai. OK sa mère est une peau de vache, quelle importance, elle vit à Montpellier. D'accord, son mec s'est tiré sans un mot, sans rien, c'est dégueulasse, mais enfin des mecs, un de perdu, dix de retrouvés. Il y en a plein les rues. Il suffit de se retourner. Seulement ça, elle n'ose pas trop. (. . .). 27. 6. '84
>
> Bébête-Show
>
> Ce matin au tabac du coin, entre deux petits noirs et un croissant crème, Maurice, derrière son comptoir, prenait les paris. Mitterrand, son cirque, hier, à la télé, combien ça va lui faire gagner dans les sondages? Moi, j'ai mis 100 balles sur cinq points. Vous n'y croyez pas? Si, pourtant, c'était super! Un peu long, oui, d'accord.
>
> Mais, bon, un tour d'horizon aussi large et sur des sujets aussi graves — le smurf, le chébran, les tucs, le col Mao de Jack Lang, Renault déménage, Billancourt part pour la Lorraine, Cyrano, l'amitié, les Ripoux, les Schtroumpfs et les toilettes du Grand Louvre – y a pas à tortiller ça prend du temps. Et c'est pas du temps perdu. On a appris plein de choses, c'est vrai. (. . .).
>
> Au journal, il y a des copains, ils font la fine gueule. Ils disent que c'est pas

sérieux, que c'est du show-biz, une opération uniquement destinée à améliorer la cote du chef de l'Etat. Moi, je comprends pas. Je suis sortie de là très rassurée, très confiante, très touchée. C'est quand même formidable ce qu'il va faire pour nous, Mitterrand – et c'est pas des blagues, il l'a pratiquement promis: il va demander au gouvernement de supprimer les queues dans les hôpitaux. Je pense pas qu'il puisse y arriver, mais c'est gentil d'y avoir pensé.

30. 4. '85

Was nun die Forschung betrifft, so ist die Untersuchung des gesprochenen Französisch eingebettet in eine allgemeine Hinwendung zur gesprochenen Sprache, die als die bedeutendste Strömung sowohl der Linguistik als auch der Sprachdidaktik der Nachkriegsepoche gelten darf. Sie war freilich überfällig. Es konnte nicht weiterhin ausgerechnet der häufigste, alltäglichste, millionenfache Sprachgebrauch gleichzeitig der größte und unbekannteste Kontinent sprachwissenschaftlicher Welteroberung bleiben. Und es konnte nicht angehen, daß man in der Fremdsprachenausbildung den tatsächlichen mündlichen Sprachgebrauch der Muttersprachler kurzerhand ausklammerte.
Die Erforschung gesprochener Sprache steht und fällt mit der Existenz umfassender publizierter Corpora. Nur durch angemessene Verschriftlichung kann die Besonderheit der Sprechsprache hinreichend ins Bewußtsein des Beobachters gerückt werden. Mag dabei vieles Konstitutive verloren gehen, unersetzbar ist das graphische Festhalten des Rede„flusses", das Festnageln „schwarz auf weiß".
Die eindrucksvollste Dokumentation authentischer Alltagssprache liegt bislang für das Englische vor im *Corpus of English Conversation* (1980)[1]. Für das Deutsche existieren vor allem die *Texte gesprochener deutscher Standardsprache I–IV* (1974 ff.)[2].

Wer für die Untersuchung des gesprochenen Französisch auf bestehende Corpora zurückgreifen will, dem bieten sich folgende Möglichkeiten. Eigens für diesen Zweck publiziert sind die Texte von Eschmann 1984

[1] Vgl. *Computer corpora* 1982, Svartvik 1982 und Altenberg 1984. Zum gesprochenen Englisch vgl. ferner Edmondson 1981, Akinnaso 1982, Barnickel 1982, *Spoken and Written Language* 1982, Tannen 1982, Darian 1983 und Esser 1984.
[2] Vgl. ferner Ruoff 1985 und *Phonai: Textkorpora I* 1985. Als didaktisierte Einführung liegt vor Schank/Schoenthal ²1983. Vgl. ferner folgende Untersuchungen: Ruoff 1973, Wagner 1975, Caroli 1977, Heinze 1979, *Sprachverhalten in ländlichen Gemeinden* 1981, 1983, Bresson 1982, Brons-Albert 1984. Zu den Corpora vgl. auch *Empirische Textwissenschaft* 1979. Einen Forschungsbericht gibt Betten 1977, 1978.

und BIGGS/DALWOOD 1978. Aus Québec kommt das umfangreiche Corpus von BEAUCHEMIN/MARTEL 1975–1981 hinzu. In mehreren publizierten Arbeiten werden die benutzten Corpora ganz oder teilweise abgedruckt. Das gilt für das sogenannte *Aachener Situationscorpus* (Video-Corpus) von SCHERER 1984: 202–327, für das *Corpus d'Argenteuil* von DENISE FRANÇOIS 1974: 761–838, für das Material des Français Fondamental (*L'élaboration* 1967: 239–253), für das *Pariser Corpus* von ANDRÉ MALÉCOT 1977: 55–68, für Materialien, die ELISABETH GÜLICH 1970: A1–A77 aus dem Corpus des Français Fondamental übernommen oder selbst erstellt hat, für das Corpus von ZWANENBURG 1965: 7–38, 114–134 und Beiheft, sowie für die Hörtexte von BUFE u. a. 1980 und *Materialien zum Hörverstehen* 1977 ff. Daneben gibt es umfangreiche Corpora in Form sogenannter grauer Literatur; sie sind nicht im Buchhandel, wohl aber über die publizierenden Institutionen zu erwerben. Das gilt besonders für das große *Corpus d'Orléans*, das ebenso wie die *Enquête sur le langage de l'enfant français* 1966 u. 1968 bereits in vielen romanischen Seminaren vorhanden ist. Hinzu kommt nun das von SCHMALE-BUTON/SCHMALE erstellte Bielefelder Text-Corpus 1 mit dem Titel *Conversations téléphoniques* 1984.
In der Forschung schälen sich einige auf die gesprochene Sprache konzentrierte Zentren und Forschungsgruppen heraus. In Frankreich, wo die bedeutende Arbeit *Français parlé* von D. FRANÇOIS (1974) nicht den zu erwartenden Widerhall gefunden hat, tut sich vor allem der Groupe Aixois de Recherches en Syntaxe um C. BLANCHE-BENVENISTE hervor mit dem sehr reichhaltigen Publikationsorgan *Recherches sur le français parlé* (1977 ff.). In der Schweiz konstituierte sich um E. ROULET eine Schule, die sich vor allem der pragmalinguistischen Analyse der Sprechsprache widmet[3]. Solche Konversationsanalyse[4] steht in fruchtbarem Dialog mit deutschen Romanisten wie E. GÜLICH, R. MEYER-HERMANN (beide Bielefeld) oder W. SETTEKORN (Hamburg) und W. D. STEMPEL (München). GÜLICH und STEMPEL gliedern sich zusätzlich ein in eine seit Ende der 70er Jahre vor allem in der Germanistik aufgeblühte Erzählforschung, welche auch die Brücke zur Literaturwissenschaft schlägt[5]. Bemerkenswerte

[3] Vgl. *Actes de langage et structure de la conversation*, *L'analyse de conversations authentiques*, *Connecteurs pragmatiques et structure du discours* und *Logique, argumentation, conversation* sowie Moeschler 1982.

[4] Vgl. auch für das Deutsche *Arbeiten zur Konversationsanalyse* und daneben die Bände *Dialogforschung* und *Dialogmuster*.

[5] Vgl. *Erzählen im Alltag*, *Erzählforschung* und *Gespräche zwischen Alltag und Literatur*.

Arbeiten sind ferner hervorgegangen aus der Diskursanalyse[6], der Videoanalyse gesprochener Sprache[7] sowie der diachronischen Analyse[8]. A. Greive widmet seine Untersuchungen vor allem der stilistischen Differenzierung der Sprechsprache. Am historischen Aspekt ist unter sprachtypologischen Gesichtspunkten die britische Schule um M. Harris besonders interessiert[9]. In den USA ragen neben den morphologisch-phonologischen Arbeiten von J. Klausenburger und B. Tranel die Corpusauswertungen von W. Ashby[10] und die generativen Arbeiten von K. Lambrecht hervor. Besonders lebendig gestaltet sich die Erforschung der Sprechsprache im frankophonen Kanada[11].

Erfreulich ist ferner die zunehmende Berücksichtigung der gesprochenen Sprache in neueren Referenzgrammatiken, vor allem in der *Grammatik des heutigen Französisch* von Klein/Kleineidam (1983), aber auch bei Confais 1978, Weinrich 1983 oder Judge/Healey 1983.

Nicht zuletzt die Lexikographie des gesprochenen Französisch hat in den letzten Jahren große Fortschritte gemacht. Das gilt einmal für die allgemeinsprachigen Wörterbücher, ein- wie zweisprachige, die dem Sprechwortschatz breiten Raum gewähren. Unter den einsprachigen Wörterbüchern sei hier der im Erscheinen begriffene *Trésor de la langue française* genannt, in dem die Sprechsprache durch zahlreiche Zitate aus Autoren wie Céline oder Queneau vertreten ist[12]. Unter den zweisprachigen Wörterbüchern verdient in dieser Hinsicht höchstes Lob *Langenscheidts Großwörterbuch Französisch-Deutsch* von Erich Weis (1979). Daneben sind aber auch in kurzer Zeit erstaunlich viele Spezialwörterbücher der gesprochenen Sprache und des Argot erschienen. Für die rasche Orientierung empfiehlt sich der *Dictionnaire du français argotique et populaire* (Caradec 1977). Daneben ist der stärker historisch orientierte

[6] Wehr 1984 aus der Schule von H. Stimm.

[7] Scherer 1984 aus der Schule von R. Baum.

[8] Vgl. Kap. VII, Anmerk. 12. In Arbeit ist eine größere Untersuchung durch E. Radtke.

[9] Vgl. auch Bossong 1981.

[10] Ashby, der sich ursprünglich auf das Pariser Corpus von Malécot stützte, hat in Tours ein eigenes Corpus erstellt (Corpus Ashby), das Sprecher aller Schichten repräsentiert. Die Auswertung ist in den seit 1980 erschienenen Arbeiten niedergelegt.

[11] Vgl. die Arbeiten von Sankoff u. a., Gagné u. a., Bureau, ferner die Bände *Le français parlé, Le français parlé au Québec, Le français parlé en milieu populaire*, sowie Beauchemin/Martel.

[12] Vgl. Hausmann 1982.

und belegende *Dictionnaire du français non conventionnel* (CELLARD/REY 1980) zu nennen. Ein umfassendes zweisprachiges Wörterbuch existiert jetzt in dem *Dictionary of Modern Colloquial French* (HÉRAIL/LOVATT 1984)[13].

Man darf sagen, daß die Erforschung des gesprochenen Französisch in der deutschen Romanistik Pilotwirkung hatte. Die Ausweitung der Forschungsdynamik vor allem auf das Italienische[14], daneben aber auch auf das Portugiesische und das Spanische[15] gehört zu den begrüßenswertesten Erscheinungen der letzten Jahre.

Insgesamt ist Optimismus erlaubt. Nachdem sie in der Vergangenheit allzuoft romantischer Verklärung ebenso wie puristischer Verdammung zum Opfer fiel, wird die gesprochene Sprache, dank internationaler Forschungsanstrengung, nunmehr zunehmend in das neutrale Licht linguistischer Beobachtung gerückt. Langsam schält sich ihre Identität heraus und ergibt ein faszinierendes Bild des Funktionierens von Sprache überhaupt[16].

[13] Vgl. ferner Martins-Baltar 1976, Roland 1977, Giraud 1981, Cellard 1982, Perret 1982, Berlin 1983, Andréini 1985.

[14] Vgl. Sornicola 1981, Marcato/Ursini 1983, *Varietätenlinguistik des Italienischen* 1983, *Gesprochenes Italienisch* 1985.

[15] Vgl. *Umgangssprache in der Iberoromania* 1984, sowie Gil 1984.

[16] Zu grundsätzlichen Fragen vgl. noch Blanche-Benveniste 1983 und Culioli 1983.

II. Grundbegriffe

1. Code phonique / Code graphique; Code parlé / Code écrit*

Français parlé wird oft mit *français populaire, familier* o. ä. gleichgesetzt, HARRO STAMMERJOHANN[1] erklärt apodiktisch-gerafft: „*Umgangssprache* kann man nur *hören*"[2]. Solche Identifikationen sind unbrauchbar, wenn ihr Sinn nicht eigens erläutert wird. Umgangssprache kann man auch lesen, z. B. in dem Textanhang bei STAMMERJOHANN, und umgekehrt ist natürlich auch das *français cultivé* oder *français littéraire* oder *français écrit* hörbar, eben wenn es vorgelesen, d. h. gesprochen wird.

Wir wollen mit *code phonique* und *code graphique* jene Grundmanifestationen menschlicher Sprache bezeichnen, die strikt an das Medium, an den Kommunikationsweg gebunden sind. JEAN PEYTARD[3] definiert, mit etwas anderen Termini, diese Manifestationen so:

> L'*ordre oral* est celui dans lequel est situé tout message réalisé par articulation et susceptible d'audition [= code phonique].
> L'*ordre scriptural* est celui dans lequel est situé tout message réalisé par la graphie et susceptible de lecture [= code graphique].

Was die Texte oder «messages» betrifft, sprechen wir dann von «textes phoniques», «messages phoniques» und «textes graphiques», «messages graphiques».

Die orale Manifestation wird häufig als primär bezeichnet:

> Pour nous, le langage a une manfestation normale et primaire, qui est phonique, l'écriture, ou représentation graphique, étant sa manifestation secondaire[4].

* Vgl. zum gesamten Kapitel W. MAIR, *Überlegungen* und *„Français parlé" et „Français écrit"*, sowie P. KOCH, *Sprechsprache im Französischen.*

[1] H. Stammerjohann, *Strukturen der Rede,* S. 300.

[2] Hervorhebungen von uns.

[3] J. Peytard, *Oral et scriptural,* S. 37.

[4] E. Alarcos Llorach, *Représentations graphiques du langage,* S. 519 f. Vgl. auch J. Lyons, *Introduction to Theoretical Linguistics,* S. 38 ff., ders. in *New Horizons in Linguistics,* S. 18, D. W. Langacker, *Language and its Structure,* S. 58 ff.

Roland Harweg[5] entscheidet sich dafür, daß die Schreibung der Lautung, die Schrift den Lauten hierarchisch nicht nachgeordnet, sondern nebengeordnet sei. Die Streitfrage ist rein theoretischer Natur. Historisch ist die Abhängigkeit des *code graphique* vom *code phonique* zweifelsfrei gegeben, jeder *code graphique* setzt — im Bereich der menschlichen Sprache — einen *code phonique* voraus[6]. Synchronisch und mit Bezug auf die verschiedenen Kommunikationswege mag der *code graphique* als unabhängig und autonom betrachtet werden, obwohl zwischen beiden *codes* weitgehende Isomorphie, weitgehende strukturelle Gleichheit besteht, auch im Englischen und Französischen, deren codes offenkundlich weit divergieren. Bei aller Autonomie des *code graphique* gilt doch, daß er prinzipiell den *code phonique* repräsentiert[7].

Die relative Autonomie des *code graphique* wird für das Französische im folgenden ausführlich zu begründen sein. Hier sei nur generell vermerkt, daß er die suprasegmentalen Elemente des *code phonique* (Akzentuierung, Melodieverlauf, Pausensetzung etc.) nicht oder nicht vollständig repräsentieren kann[8], andererseits aber über Mittel verfügt, die vom *code phonique* ganz oder weitgehend unabhängig sind: Druckanordnung (Überschriften, Paragraphierung, mit der Möglichkeit der Hierarchisierung), Majuskeln, Schriftarten, autonome Interpunktion[9], Worttrennung.

Die Wichtigkeit der Spezifizierung «phonique»/«graphique» für alle Kultursprachen bedarf keiner weiteren Erläuterung. Karel Hausen-

[5] R. Harweg, *Buchstabe und Graphem.*

[6] Vgl. auch die Bezeichnungen für die Sprache: *Sprache, speech, lingua, langue, glotta* usw.

[7] Vgl. zu der ganzen Problematik A. Penttilä, *Zur Grundlagenforschung der geschriebenen Sprache,* sowie das Kapitel „Zum Problem der Graphematik" bei H. Goebl, *Normandische Urkundensprache,* S. 126 ff.

[8] „Die Interpunktionszeichen u. dgl. sind nur ein sehr dürftiges, allzu schematisches und oft nicht eindeutiges Inventar der Mittel, die der bunten und feindifferenzierten Skala der Mittel der gesprochenen Sprache bei weitem nicht gleichwertig sind", J. Vachek, *Zu allgemeinen Fragen,* S. 111.

[9] Darunter ist die Eigenbedeutung, d. h. vom *code phonique* gelöste Bedeutung bestimmter Satzzeichen zu verstehen. Vgl. z. B. den spezifischen Gebrauch des Doppelpunktes bei Sartre (L. Söll, *Der Doppelpunkt als Stilphänomen).* Zur Interpunktion unter dem Gesichtspunkt von Universalien und Ideographie (damit ohne Bezug zu einem *code phonique*) siehe H. A. Gleason, *Introduction,* S. 336 f. (26. 10. und 26. 11.). Zur Interpunktion im Französischen vgl. die Arbeiten von J.-P. Colignon, A. Doppagne und L. Védénina.

BLAS[10] bezeichnet neben dem Unterschied zwischen „Dialogen" und „Monologen" den zwischen „spoken and written manifestations" als besonders wichtig für die Klassifizierung der „discourses" und meint damit die Unterscheidung «phonique»/«graphique» (die Unterschiede würden hier bis zu den „smallest structural elements" reichen).

Eine offene Frage ist hingegen die Einordnung und Zuordnung von „phonisch"/„graphisch" im System der Linguistik. ALTHAUS und HENNE[11] ordnen den Unterschied der Performanz zu und verlegen ihn damit auf die Ebene der Realisierungen. Das ist gewiß möglich, wenn man Sprachkompetenz, Sprachkode und Sprachsystem so definiert, daß sie eben Phonisches und Graphisches umfassen, aber die Lösung erscheint uns nicht adäquat. Der Analphabet ist nicht in der Lage, seine Sprachkompetenz graphisch zu realisieren, zwei Analphabeten können ihren Sprachkode nicht in einen graphischen Sprachdiskurs umsetzen, eine Sprachgemeinschaft ohne Schrift hat keine ihrem Sprachsystem zugeordnete graphische Sprachnorm[12]. Man unterscheidet also besser zwischen einer „phonischen" Sprachkompetenz, die jeder Sprecher hat, und einer sekundären „graphischen" Kompetenz, die er haben kann. Wir sprechen deshalb, den Regelcharakter der verschiedenen Systeme betreffend, nicht nur von einem *code phonique,* sondern auch von einem *code graphique*[13]. Die mehr oder weniger große Isomorphie der beiden codes wird von der Unterscheidung nicht berührt, ebensowenig der Primat des *code phonique.*

„Gesprochene Sprache"/„geschriebene Sprache" („Schriftsprache") werden nun häufig in einem anderen Sinn als dem von *code phonique/code graphique* gebraucht. „Wer ein vorbereitetes Manuskript wörtlich abliest oder wer ein Gedicht rezitiert, bleibt freilich auch sprechend im Bereich der Schriftsprache"[14]. Hier wird „gesprochen"/„geschrieben" nicht auf die Realisation, sondern auf die Konzeption, nicht auf den sekundären oder mittelbaren, sondern auf den primären oder unmittelbaren Kommu-

[10] K. Hausenblas, *On the Characterization and Classification of Discourses,* S. 72 f.

[11] H. P. Althaus, H. Henne, *Sozialkompetenz und Sozialperformanz,* S. 6 f.

[12] Wir verwenden hier die Termini von Althaus und Henne, ohne uns ihnen im folgenden anzuschließen.

[13] In der Terminologie von Althaus und Henne etwa „phonisches (Sprach)system" und „graphisches (Sprach)system". Im übrigen sind *phonisches System* und *graphisches System* geläufige Termini, vgl. E. Pulgram, *Graphic and Phonic Systems: Figurae and Signs.*

[14] H. Eggers, *Zur Syntax der deutschen Sprache der Gegenwart,* S. 50.

nikationsweg abgestellt. Ein Buch wird primär und unmittelbar geschrieben und für die graphische Kommunikation konzipiert, sekundär und mittelbar, mit Umkodierung, kann es auch gesprochen (bzw. gehört statt gelesen) werden. Ein Gespräch des Alltags wird unmittelbar phonisiert, mittelbar kann es auch graphisiert werden. Die unmittelbaren, nicht umkodierten Typen nennt HANS EGGERS „schriftliche Rede" und „mündliche Rede", beide sind verschieden konstituiert: „Die schriftliche Rede folgt eigenen und anderen Gesetzen als die mündliche . . .", und zwar unabhängig (oder wenigstens teilweise unabhängig) von sprachlichen Niveaus oder Registern: „Denn das verbindet den einfältigsten Schreiber mit dem Dichterfürsten: Sobald sie zur Feder greifen, bedienen sie sich anderer Ausdrucksmittel als in ihrem Sprechen"[15]. Wir bezeichnen die „reinen", auf den unmittelbaren Sprech- oder Schreibakt bezogenen Typen als *langue parlée/langue écrite* bzw. *code parlé/code écrit, texte parlé/texte écrit, message parlé/message écrit*[16]. *Code parlé* und *code écrit* werden durch eine Reihe von Faktoren differenziert, die über *phonique/graphique* hinausgehen:

a) Beim «message parlé» partizipieren Sprecher und Hörer an der gleichen (außersprachlichen) Situation, im «message écrit» muß der Schreiber für den räumlich getrennten Leser die Situation vermitteln — was nur sprachlich geschehen kann –, jedenfalls auf die Hilfe der Situation für das Verstehen verzichten. Bestimmte Sprech- und Schreibakte, wie Telefongespräche oder Briefwechsel, die die Unterschiede relativieren, aber nicht aufheben, können für die grundsätzliche Abgrenzung außer Betracht bleiben. Repräsentativ für gesprochene Sprache ist sicher ANDRÉ MARTINETS Feststellung: „Im täglichen Leben ist das Gesprochene oft nur Kommentar zu einer Situation"[17]. Noch weiter geht MARIO WANDRUSZKA[18]: «Notre langage est un instrument d'information supplémentaire [!] d'une incroyable flexibilité. Notre conversation est une brachylogie continuelle, pleine de sous-entendus et d'ellipses». Wie notwendig die Kenntnis der Situation für das Verständnis gesprochener

[15] Ibid., S. 49.

[16] Roland Harweg (vgl. *Pronomina und Textkonstitution*, S. 150 f.) verwendet dafür „mündlich konstituiert"/„schriftlich konstituiert". Man könnte sich vereinfacht auf „mündlich"/„schriftlich" und „gesprochen"/„geschrieben" (für «phonique»/«graphique») einigen, doch werden wir auch im folgenden der Klarheit wegen meist die eingeführten französischen Termini verwenden.

[17] A. Martinet, *Grundzüge*, S. 150.

[18] M. Wandruszka, *Pour une linguistique à visage humain*, S. 12.

Sprache ist, ist oft betont worden, transkribierte Konversationen sind für den Nichtbeteiligten oft unverständlich[19].

b) Gesprochene Sprache wird in ihrer Grundform von Gestik und Mimik begleitet, für die der code écrit kein direktes Äquivalent hat. Verbalisierende Umschreibungen sind nur ein unzulänglicher Notbehelf und nur beschränkt einsetzbar. Insofern Gestik und Mimik der Situation zugerechnet werden können, zeigt sich wiederum, daß der code écrit die Situation nur versprachlicht indirekt wiedergeben kann. Bei der Phonisierung geschriebener Sprache sind Gestik und Mimik interpretativ und unabhängig vom Schreibakt.

c) Der zeitliche, lineare Ablauf des Sprechens kann nicht rückgängig gemacht, gesprochene Sprache kann nicht „radiert" werden. Wenn Korrekturen vorgenommen werden, bleiben sie sichtbar, genauer: hörbar. Anakoluthe, Fehlstarts haben hier ihre Begründung. Sie können nicht einfach als Fehler abgetan werden, sie sind kennzeichnend für gesprochene Sprache, selbst wenn die Fehlerquote (gemessen an geschriebener Sprache) den Grenzwert Null erreichen kann. Ebenso kennzeichnend sind Flickwörter, Pausen (leer und gefüllt) sowie, zumindest teilweise, die Gliederungssignale[20] mündlicher Rede. Mit ihrer Hilfe gewinnt der Sprecher Zeit, um allzu häufige Korrekturen zu vermeiden, um den Anschluß des Sprechens an das Denken halbwegs sicherzustellen. Geschriebene Sprache steht nicht unter diesem „Zeitdruck", sie kann die Rede mit Muße organisieren und gegebenenfalls revidieren, ohne sichtbare Spuren: «Nous relisons une phrase que nous venons d'écrire et nous constatons avec agacement qu'elle est ambiguë (...) et qu'il faut la tourner autrement pour qu'elle cesse d'être équivoque»[21]. Die Auflösung der Ambiguität ist jedoch nur ein Aspekt der schriftlichen Organisation und Revision, wenngleich ein wichtiger. Folgende von Wandruszka[22] zitierte Passage aus *Les Thibault* von Roger Martin du Gard ist typisch für gesprochene Sprache:

> «Mais le loyer?» —
> «On le paye». —
> «Qui *on*?» —
> «Nous».

[19] Vgl. u. a. H. Rupp, *Gesprochenes und geschriebenes Deutsch*, S. 23, und H. Zimmermann, *Typologie des spontanen Gesprächs*, passim.

[20] „Gliederungssignal" hier im weiteren Sinn, wie etwa Elisabeth Gülich den Begriff verwendet.

[21] M. Wandruszka, *Pour une linguistique à visage humain*, S. 12.

[22] Ibid. S. 12. Vgl. auch L. Söll, *Zur Situierung von* on *«nous»*, S. 540 f.

Die Situation reicht hier offenbar zur Disambiguierung nicht aus, die Präzisierung erfolgt auf Rückfrage des Hörers, und sie bleibt sichtbar.

d) Die Realisierungszeit (für Sender und Empfänger) ist in geschriebener Sprache länger als in gesprochener. Dieser Faktor hängt mit dem eben angesprochenen der Korrigierbarkeit unmittelbar zusammen. Die Prager Schule spricht in diesem Zusammenhang vom „Vorbereitungsfaktor" für gesprochene Äußerungen[23]. Ein höherer Vorbereitungsfaktor kann den Abstand von geschriebener Sprache gewiß reduzieren, aber nicht aufheben, „wie ein Buch sprechen" markiert nur den äußersten Grenzwert, der nicht der Norm entspricht. Der Komplexitäts- und Organisationsgrad der beiden codes differiert insofern prinzipiell. Dabei ist allerdings auch zu sehen, daß gesprochene Sprache über die Kompensationsmöglichkeit des code phonique sowie der Gestik und Mimik verfügt, d. h. daß der syntaktisch-semantische Komplexitätsgrad nicht zum einzigen Beurteilungskriterium erhoben werden darf: „(...) es dauert immer länger, sich schriftlich auszudrücken als mündlich zu reagieren [und sich mündlich auszudrücken]. Eine wichtige Rolle spielt dabei sicherlich auch die Mannigfaltigkeit der gesprochenen Äußerung: ihre mannigfaltige rhythmische und melodische Differenzierung, bzw. auch mimische Begleitung erhöht den kommunikativen Effekt dieser Äußerung"[24].

Eine Folge der verschiedenen Realisierungszeiten ist, abgesehen von der geringeren Komplexität gesprochener Sprache, auch deren geringere Variabilität. Die type-token-Relation ist allgemein niedriger als in geschriebener Sprache, d. h. die mündliche Rede nützt die paradigmatischen Möglichkeiten der Sprache in geringerem Maße aus.

Die Notwendigkeit der Unterscheidung in «phonique»/«graphique» und «parlé»/«écrit» ist evident. Sie klingt oft an, wird aber selten explizit gemacht[25]. Martinet gibt einige treffende Beispiele, die neben der Notwendigkeit der doppelten Unterscheidung auch die besondere Affinität

[23] Vgl. M. Jelínek, *Stilistische Spannweite*, S. 62, F. Daneš, *Kultur der gesprochenen Äußerungen*, S. 80 f., K. Hausenblas, *On the Characterization and Classification of Discourses*, S. 43 f.

[24] J. Vachek, *Zu allgemeinen Fragen*, S. 109 f. Auf das Merkmal der „Bewahrbarkeit" geschriebener Äußerungen, das Vachek ebenda anschneidet, wollen wir hier nicht weiter eingehen.

[25] Vgl. J. Lyons, *Introduction*, S. 38 ff., A. Martinet, *Grundzüge*, S. 148.

zwischen «phonique» und «parlé» einerseits, «graphique» und «écrit» andererseits illustrieren[26]:

code parlé[27]	graphische Unsicherheit
/pagaj/	*pagaye, pagaïe, pagaille*
code écrit[28]	phonische Unsicherheit
pusillanime	/-l-/, /-ll-/, /-j-/
transi	/-z-/, /-s-/

Man kann *pagaye* etwa mit dem Merkmal [parlé], *transi* mit dem Merkmal [écrit] versehen, wobei zu verstehen ist: „vorwiegend parlé“, „vorwiegend écrit“[29]. Die phonische Seite wird durch Phoneme, die graphische durch Grapheme (= Buchstaben)[29a] angezeigt: /pagaj/, p-a-g-a-y-e. In einem Schema können die Beziehungen wie folgt veranschaulicht werden:

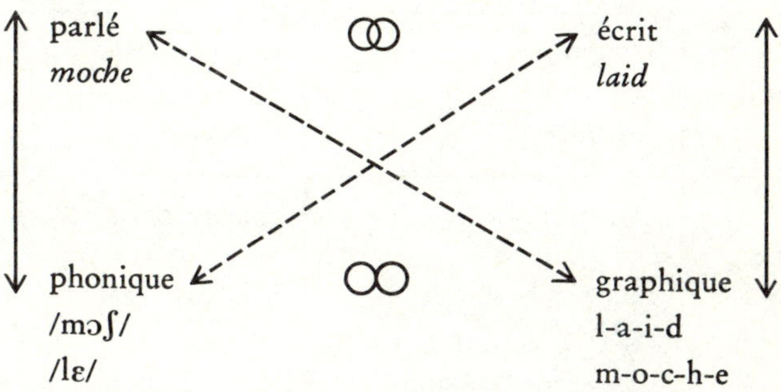

Durch ↕ sind enge Beziehungen, durch ↙↗ ↖↘ lockere Beziehungen gekennzeichnet (*moche* ist primär ein gesprochenes Wort, es kann aber auch geschrieben werden). Mit ∞ ist gekennzeichnet, daß sich code phonique

[26] Wir stellen die bei Martinet im Original wie in der deutschen Übersetzung uneinheitliche Terminologie auf die vorher eingeführten Termini um.

[27] D. h. in diesem Zusammenhang: /pagaj/ ist ein Wort, das vor allem gesprochen vorkommt.

[28] D. h. in diesem Zusammenhang: *pusillanime* und *transi* sind Wörter, die vor allem geschrieben vorkommen.

[29] Von soziokulturellen Implikationen wie [parlé] ⇄ [familier], [écrit] ⇄ [littéraire] wird hier abstrahiert.

[29a] Zum funktionalen Graphembegriff siehe unten 75 ff.

und code graphique ausschließen, mit , daß zwischen «parlé» und «écrit» Überschneidungen vorkommen und tatsächlich die Regel sind.

Die Überschneidungen können verschiedener Art und verschiedenen Grades sein:

moche:		geringe Überschneidung
laid:		weite Überschneidung
femme:		weite Überschneidung
épouse:		geringe Überschneidung

Die Notwendigkeit der doppelten Unterscheidung sei noch an zwei Sätzen illustriert:

	parlé		écrit	
phonique	*sɛpapɔsibl* *fopaldir*	(1)	snɛpapɔsibl ilnəfopaldir	(3)
graphique	c'est pas possible faut pas le dire	(2)	*ce n'est pas possible* *il ne faut pas le dire*	(4)

Die üblichen Repräsentationen sind (1) und (4); (2) impliziert eine Annäherung des code graphique an den code parlé, die meist schockiert, nicht aus Gründen des Systems[29b], sondern der Norm[30]; (3) impliziert eine Annäherung des code phonique an den code écrit, die zwar nicht schockiert, nichtsdestoweniger eine Normabweichung darstellt. Die Normabweichungen[31] kann man hier mit Registerwechsel[32] erklären, aber

[29b] Rein phonographisch gesehen, d. h. unter Ausklammerung verschiedenartiger Satzstrukturen von code parlé und code écrit, ist natürlich allein (2) eine angemessene Umkodierung von (1).

[30] Vgl. R. Lagane, *Le français commun, mythe ou réalité?*, S. 8: „La syntaxe de L.-F. Céline ne choque, bien entendu, que pour s'être affranchie de cette règle de transcription."

[31] Eine weitere Normabweichung wäre [infopɑldir].

[32] Register ist als soziokulturelles Register zu verstehen.

es ist unzulässig, den Registerwechsel auf den Übergang (1) → (4) oder (4) → (1) auszudehnen:

> Le passage de la parole à l'écriture se traduit donc naturellement, chez les gens même moyennement cultivés, par un changement de registre qui ramène diverses variantes à certaines formes de base[33].

(1) und (3) haben ebensowenig den gleichen Status wie (2) und (4) – der Ausfall von *ne* im code parlé ist z. B. usuell[34] –, die übliche Diskrepanz zwischen (1) und (4) darf deshalb nicht mit den registerbedingten Ausschlägen von (1) nach (3) hin gleichgesetzt werden. (1) und (4) sind heute nichtmarkiert, (2) und (3) markiert, die Diskrepanz zwischen (1) und (4) erklärt sich historisch dadurch, daß die französische (Ortho)-graphie einen Zustand (3) als Norm für «parlé-phonique» konserviert. Der historische Wechsel von (3) nach (1) im Feld «parlé-phonique», der an dem gegenwärtigen Verhältnis zwischen (1) und (4) und speziell eben an der gegenwärtigen Orthographie abzulesen ist, darf aber nicht mit Registerwechseln innerhalb gleicher Codegruppen (↕,↔) gleichgesetzt werden. Die Null-Register sind also heute (1) und (4), der Weg von (1) nach (4) und umgekehrt ist der normale zwischen «phonique» und «graphique». Alle anderen Wege implizieren Registerwechsel, sei es mit einfachem oder doppeltem code-Wechsel[35].

In der Praxis sind die Varianten des code phonique wichtiger, zahlreicher und schwerer hinsichtlich «parlé»/«écrit» einzuordnen als die des code graphique. Die Schwierigkeiten der Zuordnung führen tatsächlich dazu, daß der code parlé (in seiner phonischen Gestalt) oft nicht registerneutral zu fassen ist[36]; aber diese Schwierigkeit sollte nicht die theoretische Unterscheidung aufheben, ebensowenig wie die Tatsache, daß «parlé» und «écrit» teilweise nicht geschieden sind, die codes sich also überschneiden.

Bezüglich der allgemeinen Unterscheidung von «parlé»/«écrit» wird häufig die Opposition nicht markiert/markiert eingeführt:

> Die geschriebene Norm bewerten wir als markierte, die gesprochene Norm als unmarkierte, ohne damit eine von diesen beiden Normen für funktional oder strukturell minderwertig zu halten[37].

33 R. Lagane, S. 8.
34 Vgl. dazu unten 117 ff.
35 Der Wechsel zwischen (2) und (3) ist dabei eher theoretisch.
36 Vgl. dazu unten 34 ff.
37 J. Vachek, *Zu allgemeinen Fragen*, S. 114. Vgl. auch ibid., S. 110.

> Or la langue écrite n'est pas seulement un transcodage[38], mais elle suppose tant dans le stock verbal que dans ses règles de transformation une différence fondamentale avec la langue parlée ... La langue écrite dans sa totalité représente un type de transformation par rapport à la langue parlée, caractérisé par une tendance à substituer des termes stylistiquement marqués à des termes non marqués[39].

Als Beispiel erwähnt DUBOIS das Synonymenpaar *lorsque, quand.* Die Schwierigkeit, die hier auftritt, ist die genannte der Differenzierung zwischen code- und Registerunterschieden. Unzweifelhaft steigt die relative Frequenz von *lorsque* in geschriebenen Texten, aber *quand* bleibt am häufigsten[40]. Man wird also *quand* nicht als oral markiert bezeichnen können, bei *lorsque* in das Dilemma der Abgrenzung zwischen den Markierungen «écrit» und «littéraire» o. ä. geraten[41]. Bei erwiesener relativer Präponderanz in allen oder den meisten geschriebenen Texten sollte man sich für [écrit] entscheiden, sonst aber für [littéraire] o. ä. Im übrigen gibt es auch oral markierte Typen wie z. B. *moche*[41a]. Die Markierungen [écrit] und [parlé] können also nur bei hoher code-Spezifizierung verwendet werden: *moche, épouse* in den obengenannten Beispielen, vielleicht *lorsque*[42], nicht aber *femme, laid, quand.* Was die Relationen *geschrieben – markiert, gesprochen – unmarkiert* bei VACHEK betrifft, so können sie in dieser Generalisierung sinnvoll nur als verschiedene type-token-Verhältnisse verstanden werden.

Mit dem Blick auf den verschiedenen Gebrauch von gleichen Sprachmitteln, den code parlé und code écrit machen, erhebt sich die Frage, ob die Unterscheidung der beiden codes nicht nur auf der Ebene der Stilistik liegt. In der Tat fragt sich HELGA FEIDER[43]:

> Since systematic differentiation between written and spoken English has been found to be so notably absent from grammars of American English,

[38] Hier wird, ohne terminologische Differenzierung, auf den code graphique im Gegensatz zum code écrit abgestellt.

[39] J. Dubois, *Grammaire structurale du français. Le verbe*, S. 101 f.

[40] Zu den Frequenzen im einzelnen s. unten S. 189.

[41] Zu ähnlich problematischen Fällen im Deutschen vgl. M. Wandruszka, *Interlinguistik,* S. 108 und 114: *Knabe/Junge, Bub; sich eines Messers bedienen/ein Messer nehmen; sich der Kleider entledigen/die Kleider ausziehen* u. a.

[41a] Für das Deutsche: *doll, prima, gucken, na* ... Vgl. dazu die Frequenzen bei H.-H. Wängler, *Rangwörterbuch hochdeutscher Umgangssprache.*

[42] Deutlicher ist die code-Spezifizierung im Bereich der Grammatik: *il viendra?* [parlé] – *viendra-t-il?* [écrit]. Vgl. dazu S. 138 ff.

[43] H. Feider, *Comparative Syntactic Description*, S. 4.

> perhaps the conclusion suggests itself that most of the differences (...) are in fact outside the province of grammar, in the realm of stylistics.

Ähnlich konstatiert HUGO STEGER[44]: „Übertriebene Vorstellungen von der Eigenständigkeit der ‚Grammatik' der gesprochenen Sprache haben sich sehr schnell korrigieren lassen". Gesprochenes und geschriebenes Deutsch gehörten beide zu ein und demselben Sprachsystem. Laut ULRICH ENGEL[45] unterschieden sich Alltagssprache[46] und Schriftsprache weder nach der Zahl noch nach der Art der verwendeten Satzbaupläne nennenswert, es ließen sich aber erhebliche Frequenzunterschiede beobachten. Ähnliche Feststellungen wurden auch für die semantische Seite der Sprache getroffen[47], im Bereich der „ersten Gliederung" der Sprache gibt es vielleicht überhaupt keine Einheiten, die ausschließlich auf «parlé» oder «écrit» determiniert sind[48]. In der Tat kann man wohl den gesamten code parlé (der code phonique bleibt ausgeschlossen) auf eine Stilistik der gesprochenen Sprache reduzieren, d. h. auf den besonderen Gebrauch, den die gesprochene Sprache von den allgemeinen Sprachmitteln macht. Aber wenn diese Stilistik der gesprochenen Sprache nicht Heterogenes umfaßt, wie es der „Stil der deutschen Alltagsrede" von ELISE RIESEL tut, sondern auf spezifisch oralen „Selektionen aus dem allgemeinen grammatischen System und der Zusammensetzung der dort abgerufenen Systemteile"[49] gegründet ist, damit also auch von soziokulturellen Schichtenspezifizierungen abstrahiert, können wir einen code parlé (und entsprechend einen code écrit) etablieren und diesen zwar nicht dem *System,* aber doch der *langue* zuweisen. Die einzelnen Sprachen haben dann zwar keine oralen Systeme, aber orale Normen[50]. Solche (deskriptiven) Normen für das heutige gesprochene Französisch sind z. B.: Passé composé statt Passé simple, Intonations- statt Inversions-

[44] H. Steger, *Über Dokumentation und Analyse gesprochener Sprache,* S. 53.
[45] U. Engel, *Satzbaupläne in der Alltagssprache,* S. 72.
[46] Gemeint ist damit gesprochene Sprache.
[47] Vgl. J. Nosek, *Semantic Features of Modern Colloquial English,* S. 7.
[48] Vgl. dazu unten S. 185 ff.
[49] H. Steger, *Über Dokumentation und Analyse gesprochener Sprache,* S. 55 f. Vgl. auch ders., *Forschungsbericht,* S. 97 und *Gesprochene Sprache,* S. 206.
[50] Der Begriff der Norm wird hier im Sinne Eugenio Coserius verwendet. Vgl. auch die *Sprachnorm* Havráneks als „eine innersprachliche Erscheinung, d. h. ein Komplex der von einer Sprachgemeinschaft regelmäßig gebrauchten und als verbindlich empfundenen Sprachmittel" im Gegensatz zur *Kodifikation* als „Aufzeichnung und Festlegung der Sprachnorm" (*Stilistik und Soziolinguistik,* S. XV). M.-L. Moreau, *Français oral et français écrit,* S. 236, möchte die syntak-

frage, *on* statt *nous* als sogenanntes unbetontes Subjektspronomen, *pas* statt *ne . . . pas*[51]. Die „Normkraft" der einzelnen Phänomene mag zwischen 100 % und 70 % schwanken, die Zahlen sind jedoch insgesamt so hoch, daß der Komplex der vier Erscheinungen als normcharakterisierend gelten darf. Geringe Abweichungen von der Norm sind möglich, ohne daß die Norm an sich verletzt, d. h. ein Normbruch empfunden würde, erst stärkere Abweichungen sind stilistisch markiert. In diesen Bereich fallen dann die „Übergangsstile" zwischen gesprochener und geschriebener Sprache bei MARTINET[52], wobei hinzuzufügen wäre, daß die einzelnen Übergänge meßbar sind, wenn eben die gesprochenen und geschriebenen Normen zugrunde gelegt werden.

Die Einbeziehung statistischer Werte in den *langue*-Begriff ist geläufig. GUSTAV HERDAN[53] begreift die *langue* als „engrams plus their respective probabilities of occurence", als eine wesentlich statistische Population, „[which] is characterised by definite relation frequencies or probabilities of the values of the variable, here the linguistic forms belonging to a particular linguistic level"[54]. Auf experimentalpsychologische Versuche, die diese These erhärten, verweist HANS HÖRMANN[55]. Einwände gegen die statistische Betrachtungsweise, wie der von BERTIL MALMBERG[56], daß dadurch die *langue* als Regelapparat nicht mehr erfaßt werde, sind nur stichhaltig, wenn *langue* mit *System* gleichgesetzt wird. Der Regelappa-

tischen Unterschiede zwischen code parlé und code écrit der parole zuweisen. Zur Illustration gebraucht sie einen Vergleich aus dem Straßenverkehr. Wenn das Warnschild *Kurve!* im Gebirge häufiger auftaucht als in der Ebene, heiße das nicht, die Beschilderungskodes seien verschieden. Dieser Vergleich scheint uns sehr schlecht gewählt, denn er ignoriert die Ebene der Norm. Warum übertreten französische Autofahrer in Deutschland häufig die Vorfahrtsregeln? Weil bei gleichem Beschilderungssystem die Norm in beiden Ländern sehr unterschiedlich ist, in Frankreich dominiert die Regel „rechts vor links", in Deutschland die Regel „Haupt- vor Nebenstraße, im Einzelfall Beschilderung beachten". Das führt dazu, daß der Franzose in Deutschland das Warndreieck übersieht, wenn er sich in der Position rechts vor links fühlt. Zu ähnlichen „Unfällen" kann das Ignorieren des Normunterschieds zwischen code parlé und code écrit führen.

[51] Näheres siehe unten S. 117 ff., 122 f., 135 ff., 138 ff.

[52] A. Martinet, *Grundzüge*, S. 148.

[53] G. Herdan, *Language as Choice and Chance*, S. 27 f.

[54] Vgl. auch Ch. F. Hockett, *The State of the Art*, S. 67: The probabilities may change, (. . .) but for any one speaker at any one moment they are an integral part of his language habits."

[55] H. Hörmann, *Psychologie der Sprache*, S. 87.

[56] B. Malmberg, *Structural Linguistics and Human Communication*, S. 145 f.

rat eines Sprechers ist nicht undifferenziert, der „Sprecher" verwendet offenbar auch andere Regeln als der „Schreiber", zumindest erfolgt die Auswahl der Regeln beim Sprechen anders als beim Schreiben. Der verschiedene Einsatz der Regeln gehört mit zur Beherrschung der *langue*, wenn darunter auch die Fähigkeit zur normgerechten Sprachbeherrschung verstanden wird[57].

Das Verhältnis der vier hier unterschiedenen codes zueinander und zu einem allgemeinen code läßt sich schematisch darstellen:

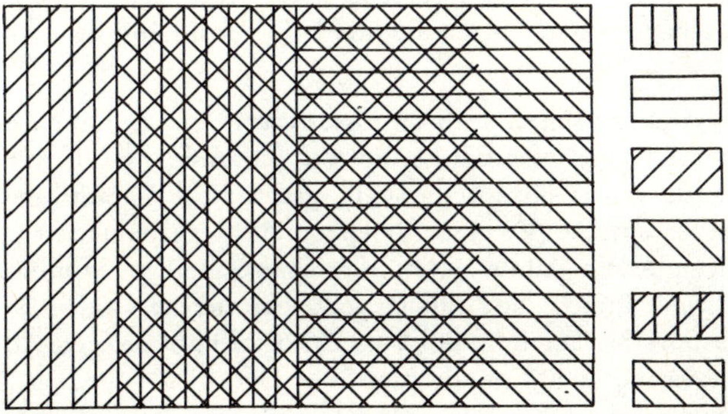

Für die primären Zuordnungen von «phonique» und «parlé» einerseits, «graphique» und «écrit» andererseits, könnten als weitere Termini «oral» und «scriptural» eingeführt werden. Da im folgenden aber code phonique und code parlé bzw. code graphique und code écrit stets getrennt behandelt werden, wird von diesen Termini kein weiterer Gebrauch gemacht.

Spezifika des code parlé bzw. code écrit liegen im Bereich der primären Zuordnungen, also im code phonique bzw. code graphique. Die sekundären Zuordnungen (primär Gesprochenes kann auch geschrieben werden und umgekehrt) kommen im Schema nicht zum Ausdruck. Ebenso wird im Schema von codespezifischen Frequenzen im Schnittbereich von «parlé» und «écrit» abgesehen.

[57] Klaus Heger siedelt die Häufigkeit zwischen langue und parole in der sog. Σparole an. Siehe zuletzt *Monem, Wort und Satz,* S. 14—19. Wir können auf diese genauere Differenzierung hier verzichten, zumal wir langue im weiteren Sinn verwenden.

2. Code parlé/Code écrit und Dialog/Monolog

Dialog und *Monolog* werden hier sehr allgemein verstanden. Der *Dialog* ist gekennzeichnet durch das Wechselverhältnis Sender – Empfänger (Sprecher – Hörer, Schreiber – Leser), es findet ein sprachlicher Austausch statt. Beim *Monolog* hingegen bleibt der (oft imaginäre) Empfänger stumm, es findet kein sprachlicher Austausch statt. Die Grenze zwischen *Dialog* und *Monolog* fällt nicht mit der zwischen „besprochener Welt" und „erzählter Welt"[58] zusammen, wenngleich die meisten Dialoge besprechend, viele Monologe erzählend sind. Aber auch wissenschaftliche Abhandlungen, Leitartikel usw. sind besprechend und dennoch Monologe.

Der *Dialog* ist zweifellos primär, auch im historischen Sinn, Sprache als Kommunikationsmittel setzt sprachliche Partner voraus[59]. In gleicher Weise primär ist, so wurde oben festgestellt, gesprochene Sprache gegenüber geschriebener Sprache (Das gilt für «phonique»/«graphique» wie für «parlé»/«écrit»). Allein daraus ergibt sich eine besondere Affinität zwischen gesprochener Sprache und Dialog, der gesprochene Dialog ist der Grundtyp der Sprache. Die Erkenntnis ist natürlich nicht neu. David Abercrombie[60] bezeichnet die „Conversation" (= Dialog) als die „basic category" gesprochener Sprache; der „Monologue" als zweiter echter Typ gesprochener Sprache und erst recht der unechte, auf der geschriebenen beruhende Typ des „Reading aloud" seien „adaptions, or specializations of this basic category". In dem Katalog weithin geltender Entsprechungen bei Alois Jedlička[61] findet sich die nämliche Zuordnung:

Schriftsprache	–	Volkssprache
geschriebene	–	gesprochene Sprache
monologische	–	dialogische Form
öffentlicher	–	privater Charakter sprachlicher Äußerungen
Konservativismus	–	Lebendigkeit der Sprachmittel

[58] Vgl. H. Weinrich, *Tempus. Besprochene und erzählte Welt.*

[59] Damit wird nicht bestritten, daß der *Monolog* von der Linguistik als autonom oder gleichwertig mit dem Dialog betrachtet werden kann.

[60] D. Abercrombie, *Conversation and Spoken Prose*, S. 3.

[61] A. Jedlička, *Zur Prager Theorie der Schriftsprache*, S. 48.

Der Primat des dialogischen Sprechens (in der Regel ein „Besprechen") drückt sich u. E. auch textsyntaktisch aus. Wenn, wie Wolfgang Dressler[62] feststellt, in deutschen präteritalen Textanfangssätzen normalerweise das Perfekt, in Textfolgesätzen das Präteritum steht, so kann man das so erklären, daß der Sprecher mit dem dialogischen Besprechtempus erst eine Gesprächssituation herstellt, bevor er zum Monolog (Erzählen) übergeht. Das rahmende Imparfait des Französischen (imparfait de clôture, d'ouverture) ist im übrigen ebenfalls weniger „erzählend" oder monologisch als das Passé simple.

Dennoch dürfen gesprochene Sprache und Dialog nicht einfach gleichgesetzt werden. Wenn Helga Feider[63] ihrer Untersuchung ein Corpus von „informal conversations", also Dialoge, für die gesprochene Sprache und darauf aufbauende Aufsätze, also Monologe, für die geschriebene Sprache zugrunde legt, muß die Opposition Dialog/Monolog beachtet werden, eigentlich auch im Titel ihrer Arbeit. Die Abhandlung des „tag" *aren't you* (S. 111) im Rahmen von „gesprochen"/„geschrieben" ist z. B. sinnlos, da der „tag" (gesprochene oder geschriebene) Dialoge voraussetzt, die in ihrem Corpus aber eben nur in gesprochener Sprache vorkommen.

Schematisch wären die verschiedenen Beziehungen etwa so darzustellen:

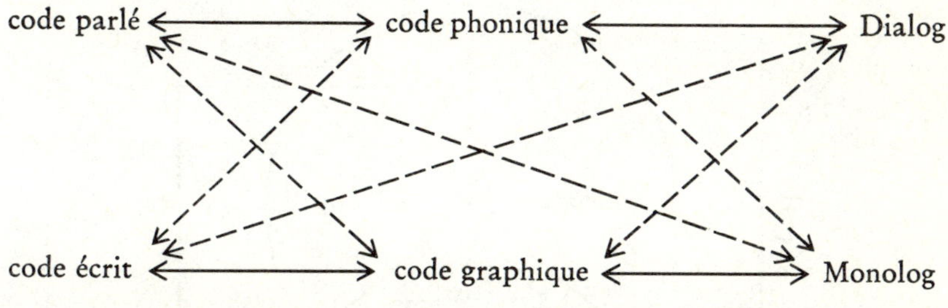

Vorwiegend auf der oberen Achse wären z. B. die Indikatoren (*dieser, ich, hier, heute* usw.) angesiedelt, in deren Zusammenhang Kamlah und Lorenzen[64] immer wieder Charakterisierungen wie „Umgangssprache", „deiktisch", „situationsabhängig" (man könnte hinzufügen: dialogabhängig) gebrauchen.

[62] W. Dressler, *Textsyntax,* S. 203 f.

[63] H. Feider, *Comparative Syntactic Description.*

[64] W. Kamlah, P. Lorenzen, *Logische Propädeutik,* S. 110 ff. (Kapitel „Indikatoren").

Einfache Beispiele für die Umsetzung von (geschriebenen) Monologtexten in (gesprochene) Dialogtexte, aber ohne strikte Trennung der beiden Dichotomien, gibt ROBERT DAMOISEAU[65]. So hat z. B. die Einführung von Fragen in den Dialogtext nur mittelbar mit der Oralisierung, unmittelbar mit der Dialogisierung zu tun. Unmittelbar mit der Oralisierung hängt jedoch die Wahl der Intonationsfrage (statt Inversionsfrage) zusammen, ferner der Ersatz von «il aime à prendre» durch «il aime prendre», die Ausschaltung von «procédés de subordination plutôt rares dans la langue parlée» (*à laquelle, laquelle, quoique*).

3. Code parlé/Code écrit und Sprachfunktionen

Geschriebene Sprache gilt oft in besonderem Maße als verstandesmäßig begrifflich determiniert, während in gesprochener Sprache „neben verstandesmäßig begrifflichen Momenten auch Gefühls- und Willensmomente zur Geltung kommen“[66]. Auf das BÜHLERsche Sprachmodell bezogen heißt dies, daß die Ausdrucks- und Appellfunktion im code parlé eine relativ größere Rolle spielen als im code écrit, während die Darstellungsfunktion relativ im code écrit überwiegt.

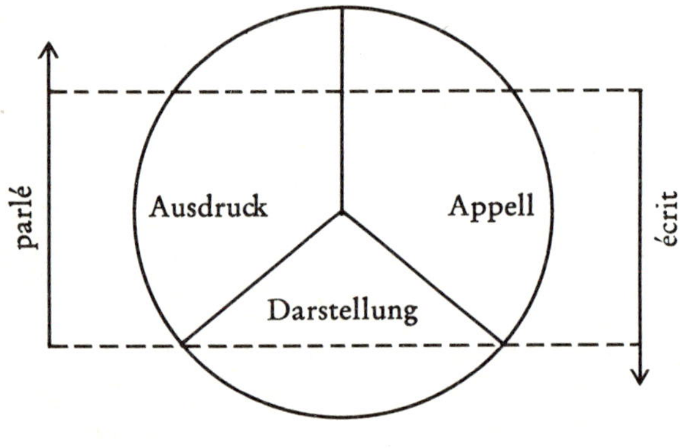

Die spezifisch emotionale Seite (Ausdrucksfunktion) gesprochener Sprache zeigt sich etwa in den Interjektionen oder in den vielfältigen Möglichkeiten der Intonation, wobei festzuhalten ist, daß diese emotionalen

[65] R. Damoiseau, *Comment transformer en dialogues des textes narratifs.*

[66] J. Vachek, *Zu allgemeinen Fragen,* S. 112.

Ausdrucksmöglichkeiten intersubjektiv, d. h. mitteilbar sind[67]. Die herausgehobene Appellfunktion gesprochener Sprache ist etwa an der hohen Frequenz von Vokativ und Imperativ abzulesen. Insofern die Darstellungsfunktion gegenstandsbezogen, Ausdrucks- und Appellfunktion sprecher- bzw. hörerbezogen sind, kann die genannte Differenzierung der zwischen Monolog und Dialog zur Seite gestellt werden. In dem Schema auf S. 31 wäre dann die obere Achse um „Ausdruck, Appell", die untere um „Darstellung" zu verlängern. Dabei handelt es sich stets, das sei noch einmal betont, um besondere Affinitäten, nicht um ausschließliche Zuordnungen[68].

Die größere „Verstandesmäßigkeit" geschriebener Sprache hängt in ganz besonderer Weise auch mit dem fehlenden oder nur sehr geringen situativen Kontext zusammen[69], der freilich wiederum nicht von ihrem Monolog-Charakter zu trennen ist. Fehlt der situative Kontext, werden „die kommunikative Basis sowie die Erfahrung und die intelligenten Fähigkeiten von Hörer und Sprecher" um so wichtiger, die Komplexität des sprachlichen Ausdrucks nimmt zu[70].

Als eine über das BÜHLERsche Schema hinausgehende Funktion[70a] hat man die phatische Funktion eingeführt, bei der die Darstellung völlig zurücktritt, die Kommunikation selbst Ziel der Kommunikation wird: «(...) des messages qui servent essentiellement à établir, prolonger ou interrompre la communication, à vérifier si le circuit fonctionne, à atti-

[67] Vgl. etwa die 40—50 emotionalen, allein phonisch unterschiedenen Varianten eines Ausdrucks wie „ce soir", über die R. Jakobson berichtet (*Essais de linguistique générale*, S. 215 f.). Siehe auch F. Trojan, *Der Ausdruck der Sprechstimme*, W. L. Höffe, *Sprachlicher Ausdrucksgehalt und akustische Struktur*, P. Matt, *Sprechausdruck (Literaturbericht)*. Die Zahl der ausgeprägten und praktisch zu berücksichtigenden Akueme („Inbegriff aller Merkmale, durch die sich ein Affekt oder Gefühlszustand phonisch und artikulatorisch kundgibt und die sich in den Realisationen wiederfinden müssen, damit deren Bedeutung verstanden werden kann", Trojan) dürfte bei maximal 50—60 liegen.

[68] Im Falle der phonischen Ausdrucksmöglichkeiten kann allerdings die Zuordnung zum code parlé absolut werden. Zum Imperativ vgl. Dobrovie-Sorin 1984.

[69] Vgl. oben S. 20.

[70] H. Schnelle, *Möglichkeiten und Grenzen der Automatisierung der Sprachverwendungsprozesse*, S. 163 f. (Abschnitt „Die schriftsprachliche Kommunikation").

[70a] Zu Abwandlungen des Bühlerschen Organonmodells, die hier nicht diskutiert werden, vgl. G. Heike, *Sprachliche Kommunikation*, S. 8 ff.

rer l'attention de l'interlocuteur (...)»[71]. Ganze Gesprächspartien können vorwiegend oder ausschließlich phatisch sein:

«Eh bien!» dit le jeune homme.
«Eh bien!» dit-elle.
«Eh bien, nous y voilà» dit-il.
«Nous y voilà, n'est-ce pas» dit-elle.
«Je crois bien que nous y sommes» dit-il ...

Andere Beispiele wären alltägliche Gespräche oder Gesprächsanknüpfungen über das Wetter, die Gesundheit usw. oder aber die „hoch stilisierten Formen sozialer Konversation, wo gesprochen wird, weil es unhöflich wäre, nichts zu sagen“[72]. Vermeiden von Schweigen ist hier wirklich die Hauptfunktion des Sprechens[73], und Schweigen und Sprechen sind dabei ganz strikt auf den code parlé zu beziehen. Typisch phatische Signale oder Kontaktsignale wie «eh bien», «voilà», «dites», «allô», sind, wie zu zeigen sein wird, vor allem auch Merkmale gesprochener Sprache.

4. Code parlé/Code écrit und Sprachregister[73a]

Code parlé und code écrit sind Abstraktionen genauso wie Soziolekte, Dialekte, Sprachstile und selbst Idiolekte. Sie sind in reiner Form nicht oder kaum zu beobachten, in der Praxis meist mit diastratischen, diatopischen und diaphasischen Variationen vermischt. Daß es sich aber nicht um leere Abstraktionen handelt, geht daraus hervor, daß sie sich in Merkmalen unterscheiden, die durch diastratische, diatopische oder diaphasische Differenzierungen nicht erfaßt werden können. Die Bereiche z. B., die durch das Fehlen des Passé simple gekennzeichnet sind, lassen sich nicht besser zusammenfassen („abstrahieren“) als durch den code parlé. Kennzeichnungen wie «familier», «régional» oder «relâché» wären in diesem wie in anderen Fällen inadäquat. Soziokulturelle (diastratische) Sprachregister oder Sprachniveaus, so wie sie z. B. Pierre Guiraud[74] abstuft, würden also nicht ausreichen, um spezifische code-Unterschiede zu beschreiben:

[71] R. Jakobson, *Essais*, S. 217.
[72] H. Hörmann, *Pychologie der Sprache*, S. 8.
[73] Siehe S. I. Hayakawa, *Semantik*, S. 87.
[73a] Vgl. unten S. 185 ff. Einen Versuch objektiver Abgrenzung von Registern im Französischen hat P. Scherfer, *Funktionale Sprachvarianten*, unternommen, vgl. die Rez. durch F. J. Hausmann, in: ZRP 95, 1979.
[74] P. Guiraud, *Français populaire ou français relâché*.

cultivé	«bourgeois»
	↑
	↓
familier populaire vulgaire	«populaire»

Wenn Guiraud in dieses Schema auch noch Polaritäten wie «soutenu»/«relâché», «prescriptif»/«libre», «stylisé»/«spontané», «savant»/«héréditaire», «cognitif»/«expressif», «prédicatif»/«locutif», «national»/«dialectal» und schließlich auch «écrit»/«oral» einbringt, so muß man sich darüber im klaren sein, daß die Pole nicht mehr ohne weiteres einander zugeordnet werden können und die Zuordnungen allenfalls Präferenzen zum Ausdruck bringen. Diaphasische und diatopische Unterschiede können mit diastratischen nicht zur Deckung gebracht werden, ebensowenig wie code-bedingte. Das schließt nicht aus, daß gesprochene Sprache eher «relâché» oder «libre», geschriebene Sprache eher «soutenu» oder «prescriptif» ist, und ganz allgemein steht gesprochene Sprache dem familiären, geschriebene Sprache dem gehobenen Sprachgebrauch näher, aber auch gehobene Sprechsprache zeigt z. B. kaum das Passé simple oder die Inversionsfrage oder die „volle" Negation *ne . . . pas*, ganz im Gegensatz zu „niederer" Schreibsprache.

Ein besseres Bild vom Zusammenhang zwischen diastratischen Registern und den beiden codes gibt Colette Stourdzé[75]:

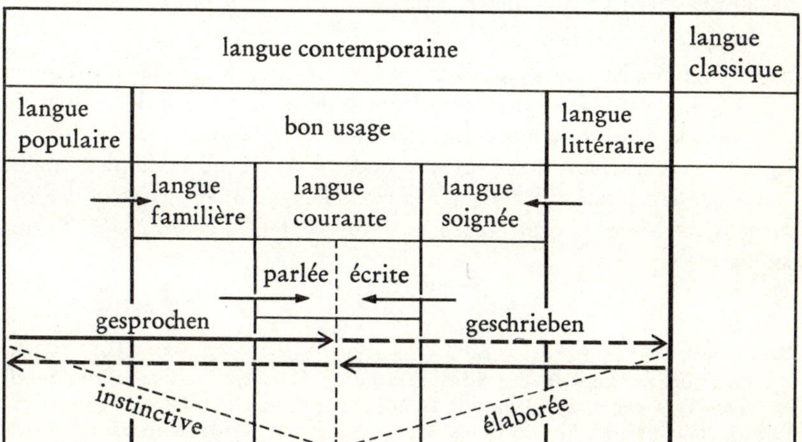

[75] C. Stourdzé, *Les niveaux de langue*, S. 21.

Wir haben in dem Schema allerdings, wie es notwendig ist, die Bereiche für „gesprochen" und „geschrieben" generalisiert, weil die beiden codes alle diastratischen Niveaus umfassen, durch die Pfeile und die Art der Linien jedoch die verschiedenen Stoßrichtungen, Ausgangspunkte und Schwerpunkte gekennzeichnet.

Zur Illustration mögen einige Beispiele nach STOURDZÉ dienen:

langue populaire	*langue littéraire*
«On bouffe trop bien chez vous» «On s'en met plein la lampe»	«Pour délicieux que soit votre mets, je ne saurais en reprendre: votre festin m'a comblé»
«Il bosse dur, ça marche vachement bien pour lui».	«Il réussit parce qu'il est âpre à la besogne».

Die „populären" Sätze erscheinen natürlicherweise gesprochen, die „literarischen" geschrieben, gegenläufige Realisationen sind möglich, aber nicht normgemäß.

familier	*courant*	*soigné*
être déboussolé	être perdu	être désorienté
rudement bon	très bon	très bon
j'étais heureux qu'il comprenne	j'étais heureux qu'il comprenne	j'étais heureux qu'il comprît
des beaux enfants	des . . ., de . . .	de beaux enfants

Soweit die Register unterschieden sind — Register wie codes überlappen sich —, sind die Affinitäten zwischen «familier» und «parlé», «soigné» und «écrit» deutlich. Am deutlichsten ist die Opposition «parlé»/«écrit» jedoch bei Invarianz des Registers und zwar besonders in der langue courante. STOURDZÉ führt dazu als einschlägiges Beispiel *des beaux enfants* (gesprochene Norm) gegen *de beaux enfants* (geschriebene Norm) an[75a].

[75a] Immerhin tolerierte das Arrêté G. Leygues vom 26. 2. 1901 (s. S. 79) die Setzung von *des* auch in der Schriftsprache. J. Dubois, *Grammaire structurale . . . Nom et pronom*, S. 44 und J. Dubois, R. Lagane, *La nouvelle grammaire*, S. 60 formulieren *des* als Norm und *de* als Ausnahme. Der neue Arrêté R. Haby vom 28. 12. 1976 erwähnt den Fall nicht. Vgl. jetzt K. Hunnius, *Teilungsartikel + Adjektiv*, der eine Reihe wichtiger Kontextfaktoren für die Verteilung von *de*

Weitere Beispiele für die «langue courante parlée»:
je crois pas; mais pourtant; qu'est-ce qu'on s'est amusé!; ne vous en faites pas!; être collé à un examen; bus; truc, machin; formidable, épatant; goupiller.
Bei PETERFALVI[76] gelten *bouquin, copain, gosse, type* als «parlé».

Scharf abzusetzen sind die codes auch von den diatopischen Varietäten eines Diasystems. Für das gegenwärtige Französisch hat die Unterscheidung allerdings, angesichts des Zerfalls der Dialekte, nur geringe praktische Bedeutung. Die Dialekte haben ihre Schriftfähigkeit im allgemeinen verloren, als patois werden sie oft in die diastratische Schichtung einbezogen. Der Terminus *patois* selbst spiegelt die Situation wider: er enthält die Komponenten „dialektal", „populär-vulgär", „gesprochen"[77]. Was das français régional betrifft, so sind die landschaftlichen Abweichungen vor allem phonologisch-phonetischer Natur, weniger stark lexikalisch und nur in sehr geringem Umfang morphosyntaktisch. Anders liegen die Verhältnisse in Deutschland, wo die *Umgangssprache* als gesprochene Sprache noch weitgehend dem dialektalen Substrat verhaftet ist. Entsprechend unklar ist der Begriff, wenn zwischen „gesprochen" und „dialektal" nicht unterschieden wird[78]. „Umgangssprache kann man nur hören", sagt etwa STAMMERJOHANN[79], während JOST TRIER[80] Umgangssprache definiert als „das größere Gebiete ergreifende Ausgleichsergebnis aus einander benachbarten Mundarten". Der Bezug zu gesprochener/geschriebener Sprache fehlt in dieser Definition ebenso wie in dem beigegebenen Schema:

und *des* ermittelt und auch semantische Unterschiede festzustellen glaubt (so jetzt auch *Trésor de la langue française* s. v. *des*[3]). Ob allerdings sein statistisches Ergebnis (Verhältnis 1:1 bei insgesamt 30 Vorkommen) für den code parlé repräsentativ ist, können nur größere Auswertungen zeigen. Im Corpus d'Argenteuil kommt nur *des* (4mal) vor, vgl. D. François, *Français parlé*, S. 609. Zur didaktischen Problematik vgl. auch A. Barrera-Vidal, *Quelques remarques*, E. Rattunde, *Toleranzbreite oder Normgrenze?* und F. Abel, *Die Behandlung des Teilungsartikels.*

[76] J.-M. Peterfalvi, *Introduction à la psycholinguistique*, S. 148.

[77] Vgl. etwa P. Guiraud, *Patois et dialectes français*, S. 8.

[78] Zum verschiedenen Gebrauch der Termini „Umgangssprache", „Alltagssprache", „Gemeinsprache" usw. vgl. E. F. K. Koerner, *Notes on the Semantics of Technical Terms*, zur Definition von „Umgangssprache" G. Ungeheuer, *Bemerkungen zum Thema „Umgangssprache"*.

[79] H. Stammerjohann, *Strukturen der Rede*, S. 300.

[80] J. Trier, *Alltagssprache*, S. 121.

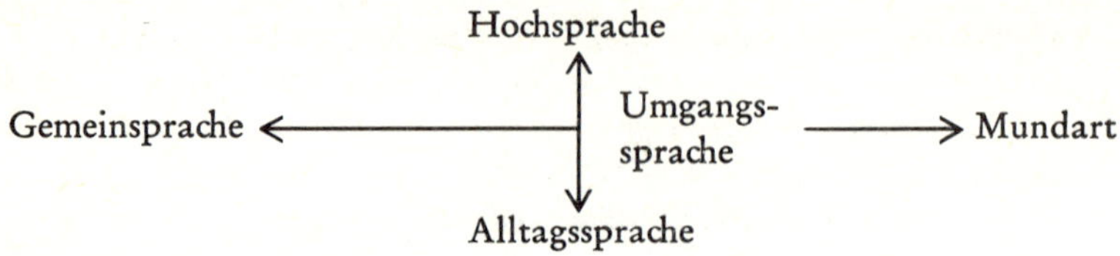

Es fehlt eine eigene Dimension für gesprochene/geschriebene Sprache (ebenso wie übrigens die Dimension der Sprachstile), mit deren Hilfe die Umgangssprache erst genauer eingeordnet werden könnte[81]. Denn Umgangssprache kann sicher nicht in gleicher Weise „hoch" oder „alltäglich" sein, wie TRIER sagt und die Skizze anzeigt, und auch nicht in gleicher Weise „gesprochen" oder „geschrieben" werden, wenn, wie TRIER zu verstehen gibt, Hochsprache vor allem geschrieben, Alltagssprache vor allem gesprochen wird.

Schließlich ist die Sprache auch noch funktional oder stilistisch differenziert. Man könnte hier, in Anlehnung an Termini COSERIUS, nach der diastratischen und diatopischen von der diaphasischen Differenzierung sprechen. Gesprochener und geschriebener code sind davon wieder strikt zu trennen. Von den zahlreichen Gliederungsmodellen, die in diesem Bereich vorgeschlagen wurden[82], seien einige skizziert. HAVRÁNEK[83] unterscheidet z. B., allerdings auf die geschriebene Sprache beschränkt, zwischen der kommunikativen, fachlich-praktischen, fachlich-theoretischen (wissenschaftlichen) und ästhetischen Funktion[84] und entsprechend zwischen den Stilen des täglichen Lebens (informal style), des öffentlichen Verkehrs, der Wissenschaften und der Literatur. Durch den fachlich-praktischen und fachlich-theoretischen Stil werden die sogenannten Fach- oder auch Berufssprachen konstituiert, die besonders durch lexikalische Eigentümlichkeiten charakterisiert sind. Entsprechend müßte auch die gesprochene Sprache funktional-stilistisch untergliedert werden, wobei der Alltagsstil (in der Regel dialogisch) zweifellos die zentrale Rolle spielen würde.

[81] Die französische Umgangssprache als «français parlé» wäre überhaupt nicht einzuordnen, auf der horizontalen Achse stünde sie bei der Gemeinsprache.

[82] Vgl. dazu die knappe Zusammenfassung von E. Barth, *Die funktionale Differenzierung der Sprache* (vor allem an Gedanken der Prager Schule anknüpfend), sowie U. Hannerz, *Language Variation and Social Relationships.*

[83] B. Havránek, *Die Theorie der Schriftsprache.*

[84] *Funktion* wird hier in anderem Sinn gebraucht als bei Bühler (s. oben).

Ein Beispiel für dialogischen gesprochenen Alltagsstil (nicht deutlich gekennzeichnet) bei ELISE RIESEL[85] ist z. B. „Geben Sie mir bitte dieses – na, dieses Ding da oben rechts" (Zu beachten: Pause, Wiederaufnahme, *na,* „Schwammwort" *Ding,* Deiktika). Ebenso klar oral ist „die Mutter, *die* ist einkaufen gegangen" (S. 215), während „das schlechte Wetter versaut uns den ganzen Urlaub" (S. 123), obwohl aus einem Brief belegt, hinsichtlich gesprochen/geschrieben an sich völlig neutral ist, wegen des derben Verbums allerdings diastratisch absinkt und daher eher in gesprochenen Äußerungen wahrscheinlich ist.

Ein dreigestuftes Gliederungsschema mit einer diastratischen, diatopischen und diaphasischen Achse gibt HUGO MOSER[86]:

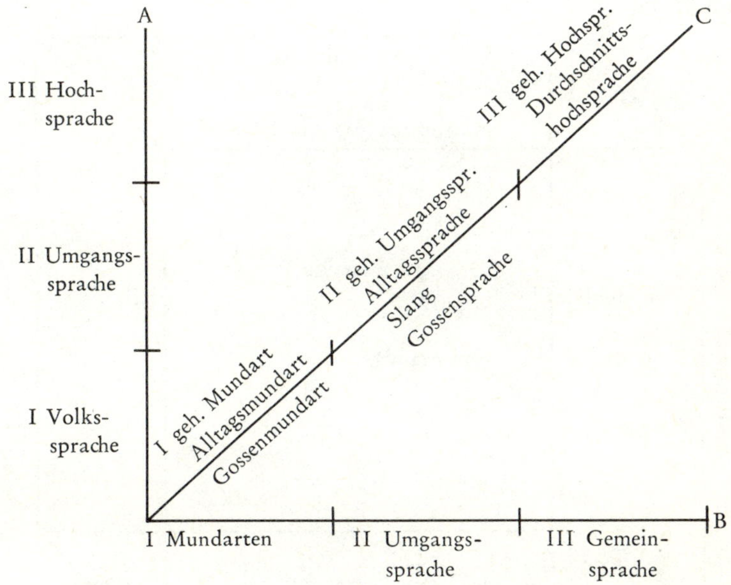

A = „Sozial-vertikale Schichtung"
B = „Räumlich-horizontale Gliederung"
C = „Stilistische Stufen"

[85] E. Riesel, *Der Stil der deutschen Alltagsrede*, S. 89.
[86] H. Moser, *Umgangssprache*, bes. S. 231.

Aus dem Rahmen fallen D. „Gruppen- und Sonderformen" (Fachsprachen, Sondersprachen).

Die Schwächen des Schemas seien hier nicht weiter diskutiert[87]. „Gesprochen" und „geschrieben" haben – zu Recht – in dem Schema keinen Platz, Moser erwähnt lediglich den „häufigen schriftlichen Gebrauch" als Wesensmerkmal der Hochsprache, lehnt aber die Bezeichnung „Schriftsprache"[88] dafür als zu eng ab und stellt fest, daß die Umgangssprache wie die Volkssprache „vorwiegend gesprochene Schichten" sind (S. 218 f.). Die Einbeziehung der codes müßte tatsächlich zu einer Du-

[87] Wir würden eine dreidimensionale Darstellung mit klarer bezeichneten Achsen und durchgängig freier Kombinierbarkeit der Achsen und Achsenabschnitte vorziehen:

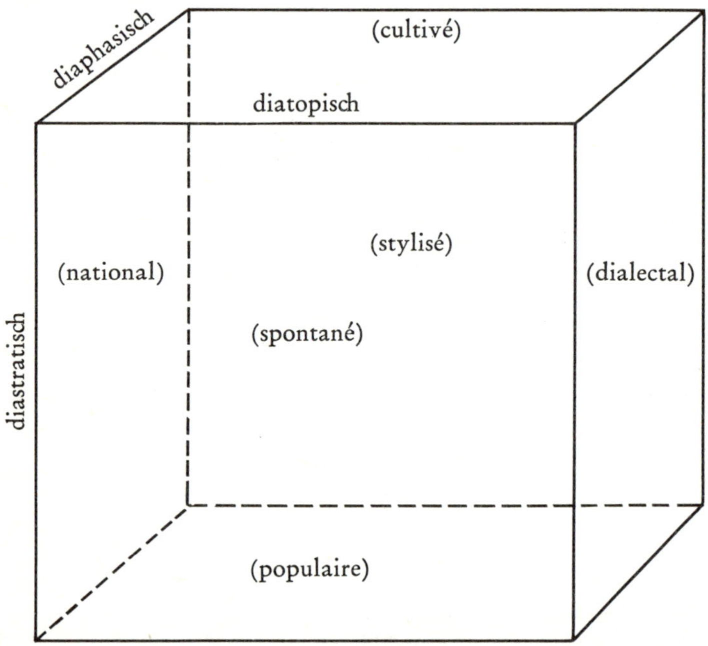

[88] Aus *schriftlichem* Gebrauch sollte allerdings *Schreibsprache* oder *geschriebene Sprache* resultieren, denn *Schriftsprache* wird allgemein nicht mehr (oder nicht mehr vorwiegend) auf den code, sondern auf die Diastratie bezogen. In der Verknüpfung von code und Sprachregister enthüllt sich allerdings die besondere Affinität zwischen „gehobener" und „geschriebener" Sprache.

plizierung des ganzen Schemas führen, weil es sich bei den codes eben um eine vierte Dimension handelt. Führt man „gesprochen" und „geschrieben" dennoch ein, wie es etwa R. E. KELLER[89] tut, muß man sich im klaren sein, daß damit nur bestimmte Präferenzen angezeigt werden können (Mundart eher gesprochen, Hochsprache eher geschrieben):

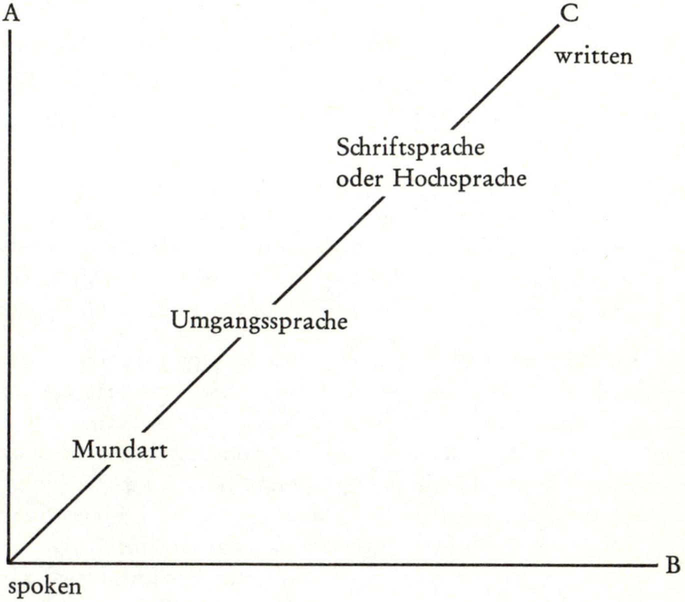

Detaillierter wird das Verhältnis von gesprochener und geschriebener Sprache von MICHAEL GREGORY[90] dargestellt. Unter „dialectal variety differentiation" werden unter anderem Dialekte („geographical dialects") und Soziolekte („social dialects"), also diatopische und diastratische Differenzierungen zusammengefaßt, gesprochene und geschriebene Sprache erscheinen mit diaphasischen Differenzierungen unter der „diatypic variety differentiation":

[89] R. E. Keller, *Some Problems of German Umgangssprache*, bes. S. 93.
[90] M. Gregory, *Aspects of varieties differentiation.*

Situational[91] *categories*	*Contextual*[92] *categories*	*Beispiele*
1. purposive role	field of discourse	Technical English
2. medium relationship	mode of discourse	Spoken English Written English
3. addressee relationship	tenor of discourse	
a) personal	personal tenor	Formal English, Informal English
b) functional	functional tenor	Didactic English

Die Schwäche der Gliederung liegt darin, daß die verschiedenen Kategorien nicht hierarchisiert werden[93]. Unter gesprochener und geschriebener Sprache werden, wie die nähere Aufgliederung nach der „dimension of situational variation" zeigt, Konzeption (code parlé/code écrit) und Realisation (code phonique/code praphique) vermengt (s. Graphik S. 43).

Der code phonique umfaßt den ganzen Bereich von „speaking", der code parlé nur den Ast „speaking spontaneously" (mit den oben entwickelten Untertypen Dialog und Monolog). Der Ast „the speaking of what is written" gehört zum code phonique und code écrit, „to be spoken as if not written" kann nur als code graphique + code parlé (intendiert), also als gegenläufige Permutation aufgefaßt werden. Einen Sonderfall stellt der Ast „reciting" dar. Gregory versteht darunter etwa das Erzählen von Märchen, das Rezitieren tradierter Gedichte usw., also den Bereich der „oral poetry" im weiteren Sinn. Insofern orale Realisationen dieser Art zwar nicht auf einer faktisch verschriftlichten, aber doch vorgeformten Vorlage basieren, könnte dieser Ast auch mit „the speaking of what is mentally written" bezeichnet werden.

[91] Darunter sind zu verstehen „reasonably permanent characteristics of the user in language situations".

[92] Das sind die „linguistic reflections" der situationellen Kategorien.

[93] Vgl. dagegen J. A. Fishman, *Who speaks what language to whom and when?*, bes. S. 81, mit der hierarchischen Abstufung „media", „role", „situational".

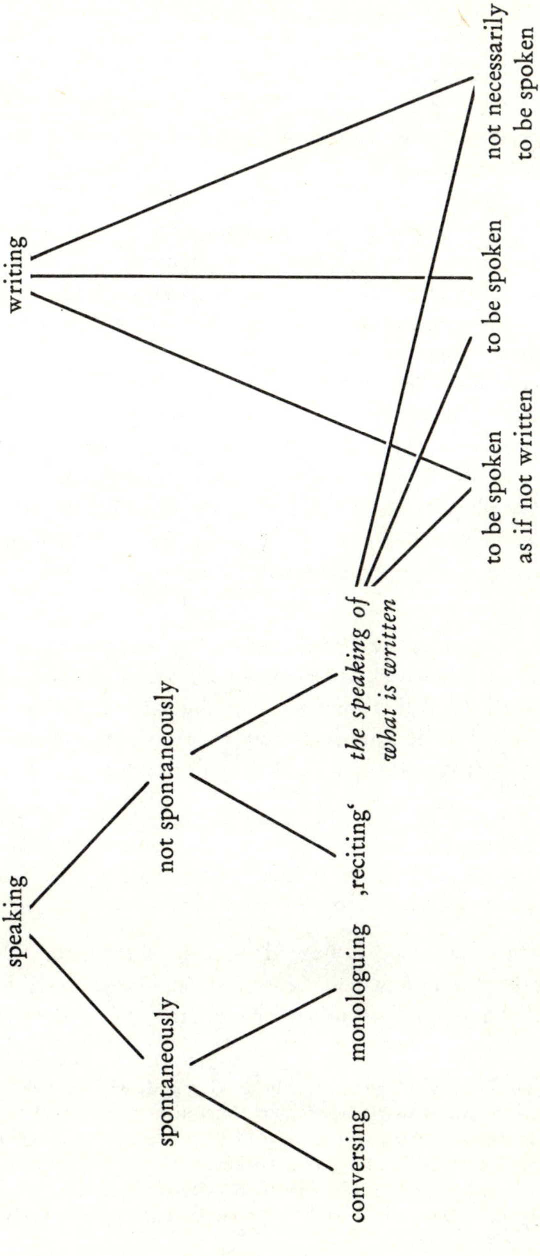
writing
not necessarily
to be spoken
to be spoken
to be spoken
as if not written
speaking
spontaneously
not spontaneously
conversing
monologuing
‚reciting'
the speaking of
what is written

5. Typen gesprochener Sprache (Code parlé)

Die eben skizzierte Klassifizierung GREGORYS enthält für den code parlé nur eine sehr grobe Gliederung in Dialog und Monolog, „reciting" ist bereits ein spezifischer Mischtyp von code parlé und code écrit. Eine weitere Differenzierung ist möglich, wenn man in das Schema einen „Vorbereitungsfaktor" einführt: nicht vorbereitete/vorbereitete Äußerungen. Die Unterscheidung fällt nicht mit der von spontan/nicht spontan bei GREGORY zusammen, denn „nicht spontan" meint hier die Phonisierung (direkt oder indirekt schriftlich) vorgefertigter Äußerungen. Das Ablesen eines geschriebenen Textes oder die (mehr oder weniger freie) Rezitation eines memorierten Textes ist aber etwas anderes als die Produktion eines oralen Textes mit Vorbedacht. Ein so konstituierter Text ist, selbst wenn er zum Teil mit geschriebenen Satzmustern kodiert wird, immer direkt oral. Selbst das im Extremfall erreichbare sogenannte druckreife Sprechen wird immer noch durch orale Züge geprägt sein. Im übrigen ist die Vorbereitungszeit bei mündlichen Äußerungen immer relativ begrenzt (freie Rede, Interviews usw.), gemessen an der praktisch unbegrenzten Vorbereitungszeit für schriftliche Äußerungen.

In der Regel sind mündliche Äußerungen unvorbereitet, d. h. die Vorbereitungszeit ist so gering, daß sie nicht ins Gewicht fällt[94]. Die charakteristische mündliche Äußerung ist daher die spontane, unvorbereitete in Dialogsituation. Schriftliche Äußerungen sind dagegen in der Regel nicht nur vorbereitbar, sondern auch vorbereitet.

> Im allgemeinen stehen aber die Stile der gesprochenen und der nichtvorbereiteten Äußerungen einerseits und die Stile der schriftlichen und der vorbereiteten Äußerungen andererseits einander näher und werden auch in der kommunikativen Praxis öfters miteinander kombiniert[95].

Für das australische Englisch liegt dazu eine einschlägige Untersuchung von ROBERT D. EAGLESON vor[96]. Es wird von folgender Annahme ausgegangen: „It may be that under the control of thought the speaker

[94] Von individuellen Faktoren (sprachliche Gewandtheit, Konzentrationsfähigkeit, Gesundheitszustand usw.) wird hier abgesehen und ebenso von der natürlicherweise fließenden Grenze zwischen „nicht vorbereitet" und „vorbereitet". In spontanen mündlichen Äußerungen ist „vorbereitet" gleich „vorbedacht".

[95] K. Hausenblas, *Stile der sprachlichen Äußerungen*, S. 43 f.

[96] R. D. Eagleson, *Premeditated and Unpremeditated Speech*. Vgl. Ochs 1979.

will alter the fundamental characteristics of his speech or, conversely, that without deliberation he may lose sight of these rules“ (S. 145). Die Hypothese bestätigt sich an einer ganzen Reihe von Beobachtungen von Versuchspersonen, die in folgender Gegenüberstellung zusammengefaßt werden können, wobei jeweils die hervorstechenden oder überwiegenden sprachlichen Merkmale verzeichnet sind:

vorbedacht	nicht vorbedacht
May I have some milk?	*Can* I have some milk?
(. . .) without *its* (*it*) being noticed	(. . .) without *it* being noticed
(. . .) *of which* you are aware	(. . .) you are aware *of*
	„tendency to use short, uninvolved sentences“
	„vain use of connectives“ (*and* usw.)
	„constant use of truncated sentences and partial sentences (z. B. *just walked out, just a little bit*)
	„repetition“

Bei der Wahl der Varianten und Mittel spielt auch der Bildungsgrad der Sprecher eine Rolle, aber dieser Faktor erwies sich als untergeordnet[97], womit die Forderung nach einer prinzipiellen Trennung der codes von den (hier diastratischen) Registern auch durch die Sprachpraxis gestützt wird. Es ließe sich demgemäß folgendes Schema aufstellen:

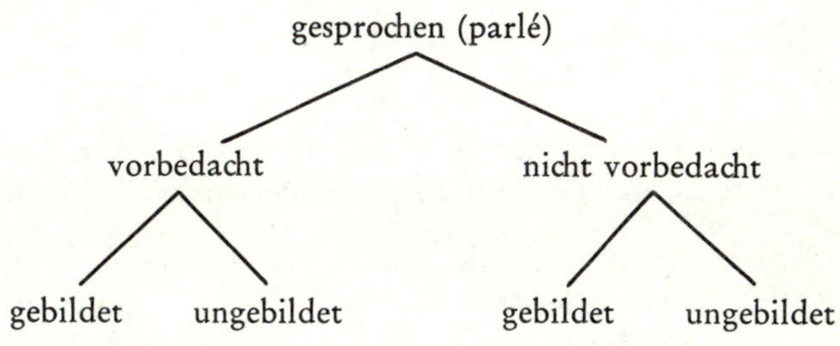

Von links nach rechts gelesen, liefert die Endkette Positionen, die sich zunehmend vom Standard der Schriftsprache entfernen.

[97] „(. . .) the more significant distinction to be solved structurally is the one between premeditated speech and unpremeditated speech“ (S. 153).

Zu einer weitergehenden Klassifizierung oraler Äußerungen gelangt man durch Einbeziehung des Verhältnisses von Sender (Sprecher) und Empfänger (Hörer)[98]. So hat z. B. JEAN PEYTARD[99] ein Modell vorgelegt, das er mit Hilfe folgender Merkmale klassifiziert: «récepteur actuel/virtuel», «récepteur proche/éloigné», «contact immédiat/différé», «échange/non-échange», «stimulation directe/indirecte». Über das letzte Merkmal gelangen auch indirekt stimulierte, d. h. auf einem geschriebenen Text basierende orale Äußerungen in das Schema, das mithin nicht nur den code parlé, sondern auch den code phonique umfaßt. In etwas abgeänderter und reduzierter Form[100] sähe die Gliederung dann etwa so aus:

	Merkmale / Typen	aktuell	nahe	unmittelbar	direkt	reziprok
1	Gespräch	+	+	+	+	+
2	Ferngespräch	+	–	+	+	+
3	Tele-Gespräch	–	–	(±)	+	–
4	Theatersprache	+	+	+	–	–
5	Tele-Theatersprache	–	–	(±)	–	–

Die Matrix läßt erkennen, daß der Typ (1), das Gespräch (Unterhaltung, conversation), mit „+" für alle fünf Merkmale, als die unmittel-

[98] S. Moscovici und M. Plon, *Les situations-colloques: observations théoriques et expérimentales,* fragen sich, ob nicht „la différence du langage oral et du langage écrit" ganz generell auf die Beziehungen zwischen Sprechern zurückzuführen seien (S. 711). Ihre Experimente können die Hypothese aber nicht bestätigen.

[99] J. Peytard, *Pour une typologie des messages oraux.*

[100] Die Bezeichnungen Peytards für die verschiedenen „types de messages" und die Gruppierungen sind zum Teil nicht sehr glücklich. — Zu einer auf anderen Kriterien oder Merkmalen aufgebauten Matrix siehe *Texte gesprochener deutscher Standardsprache* I, S. 27.

barste und natürlichste Form sprachlicher Begegnung der Urtypus eines «message oral» ist. Beim Typ (2) – er erschöpft sich nicht im Telefonat – fällt mit „–" für „nahe" die Gestik und Mimik weg. Der Typ (3), das „Gespräch" mit dem Zuschauer oder Zuhörer (über Funk oder Fernsehen), weist als wesentliches Merkmal des code parlé noch die direkte Stimulation auf[101]. Hingegen scheiden (4) und (5) als indirekt (schriftlich) stimulierte Typen aus dem code parlé aus, gesprochene Sprache dieser Art ist nicht mehr spontan. Selbst wenn es möglich wäre, Theatertexte rein oral zu konzipieren, was zu bezweifeln ist[102], müßte durch die zwischen oraler Konzeption und oraler Realisierung liegende Umkodierung in den code graphique ein Teil der ursprünglichen Oralität verlorengehen.

Im übrigen erheben weder die Matrixausfüllung noch die Zahl der Merkmale Anspruch auf Vollständigkeit. So ist z. B. die Merkmalkombination ++++– (Monolog, etwa als Stegreifrede) nicht eingetragen, das Merkmal „vorbedacht" nicht berücksichtigt (man vgl. die vorbedachte, konzentrierte Stegreifrede gegenüber einem unreflektierten Bericht[103]).

Die fünf hier unterschiedenen Redetypen lassen sich auf der Basis der Merkmalhierarchie „direkt", „reziprok", „nahe" (= „sichtbar") hierarchisch ordnen:

	1	2	3	4	5
(„phonisch")	code phonique				
„direkt"	direkt oral (code parlé)				
„reziprok"	reziprok-oral				
„nahe"	oraler Urtypus				

101 (—) hier, ebenso wie beim Typ 5, für Aufzeichnungen.

102 „But the truth is that nobody speaks at all like the characters in any novel, play or film" (D. Abercrombie, *Conversation and spoken prose*, S. 4).

103 Zu weiteren Faktoren, die für eine Typologie gesprochener (und geschriebener) Sprache herangezogen werden können, vgl. A. A. Leont'ev, *Sprache-Sprechen-Sprechtätigkeit*, S. 74 f., und H. Steger, *Gesprochene Sprache*, S. 265 ff.

Mit dieser Abgrenzung des code parlé ist nun auch HUGO STEGERS[104] erste und wichtigste Bedingung für die Zuordnung eines Textes zu echter gesprochener Sprache erfüllt:

(1) Das Gesprochene darf vorher nicht aufgezeichnet worden sein.

Die weitere Bedingung

(2) Das Gesprochene darf nicht für einen bestimmten Vortragszweck länger vorbedacht worden sein

schaltet die oben so genannte „premeditated speech" aus.

Die dritte Bedingung, daß das Gesprochene mit Prosasatzmustern (unter Ausschluß von Vers und Reim) kodiert sein muß, scheint nach den Bedingungen (1) und (2) selbstverständlich und schaltet nur noch Stegreifgedichte aus. Da erfahrungsgemäß in gesprochener Sprache die Fehlerquoten außerordentlich hoch sein können, erhebt STEGER noch als vierte Forderung, daß für Untersuchungszwecke nur das herangezogen wird, was im Rahmen des jeweils gesprochenen Sprachtyps als „normal", d. h. als richtig anzusehen ist, denn es habe wenig Sinn, das im einmaligen Sprechakt Verunglückte auszuwerten. Die Forderung ist grundsätzlich zweifellos berechtigt, aber in der Praxis schwierig zu erfüllen, da die Normen gesprochener Sprache sehr wahrscheinlich viel elastischer als die geschriebener Sprache sind. Das beginnt bereits damit, daß ein Großteil gesprochener Sätze gemessen am Standard der Schriftsprache unvollständig oder fehlerhaft sind. Zu diesen syntagmatischen „Halbsätzen" kämen dann noch die paradigmatischen „Halbsätze", über die JERROLD J. KATZ[105] handelt und die in der „everyday conversation" angeblich häufig zu hören seien[106].

An einem Beispiel sollen die Grenze zwischen code écrit und code parlé und die Relevanz der von STEGER genannten Bedingung (1) erläutert werden. Die Sprache der Nachrichten in Funk und Fernsehen wird bekanntlich durch Texte konstituiert, die für die orale Präsentation bestimmt sind und insofern Rücksicht auf spezifische Bedingungen gesprochener Sprache zu nehmen haben. So führt zum Beispiel die notwendige Koinzidenz im Tempo des Sprechens und Hörens zu vereinfachten Satz-

[104] H. Steger, *Gesprochene Sprache*, S. 262—264.

[105] J. J. Katz, *Semi-sentences.*

[106] Es handelt sich dabei um „ungrammatical strings", „utterances that are not well-formed" wie etwa *It happened a grief ago, I have overconfidence in you, Scientists truth the universe.*

mustern, rasch durchschaubaren Perioden und unkompliziertem Textaufbau. Die Zeitungssprache braucht solche Rücksicht nicht zu üben. Dennoch zählt ein so für die orale Präsentation (Realisierung im code phonique) geplanter Nachrichtentext zum code écrit, wenn er „vorher aufgezeichnet", d. h. im code écrit konzipiert ist, was in der Tat den Regelfall darstellt. An der Umformung einer Zeitungsmeldung in einen Nachrichtentext[107] läßt sich beides, die Annäherung an den code parlé und das grundsätzliche Verharren im code écrit, gut zeigen:

Zeitung: M. George Ball est arrivé à Paris vendredi en fin de soirée, venant de Lisbonne où il s'est entretenu avec le Premier ministre Salazar et plusieurs membres de son cabinet. Le sous-secrétaire d'Etat américain demeurerait à Paris samedi et dimanche pour un séjour strictement privé, dit-on de source américaine.

Rundfunk: (Nouvelles brèves. De Paris.) M. George Ball est attendu à Paris dans la soirée, en provenance de Lisbonne. M. Ball qui est, rappelons-le, sous-secrétaire d'Etat aux Affaires étrangères du gouvernement américain, a eu un entretien avec le président Salazar lors de son passage au Portugal. M. Ball doit rester à Paris jusqu'à dimanche soir. Ce séjour du secrétaire d'Etat américain à Paris est rigoureusement privé, et aucune rencontre officielle n'est prévue.

Die „Übersetzung" scheint primär orale Züge zu haben:

– Der Nachrichtentext ist redundanter, damit länger und eingängiger: vgl. z. B. die dreifache Nennung des Namens Ball, die ausführlichere Kennzeichnung seines Amtes, die variierende Repetition von „Lissabon" durch „Portugal", die Explikation des privaten Charakters des Besuches in Paris durch eine weitere variierende repetitio (privater Besuch → keine offiziellen Gespräche).

– Der Nachrichtentext ist stärker untergliedert. Aus nur zwei Sätzen des Zeitungstextes sind vier Sätze geworden, wodurch die „Übersetzung" wiederum überschaubarer, eingängiger wird.

Aber der Nachrichtentext ist deshalb nicht oral, er ist nur in besonderer Weise »scriptural« (ein einfacher Schreibstil), „siamo ancora in

[107] Vgl. E. Arcaini, *Principi di linguistica applicata,* S. 346 ff.

presenza di un linguaggio tipico della lingua scritta, una lingua scritta *sui generis*, ma che non può confondersi con la parlata della conversazione“[108].

Die Nichtoralität ließe sich durch folgende Punkte begründen:

– Der Text ist nicht spontan, sondern präpariert, und enthält deshalb keinerlei „hesitation phenomena“ oder auffällige Pausen. Solche wären, abgesehen davon, daß sie natürlicherweise überhaupt nicht auftreten können, geradezu verpönt.

– Der Text enthält keinen Anakoluth, keinen Fehlstart, keines der charakteristischen oralen Signale (*eh bien, alors*), keinerlei expressive Sprachmittel wie etwa segmentierte Sätze, keine Ellipsen, keine verblosen Sätze, er ist ganz auf Flüssigkeit und fugenlosen Aufbau abgestellt[109].

– Er enthält schließlich ausgesprochen papierene Sprachmittel wie «en provenance de», «lors de». Er könnte ebenso wie der Zeitungstext ein passé simple enthalten.

Wie sich dagegen direkt orale Rundfunksprache ausnimmt, zeigen die Transkriptionen von Mitschnitten bei Elisabeth Gülich[110].

6. Typik der Corpora

Der code parlé hat viele Gesichter. Er geht von der Stegreifrede im Parlament[111], der Zeugenaussage vor Gericht, der mündlichen Erlebniserzählung in der Schule oder der aktuellen politischen Debatte im Rundfunk über das öffentliche oder halb-öffentliche Interview bis zur privaten Konversation

[108] E. Arcaini, *Principi di linguistica applicata*, S. 348.

[109] Zu Ellipse und Anakoluth vgl. die Arbeiten von R. Rath, A. Betten und H.-M. Schuh. Zum Zögern vgl. Darot 1983 und Ragsdale 1984.

[110] E. Gülich, *Makrosyntax der Gliederungssignale*, passim. Zu den Rundfunknachrichten als „Texttyp, der in der Mitte zwischen schriftlich konstituierten und mündlich konstituierten (...) Texten steht“, vgl. R. Harweg, *Rundfunknachrichten*. Weniger ergiebig sind die dem Thema „Rundfunk und Sprache“ gewidmeten Beiträge des Sonderheftes *Muttersprache* 70, Heft 2, 1960.

[111] H. Heinze, *Gesprochenes und geschriebenes Deutsch*, S. 29 f., 47—166 weist nach, daß die Stichwortreden im Bundestag trotz ihres öffentlichen und offiziellen Charakters typische Merkmale der gesprochenen Sprache aufweisen. Bei Stenographie und Reinschrift werden sie einem tiefgreifenden Umwandlungsprozeß unterzogen, der nichts anderes ist als die Umwandlung in code écrit.

im häuslichen Kreise. Er ist abhängig vom soziokulturellen Status der Sprecher, von der Beziehung der Gesprächspartner zueinander und wohl auch vom Thema. Wegen dieser Vielgestaltigkeit ist es vorerst nicht möglich, eine repräsentative Liste sprachlicher Merkmale des code parlé vorzulegen. Denn eine solche Liste setzte eine große Zahl differenzierter Corpora voraus, denen die gemeinsamen oder einzelnen Corpora vorbehaltenen Merkmale entnommen werden könnten. Bislang liegen aber nur einige Corpora vor, welche die Bandbreite des code parlé nur sehr unvollkommen abdecken. Ein Vergleich der drei wichtigsten existierenden Corpora soll das zeigen[112].

a) Das Corpus de Paris (A. Malécot)[113].

André Malécot hat in den Jahren 1967/68 in Paris 50 halbstündige Interviews durchgeführt. Seine Gesprächspartner, Frauen und Männer aller Altersstufen, gehörten den führenden sozialen Schichten an und waren in Paris geboren und aufgewachsen. Die Interviewten wußten nicht um die sprachwissenschaftliche Bedeutung des Gesprächs. Sie waren in dem Glauben, der ausländische Professor interessiere sich für Leben und Zivilisation in Frankreich. Sie wußten ferner nicht, daß sie über verdecktes Mikrofon aufgenommen wurden.

b) Das Corpus d'Argenteuil (D. François)[114].

Denise François hat 1964 drei Gespräche von insgesamt vier Stunden Dauer im Kreise ihrer eigenen Familie (Eltern, Verwandte) aufgenommen. Der wichtigste Sprecher des Corpus, dessen Idiolekt dann von der Verfasserin ausführlich beschrieben wird, ist ihr 65jähriger Onkel (Schulabschluß mit 13 Jahren, Beruf Automechaniker, immer in Argenteuil gelebt). Während der Gespräche steht das Tonband offen auf dem Tisch. Die Sprecher wissen, daß die Aufnahmen sprachwissenschaftlichen Zwekken dienen.

c) Das Corpus d'Orléans[115].

1969/70 hat ein britisch-französisches Linguistenteam in Orléans 147 Personen (Männer und Frauen aller Altersstufen und sozialen Schichten) zu Hause oder am Arbeitsplatz nach einem vorgegebenen Fragebogen inter-

[112] Kritik des Corpus Français Fondamental durch W. Strack, *Das Verb*, S. 16—25.

[113] Die Erstellung beschreibt A. Malécot, *New Procedures.*

[114] Vorgestellt in D. François, *Français parlé*, S. 17 ff.

[115] Zur Erstellung und Begutachtung vgl. M. Blanc, P. Biggs, *L'enquête*, J. Ross, *Enquête*, P. Biggs, M. Dalwood, *Les Orléanais*, I.-B. Robach, *Etude*, G. Lemhagen, *L'analyse*, Al 1980 und Mullineaux 1982.

viewt. Die Sprecher wußten nicht, daß die Interviewer sich vor allem für ihre Sprache interessierten. Sie wußten aber, daß sie über offenes Mikrofon aufgenommen wurden. Dies erklärt auch, warum unter den ursprünglich ausgewählten 600 Informanten nur 147 zu einem Interview bereit waren, wobei die Mehrzahl der Ablehnungen aus unteren Schichten stammte.

Die drei Corpora zeigen gemeinsame, vor allem aber unterschiedliche Merkmale.

Grad der Vorbereitung: In allen Corpora wird ohne vorherige schriftliche Aufzeichnung, unvorbereitet und unvorbedacht gesprochen. Sie enthalten code parlé.

Status der Sprecher: Das Corpus d'Orléans umfaßt Sprecher aller Schichten. Die Corpora von D. François und A. Malécot stehen sich hingegen diametral gegenüber (Unterschicht vs Oberschicht).

Situation: Die sprachlichen Äußerungen im Corpus d'Argenteuil erfolgen im privaten Rahmen und zu privaten Zwecken gegenüber vertrauten und gleichrangigen Partnern. Ganz anders in den übrigen Corpora. Die Fremdheit des mit dem Prestige der Universität behafteten Gesprächspartners, der zu wissenschaftlichen Zwecken Informationen über aktuelle gesellschaftliche Verhältnisse sammelt, verleiht den Interviews einen hohen Grad von Öffentlichkeit.

Monolog-Dialog: Nur das Corpus d'Argenteuil ist eindeutig dialogisch. Interviewcorpora sind dagegen vornehmlich monologisch[116].

Aufnahmebedingungen: Nur das Corpus de Paris ist ohne Wissen der Sprecher aufgenommen.

Diese nicht einmal vollständige Merkmalsbeschreibung läßt deutlich erkennen, welche Corpora zu einer umfassenden Beschreibung des code parlé weiterhin fehlen. Es ist vor allem der unbefangene private Dialog im Familienkreis gebildeter Schichten, über den bislang nur wenig Daten vorliegen. Untersuchungen zum Deutschen lassen dabei erwarten, daß das sprachliche Material mit dem Grad der Öffentlichkeit erheblich variiert[117]. Zum zweiten müßte dem Corpus d'Argenteuil ein vergleichbares Corpus unter anderen Aufnahmebedingungen gegenübergestellt werden. Zwar

[116] Das zeigt sich deutlich beim Vergleich der Pronominafrequenzen im Corpus de Paris und im Corpus d'Argenteuil. *Ce*, *ça*, *il*(*s*), *elle*(*s*) stehen zusammen gegenüber *je* im Corpus de Paris im Verhältnis 1:1, im Corpus d'Argenteuil im Verhältnis 2:1.

[117] So G. Schoenthal, *Das Passiv.*

gibt es Forscher, welche die Relevanz der Aufnahmebedingungen bestreiten, doch ist zumindest im sprachbewußten Frankreich ein Einfluß des Wissens um das Aufgenommenwerden auf das sprachliche Verhalten nicht auszuschließen. Daß gerade diese beiden Corpora bislang nicht existieren, kommt natürlich nicht von ungefähr. Hier ist die Erhebung der Sprachdaten am schwersten. Die Schwierigkeit liegt darin, daß beobachtet werden muß, was sich nur unbeobachtet ereignet. Treffend hat man diese Situation verglichen mit dem Problem: Wie ermittelt man, ob das Licht im geschlossenen Kühlschrank brennt? Die moderne Technik („micro caché", Mikroportanlagen) müßte aber auch über dieses Paradoxon hinweghelfen[118].

[118] Zur Sprachdatenerhebung vgl. u. a. A. Ruoff, *Grundlagen,* J. Hufschmidt, K. J. Mattheier, *Sprachdatenerhebung* und den Sammelband *Soziolinguistik und Empirie.* Zu dem Problem der Transkription vgl. K. Ehlich, B. Switalla, *Transkriptionssysteme,* P. Biggs, M. Dalwood, op. cit., S. 122 ff. Ein besonderes, „grille" genanntes Transkriptionsverfahren benutzt die Forschungsgruppe um Claire Blanche-Benveniste, vgl. Blanche-Benveniste u. a. 1979, Borel 1981 und Bilger 1982. Eine Transkription unter Einschluß der paraverbalen und nonverbalen Ereignisse erstellt Scherer 1984.

III. Allgemeine Merkmale gesprochener Sprache (Code parlé)

Für Abercrombie[1] sind wesentliche Merkmale gesprochener Sprache, wobei zwischen code phonique und code parlé nicht unterschieden wird, die vielfältigen Möglichkeiten der Intonation, des Tempos, der Stimmqualität und Lautstärke, „pauses, coughs, stammers, interjections", die von Quirk so genannten „intimacy signals", die auch als Pausenfüller fungieren können, „repetitions" und schließlich die „apparent incompleteness", wobei die anscheinend unvollständigen mündlichen Äußerungen unter Berücksichtigung der Sprechsituation in Wirklichkeit vollständig sind. Der Katalog umfaßt, bis auf das besondere Verhältnis von Thema und Rhema, die in der Literatur üblicherweise angegebenen Charakteristika. Wenn in einer französischen Gebrauchsgrammatik[2] der Unterschied bezüglich der Wortstellung zwischen einer «phrase vivante» (= code parlé) und einer «phrase logique» (= code écrit) veranschaulicht werden soll, fließen etliche der Charakteristika in den Beispielsatz mit ein:

Vous le voyez, hein, cet homme? Eh bien, tout à l'heure, il était à la gare.

L'homme que vous voyez ici se trouvait tout à l'heure à la gare.

Die genannten Merkmale sind wahrscheinlich universal, andere mögen nur für eine oder mehrere Sprachen gelten. Bevor spezifisch französische Verhältnisse erläutert werden, seien einige allgemeine Beobachtungen und Beobachtungen an anderen Sprachen (vor allem Deutsch und Englisch) zusammengestellt, die geeignet sind, die Verhältnisse auch des Französischen zu beleuchten[3]. Es geht dabei nur um den code parlé.

Die im folgenden unter 1.—3. angesprochenen Punkte sind die von Heinz Rupp[4] herausgestellten Hauptcharakteristika gesprochener Sprache, wobei

[1] *Conversation and Spoken Prose*, S. 6 ff.

[2] Zitiert nach Müller-Hauser, S. 90.

[3] Vgl. bereits oben S. 49 f. Verweise auf das Französische vor allem in den Fußnoten.

[4] H. Rupp, *Gesprochenes und geschriebenes Deutsch.* Der Aufsatz stützt sich vor allem auch auf die Ergebnisse der Dissertation seines Schülers Heinz Zimmermann, *Zu einer Typologie des spontanen Gesprächs.*

er diese als das „spontane Gespräch zwischen zwei oder mehr Menschen" faßt und ausdrücklich betont, daß diastratische Faktoren weitgehend irrelevant sind: „Es besteht nahezu kein Unterschied in der Struktur des spontanen Gesprächs, ob ein Arbeiter spricht oder ein Universitätsprofessor, insofern es sich wirklich um ein spontanes Gespräch handelt" (S. 23).

1. Einfachheit und „Unvollständigkeit"[4a]

Die Bedingungen gesprochener Sprache[5] erzwingen die relative Einfachheit und ermöglichen die anscheinende Unvollständigkeit der Äußerungen. Die beiden Aspekte sind nicht voneinander zu trennen, die „Unvollständigkeit" stellt lediglich einen durch die Gesprächssituation ermöglichten Grad von Vereinfachung dar, den die geschriebene Sprache weder erreichen will noch erreichen kann. HEINZ ZIMMERMANN[6] untersucht in den Abschnitten „Die Verkürzung", „Unausgesprochenes Denken" und „Die Ellipse" besonders die im code écrit nicht zugelassenen Sparformen und Einsparungen. Ein Beispiel, das auch RUPP[7] bringt, möge für viele stehen:[8]

A: Das Licht auch noch auslöschen.
B: Das wäre ein bißchen wenig.
C: Ja, ein bißchen wenig, aber jene Kerze holen dort.
B: Welche Kerze holen?
C: Die auf dem Ofenloch.
D: Die daher bringen.

Bezeichnend sind hier die Aussparung der Nennung des Ausführenden (daß sich A, C und D an B wenden, ergibt sich aus der Gesprächssituation) und die Reduzierung der Verbformen auf den Infinitiv, wobei sich eine Art Kettenreaktion einstellt.

[4a] Zur Unvollständigkeit und Fehlerhaftigkeit des gesprochenen Französisch sowie zur Häufigkeit von Nebensätzen vgl. I.-B. Robach, *Étude socio-linguistique*, S. Allaire, *La subordination*, D. François, *Français parlé*, S. 470 ff., 544 f., und T. Ebneter, M. Gessner, *La causalité*. Vgl. für das Deutsche G. Rickheit, *Zur Syntax*, A. Weiß, *Syntax*.

[5] Vgl. oben S. 20 ff.

[6] *Zu einer Typologie des spontanen Gesprächs*, S. 17—25, 53—59.

[7] Ibid., S. 24 f.

[8] Vom Baseldeutschen ins Hochdeutsche umgesetzt.

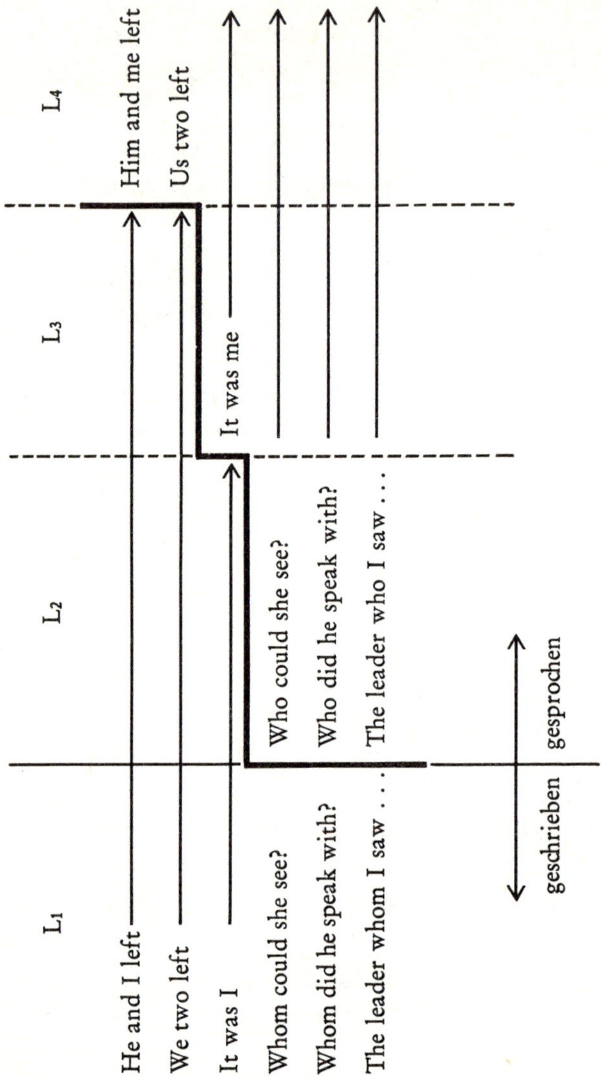
L1
L2
L3
L4
He and I left
We two left
It was I
Whom could she see?
Whom did he speak with?
The leader whom I saw . . .
Who could she see?
Who did he speak with?
The leader who I saw . . .
It was me
Him and me left
Us two left
geschrieben
gesprochen

Unter Einfachheit ist zwischen syntagmatischer und paradigmatischer Vereinfachung zu unterscheiden. Für die erstere wären etwa die oral dominierenden kurzen Sätze (einschließlich der „Setzungen“, d. h. verblosen Sätze)[9] und wenig ausgebildeten Satzperioden zu nennen, deren Ausbreitung in der heutigen Schriftsprache HANS EGGERS[10] übrigens ausdrücklich auf die Sprachgewohnheiten der Umgangssprache (= gesprochene Sprache) zurückführt. Auch der sogenannte Nachtragsstil („Was hat er nun erreicht durch seine Anstrengungen?“) kann als syntagmatische Vereinfachung gewertet werden, insofern die einfachere Stellungsregel angewandt wird. Unter die paradigmatische Einfachheit fallen etwa der „Konjunktiv“ mit *würde (ich würde helfen* statt *ich hülfe*), der allerdings auch schriftsprachlich weiter um sich greift[11], der Ersatz des Konjunktivs durch den Indikativ *(ich habe gehört, er kommt morgen)*[12] und verschiedene Vereinfachungen in der Nominalflexion[13].

Als Beispiel paradigmatischer Vereinfachung im gesprochenen Englisch sei auf die Reduzierung der Kasusdifferenzierungen bei den Pronomina hingewiesen. EDWARD S. KLIMA[14] gibt dazu eine Gegenüberstellung vier verschiedener „styles“, wobei L_1 als „geschrieben“, L_2 – L_4 als „gesprochen“ bezeichnet werden darf[15]. Wie das Schema S. 56 zeigt, ist L_4 von L_1 im Bereich der ausgewählten Verwendungsweisen durchweg unterschieden, während L_2 und L_3 partielle Vereinfachungen aufweisen.

Paradigmatische Vereinfachungen des französischen code parlé sind z. B. der häufige Gebrauch von Präsentativen oder von *on* für *nous*[15a]. Beides wie auch die universalen Phänomene der Kürze und Unvollständigkeit

[9] Dazu als besondere Gruppe die Satzwörter („weiß Gott“, „Gottlob“, „versteht sich“, „klar“, „genau“, „na ob“). Vgl. die materialreiche Studie von A. Lindqvist, *Satzwörter*).

[10] H. Eggers, *Zur Syntax der deutschen Sprache der Gegenwart*, S. 54.

[11] Vgl. H. Eggers, a. a. O.

[12] Vgl. H. Moser, *Umgangssprache*, S. 223, *Entwicklungstendenzen des heutigen Deutsch*, S. 225 f.

[13] Vgl. H. Eggers, a. a. O., H. Moser, a. a. O.

[14] E. S. Klima, *Relatedness between grammatical systems.*

[15] L_1: "a style that might be referred to as elegant or literary English" bzw. "the usage (...) of general school grammar as described for formal writing"; L_2: "one variety of standard colloquial English"; L_3, L_4: progressivere Varianten von L_2.

[15a] Vgl. unten S. 135 ff., 159 ff. Zur Abkürzung vgl. Brunet 1980, George 1980 und Menzel 1983.

gesprochener Sätze geht deutlich aus dem folgenden Teilstück des Corpus d'Argenteuil (I,12) hervor:

LS maintenant . . . c'est comme tout, hein
DMe { c'est fini
LS { c'est fini
c'est fini . . . maintenant (il) y a plus rien
LSe oui (il) y a plus rien hein
LS tout ça, on passe devant et on regarde et c'est le souvenir
LSe puis alors là on est allé, je vois hier, Albert il nous a montés, en attendant qu'(il) y ait . . . en avance de l'heure, eh bien,
LS { il nous a emmenés faire un tour par là-haut / il nous a emmenés faire un tour
LSe oui évidemment (il) y a encore des champs quand même, hein, sur le, vers le . . .
DMe sur Cormeilles alors?
LS euh . . . non

2. Abfolge Rhema – Thema[15b]

Geschriebenes Deutsch, und wahrscheinlich geschriebene Sprache überhaupt, hat als übliche Mitteilungsstruktur die Abfolge Thema – Rhema[16]. Das Thema kann etwas vereinfacht mit dem Merkmal „bekannt" (durch Kontext oder Situation) charakterisiert werden[17]. Die Rede („Schreibe") knüpft an Bekanntes oder Gegebenes an und macht darüber eine Aussage. Das Verfahren ist in besonderer Weise empfängerbezogen, insofern es dem Hörer oder Leser die lineare Aufnahme der Äußerung ermöglicht. Die Thema-Rhema-Abfolge gibt es natürlich auch in gesprochener Sprache, aber daneben ist, wie besonders die Untersuchung von Heinz

[15b] Zum Französischen vgl. unten S. 152 ff. und R. de Dardel, *Quelques aspects de la séquence expressive.* Vf. zeigt, daß Expressivität und Seltenheit einander bedingen. So stellt er im Corpus Zwanenburg für die Varianten des Satzes *je pars demain* folgende Frequenzen fest: a) *demain, je pars* (62), b) *je pars, demain* (11), c) *je pars demain* (21), d) *c'est/ça fait demain que je pars* (2). Die Sätze mit frontiertem Rhema (b, d) sind die selteneren und expressiveren.

[16] Die neuere Literatur benutzt auch die Termini topic (Topik) und comment, vgl. B. Wehr, *Diskurs-Strategien,* 1984.

[17] Zu einer differenzierteren Analyse vgl. J. Firbas, *On Defining the Theme in Functional Sentence Analysis* und M. A. K. Halliday, *Functional Diversity,* S. 350 ff.

ZIMMERMANN[18] gezeigt hat, die umgekehrte Abfolge sehr häufig. Der Sprecher beginnt mit dem für ihn Wichtigen, der Aussage, die er machen will, und liefert den Gegenstand, über den die Aussage gemacht wird, erst nach. Eine so ablaufende Äußerung ist ausgesprochen sprecherbezogen und expressiv. ZIMMERMANN spricht von der „mündlichen Spannungsfolge“, die besonders ausgeprägt ist in „Aussagen, die von einem Gefühl des Sprechers ausgehen“. Dazu eines der vielen Beispiele bei ZIMMERMANN:

«parlé» (spontan, subjektiv):	„Das ist also dann großartig gewesen, was du da gesagt hast, dieser Film“.
«écrit» (objektiv):	„Dieser Film, von dem du gesprochen hast, war großartig“.

Sowohl ZIMMERMANN wie RUPP[19] betonen, daß die „mündliche Spannungsfolge“ von diastratischen Differenzierungen unabhängig ist[20].

Fragt man nach den Ursachen dieser verschiedenen Abfolgen, so wird man nicht nur auf die Bedingungen, sondern auch auf die Manifestationen der codes rekurrieren müssen. Es ist klar, daß die mündliche Spannungsfolge als expressiver Rhema-Thema-Ablauf auch an die Intonation gebunden ist: das frontierte Rhema ist stärker betont als das frontierte Thema. Im code graphique werden Intonation und Akzentgebung jedoch kaum notiert. Zwar erlaubt immer noch der Kontext die Einordnung als Thema oder Rhema, aber ein wichtiges, wenn auch redundantes Merkmal fällt aus. Dieser Verlust kann ausgeglichen werden, indem die Abfolge Thema-Rhema zur kanonischen, d. h. üblichen wird: „Um eine flüssige Lektüre ohne durch Rekurs auf den Kontext bedingtes Stocken zu erreichen, setzt man (...) das Rhema soweit wie möglich ans Satzende“[21]. An einem Beispiel zeigt RÜDIGER ZIMMERMANN die verschiedenen Verfahren:

(1) Nobody knew where *Mary* was. Peter finally found *her*[22].
(2) *Peter* had always been lonely. *He* finally found Mary.

[18] Vgl. bes. den Abschnitt „Vom Sprecher zum Hörer — ein Spannungsprinzip“, S. 26—35.
[19] Op. cit., S. 27.
[20] Zur häufigen Abfolge Rhema-Thema im Englischen („very informal speech“) vgl. L. A. Hill, *The Passive again*, S. 71.
[21] R. Zimmermann, *Themenfrontierung, Wortstellung und Intonation im Deutschen und Englischen*, S. 24.
[22] Thema kursiv.

In (1) steht das Rhema in Spitzenstellung, oral durch besondere Betonung von *Peter* gekennzeichnet. Diese Kennzeichnung ist im code graphique nicht möglich, daher lautet der Anschlußsatz im code écrit eher „She was finally found by Peter". Damit ergibt sich auch e i n Grund für die immer wieder festgestellte höhere Frequenz des Passivs im geschriebenen Englisch[23]: Das Passiv ist unter anderem auch ein Mittel, das Thema in Spitzenstellung zu bringen[24].

3. Subjektivität (Partikelreichtum)[24a]

Gesprochene Sprache gilt in besonderem Maße als subjektiv (sprecherbezogen), während geschriebener Sprache eher Hörer- und Sachbezogenheit zuerkannt werden. Die codes sind den BÜHLERschen Grundfunktionen offenbar auf eine verschiedene Weise zugeordnet[25]. Dabei gilt das Merkmal der Subjektivität allerdings mehr für den Dialog, die Grundform mündlicher Rede. Unter Subjektivität kann auch die spezifisch orale Abfolge Rhema – Thema und wenigstens teilweise die Verkürzung des Ausdrucks subsumiert werden. „Entscheidend ist die Beobachtung, daß sich Logik, syntaktische Vollständigkeit und gedankliche Ausformulierung einerseits und Gefühlsausdruck andererseits nahezu ausschließen"[26]. Weitere typisch subjektive Sprachmittel des code parlé sind der Komplex der Interjektionen, deren wesentliches Merkmal gerade in ihrem „non-notional meaning"[27] besteht, und der häufige Gebrauch von Pejorativa, Meliorativa und Alterata[28]. Auch der allgemein familiäre Zug

[23] Vgl. J. Blankenship, *A Linguistic Analysis of Oral and Written Style*, S. 422, H. Feider, *Comparative Syntactic Description*, S. 181 ff. Weitere Literatur bei R. Zimmermann, S. 24. Vgl. jetzt auch G. Stein, *Studies in the function of the passive* u. Wallace, *How Registers Register.*

[24] Auf andere, das geschriebene Passiv begünstigende Faktoren gehen wir unten bei der Behandlung der Verhältnisse im Französischen ein.

[24a] Zum Französischen vgl. unten S. 179 ff.

[25] Vgl. oben S. 32. H. Zimmermann, S. 88: „Der Teilnehmer am Alltagsgespräch ist nicht so sehr Denkender als Fühlender und Wollender."

[26] H. Zimmermann, S. 77. Vgl. hier besonders das Kapitel „Der subjektive Ausdruck", S. 60—87. Vgl. Berthelon 1955.

[27] J. Nosek, *Semantic Features*, 15, sowie die Arbeiten von Burger, Gérard, Poggi und Thibault/Vincent.

[28] Ausführliche Beispiele für den Bereich des Englischen bei Nosek. Für das Französische vgl. etwa R. Édouard, *Dictionnaire*, K. E. M. George, *Formules*, U. Trettner, *Die Ausdrücke*, C. Vigneau, *L'appellatif familier*, P. Guiraud, *Les gros mots.* Reiches sprechsprachliches Material enthält auch W. K. Grafschaft, *Die Onomasiologie von „sterben"*. Vgl. Kremos 1955 und Schulze 1985.

gesprochener Sprache, nicht nur Vulgarismen, Kraftwörter und dergleichen, dürfte in der Subjektivität des Gesprochenen seine Wurzel haben, und ganz gewiß auch die Neigung zu bildhaften Wendungen und zum übersteigerten Ausdruck[29].

Ein besonderes Kapitel bilden die sogenannten Abtönungspartikeln[30], die besonders im Deutschen sehr häufig sind, nach HARALD WEYDT[31] zu ca. 85 % ohne Entsprechungen im Französischen. Generell gilt, daß gesprochene Sprache (besonders der Dialog) partikelreich, geschriebene Sprache partikelarm ist, also z. B.

code écrit	*code parlé*
Wieviel Uhr ist es?	Wieviel Uhr ist es *bloß (denn, wohl)?*

Die Gegenüberstellungen der Frequenzen von KAEDING[32] und H.-H. WÄNGLER[33] bei HARALD WEYDT ergeben etwa folgende Werte:

wohl	1 : 46	*denn*	1 : 2,7
ja	1 : 14,3	*eben*	1 : 2,5
schon	1 : 4,2		

Dabei ist nicht nach Bedeutungen oder Funktionen unterschieden, so daß sich für die Abtönungspartikel als solche die Unterschiede noch weiter erhöhen dürften. Für die Modalpartikel *schon* stellt z. B. A. KRIWONOSSOW[34] fest, daß sie ausschließlich der Umgangssprache angehöre. Die Werte für die Zeitungssprache liegen im allgemeinen noch niedriger als die für die von KAEDING ausgewerteten Materialien.

Was die Funktion der Partikeln betrifft, so spricht HUGO MOSER[35] von den „verdeutlichenden und belebenden Flickwörtern" der Alltagsmundart und Alltagsprache. „Verdeutlichen" kann hier wohl nur mit Bezug auf die Ausdrucksabsichten des Sprechers gegenüber dem Hörer, d. h. mit Bezug auf das subjektive Empfinden des Sprechers, sinnvoll verstanden

[29] Vgl. Moser 1956, 1960, Chocheyras 1979, Kallmeyer 1979, Guiraud 1980, George 1983 und Stempel 1983.

[30] Andere Bezeichnungen dafür: Flickwörter, Füllwörter, Modalwörter, „Würzwörter". Vgl. dazu unten S. 179 ff.

[31] H. Weydt, *Abtönungspartikel,* S. 71 f.

[32] *Häufigkeitswörterbuch der deutschen Sprache,* Steglitz bei Berlin, 1897 [Schriftsprache].

[33] *Rangwörterbuch hochdeutscher Umgangssprache,* Marburg 1963.

[34] A. Kriwonossow, *Die Distribution des Wortes* schon, S. 416.

[35] H. Moser, *Umgangssprache,* S. 228.

werden. Abtönungspartikeln setzen in der Tat das Gegenüber von Sprecher und Hörer in einer aktuellen Gesprächssituation voraus. Die Abtönungspartikel ist partnergebunden und insofern auch Kontaktsignal. Die verschiedenen Werte der Abtönungspartikel sind im einzelnen oft schwer zu präzisieren und stark kontextgebunden, lassen sich aber doch typisieren: So hat HEINZ ZIMMERMANN[36] das subjektive „Widerspruchs-*aber*“[37] vom objektiven „Funktions-*aber*“[38] abgesetzt. Im häufigen Typ „Das ist aber schön (nett usw.)“ tritt der implizite Widerspruch („das habe ich nicht erwartet“) freilich so stark zurück, daß lediglich eine Art Bekräftigungsfunktion übrigbleibt.

4. Spezifische Textkonstitution[38a]

Abgesehen von der größeren Einfachheit und größeren Fehlerhaftigkeit haben mündliche Texte weitere, ebenfalls durch die Art ihrer Konstituierung bedingte Eigenschaften, auf die vor allem ROLAND HARWEG[39] aufmerksam gemacht hat. So fehlen etwa in gesprochener Sprache normalerweise die emischen Textanfangstypen[40], die nur aus Substituenda oder nur aus Eigennamen bestehen:

> An *einem* regnerischen Wintertag trafen sich in *einer* einsamen Straße *zwei* verwegen aussehende Gestalten.
> Es war *einmal ein* alter Mann.
> Am *26. 9. 1917* starb in *Paris* der französische Maler *Edgar Degas.*

„Der Grund besteht (...) offensichtlich darin, daß die Sätze mit keinem ihrer Ausdrücke an die sie umgebende Sprechsituation anschließen und ein solcher Anschluß die fundamentale Bedingung für emischen Textanfang in mündlich konstituierter Sprache zu sein scheint“[41].

[36] H. Zimmermann, S. 78—87 (Abschnitt „Das Wörtlein *aber* in der Rede“), bes. S. 87.
[37] „Da ist aber ein Wegweiser gewesen“.
[38] „Im Winter kann man dort schifahren, aber jetzt liegt natürlich kein Schnee“.
[38a] Zum Französischen vgl. unten S. 164 ff.
[39] *Pronomina und Textkonstitution,* S. 317—323; *Textanfänge; Rundfunknachrichten,* S. 5—13.
[40] Emische Texte (Textanfänge) sind durch textimmanente Kriterien (sprachintern) bestimmt, etische durch texttranszendente (sprachextern).
[41] *Textanfänge,* S. 355.

Der letztgenannte Satz z. B. könnte durch Setzung eines expliziten temporaldeiktischen Ausdrucks oralisiert werden:

Heute vor 50 Jahren, am 26. 9. 1917, starb . . .

Die Einschränkung betrifft auch Textanfangssätze mit generell verwendeten Gattungsnamen:

Die wissenschaftliche Beschäftigung mit der Sprache ist sehr alt.

Die Oralisierung solcher Sätze erfordert wieder die Herstellung eines Situationsbezugs:

Ja, die wissenschaftliche Beschäftigung . . .
Die wissenschaftliche Beschäftigung ist *ja* . . .[42]

Kennzeichnend für mündliche Textanfänge seien schließlich Vorspannsätze (Fragen oder Imperative):

Du hör mal, der Kölner Dom ist 158 m hoch[43].
Hast Du schon gehört? In M. ist gestern ein neues Restaurant eröffnet worden[44].

Die hier am Deutschen gemachten Beobachtungen haben zweifellos allgemeinere Gültigkeit. Das schließt nicht aus, daß es auch orale Züge gibt, die zumindest in ihren Modalitäten einzelsprachlich fixiert sind[45].

5. Spezifische Frequenzen[45a]

Es ist zu erwarten, daß die spezifischen Bedingungen gesprochener Sprache (Spontaneität, geringe Vorbereitungszeit, Nichtkorrigierbarkeit usw.) ihren Niederschlag auch in der Auswahl der Sprachmittel finden. Sie

[42] Harweg betrachtet die durch *ja* erweiterten Sätze eher als etische Anfangssätze (*Textanfänge*, S. 357). Wir würden einfach sagen, daß *ja* als (orales) Texteröffnungssignal fungiert. (Vgl. auch *nun*, frz. *eh bien*, engl. *well* usw.). Die Unterscheidung zwischen resümierendem *ja* (Satz 1) und begründendem *ja* (Satz 2) hat demgegenüber nur sekundäre Bedeutung.

[43] Vorspann obligatorisch, da im Anfangssatz nur Eigennamen.

[44] Vorspann fakultativ, da das Deiktikum *gestern* für die Oralität des Textanfangssatzes ausreicht. Der Vorspann sichert aber einen weichen Einsatz.

[45] Vgl. R. Harweg, *Rundfunknachrichten*, S. 6 ff., zum Tempusgebrauch und zur Wortstellung im Deutschen.

[45a] Syntaktische Frequenzunterschiede ermittelt für das Deutsche Chr. Höhne-Leska, *Statistische Untersuchungen*, für das Englische R. C. O'Donnell, *Syntactic differences* (mit Referat voraufgegangener Arbeiten). Vergleichende Statistiken

könnten in anderer Zusammensetzung abgerufen werden als in geschriebener Sprache. Die Hypothese ist durch eine Reihe von Untersuchungen bestätigt worden.

Zunächst gilt für mündlich konstituierte Texte eine niedrigere type-token-Relation, d. h. die Diversität des Wortschatzes schriftlich konstituierter Texte ist größer, in mündlich konstituierten Texten ist der Wiederholungsgrad der einzelnen Wörter (types) höher. Die Wiederholung kann also als Merkmal gesprochener Sprache betrachtet werden: es können einzelne Sätze[46] oder Satzteile („das ist aber *sehr sehr* teuer") unmittelbar wiederholt werden, oder aber, das hier einschlägige Phänomen, ein Element wird im Durchschnitt öfter wiederholt, auf einen type entfallen mehr tokens. Als type-token-Relation ergab sich in den von Fraisse und Breyton[47] durchgeführten Versuchen 0,61 für „oral" und 0,68 für „écrit" (ziemlich konstant bei allen Versuchspersonen), Moscovici und Humbert[48] ermittelten respektive 0,15 und 0,28 (für «mots typographiques différents») bzw. 0,11 und 0,22 (für «mots lexicaux différents»)[49]. Diese Abweichungen haben natürlich Auswirkungen auf den verschiedenen Redundanzgrad gesprochener und geschriebener Sprache[50]. Hier sei nur noch darauf hingewiesen, daß die Verschiedenheit der type-token-Relationen in Texten gegebenen Umfangs zur Folge hat, daß die mündliche Nacherzählung eines gegebenen Sachverhalts im Durchschnitt länger ist als die schriftliche[51], nach den Untersuchungen von Fraisse und Breyton[52] im Verhältnis 1,85 : 1 (allerdings

über Pausen- und Silbenzahl, Sprechgeschwindigkeit sowie das Auftreten von *e* muet im französischen Interview, Vortrag, Vorlesen, Beschreibung und Gespräch (gebildeter und weniger gebildeter Sprecher) legen vor: F. Grosjean, A. Deschamps, *Analyse des variables temporelles,* V. Lucci, *Rythme et longueur du message parlé,* und ders., *Le mécanisme du „e" muet.*

[46] Vgl. R. Harweg, *Pronomina und Textkonstitution,* S. 329: „(...) das Phänomen der Wiederholung von Sätzen, das in umgangssprachlichen Texten ziemlich häufig begegnet, während es in schriftsprachlichen Texten verhältnismäßig selten ist".

[47] P. Fraisse, M. Breyton, *Comparaisons,* S. 69.

[48] S. Moscovici, C. Humbert, *Etudes,* S. 181.

[49] Die absoluten Zahlen sind abhängig vom Textumfang, der Quotient sinkt generell mit zunehmendem Textumfang.

[50] Siehe dazu den folgenden Abschnitt.

[51] Vgl. J.-M. Peterfalvi, *Introduction,* S. 148 f.

[52] Op. cit., S. 66.

mit Schwankungen zwischen 0,67 und 3,91). Die geringere Dichte eines oralen Textes wird also durch größeren Umfang kompensiert.

> Bei 9—10jährigen Kindern sei die Diversität des Wortschatzes noch nicht nach mündlich und schriftlich differenziert, ebensowenig wie der Subordinationsgrad (Anteil der untergeordneten Sätze). Der code écrit baue also auf dem code parlé auf[53].

Differenzierungen ergeben sich auch bezüglich der Frequenz einzelner Wortarten. So scheint der Anteil der Adjektive in schriftlich konstituierten Texten generell höher zu sein, der Anteil der Verben generell niedriger[54]. Für das Englische hat JANE BLANKENSHIP[55] selbst im „written discourse" gegenüber dem „oral discourse" noch einen um 35 % höheren Adjektivanteil festgestellt. Für das Spanische liegt eine ausführliche Analyse von JOSEF FELIXBERGER[56] vor. Danach ergeben sich für gesprochene Sprache Werte um 3,5 %, für literarische Texte um 9 %.

In noch allgemeinerer Form wird geschriebener Sprache ein besonderer nominaler Zug, gesprochener Sprache ein verbaler Zug zugeschrieben:

discours écrit: «plus élaboré, relativement peu redondant, et à prédominance nominale»

[53] Vgl. J.-M. Peterfalvi, S. 148 f.

[54] Vgl. J.-M. Peterfalvi, S. 149. Die Zahlen bei Moscovici und Humbert, S. 179, sind allerdings ausgeglichen. Ferner variieren code parlé und code écrit in bezug auf die Stellung des Adjektivs. Im Corpus d'Argenteuil stehen von 100 attributiven Adjektivvorkommen nur 26 nach, vgl. D. François, *Français parlé*, S. 699 f., 705. Im Corpus Zwanenburg ist das Verhältnis 1:1,5 (mit Variation zwischen 10:1 und 1:18), im *Livre des deux mille phrases* 1:2. Hingegen zeigen Zeitungsartikel (1:3,5) und Wissenschaftstexte (1:5) wesentlich höhere Nachstellungen, vgl. R. de Dardel, *Quelques aspects*, S. 21. Zur Zeitungssprache vgl. auch M. Hug, *L'adjectif épithète*. — Unterschiede in bezug auf die Verben, die Infinitive nach sich ziehen, ermittelt G.-R. Roy, *Contribution*, S. 237 ff., 273 ff. Sein Ergebnis, Konzentration des code parlé auf wenige, häufig vorkommende Verben, wird von Ch. Muller, *Les verbes les plus fréquents*, bestätigt. Der Anteil der 20 häufigsten Verben an der Gesamtzahl der Verben eines Textes ist in der gesprochenen Sprache doppelt so hoch (²/₃) wie in der geschriebenen (¹/₃). Fast alle sind unregelmäßig. Statistiken zur Häufigkeit der Verbformen im Français Fondamental legt vor J.-L. Malandain, *La conjugaison*. Auf dem *Frequency Dictionary of French Words* basiert A. Lapierre, *Quelques aspects quantitatifs*. Vgl. Séguin 1980.

[55] J. Blankenship, *Linguistic Analysis*, S. 421.

[56] *Untersuchungen zur Sprache des spanischen Sprichwortes*, S. 33 f.

discours oral: «relativement plus redondant, moins élaboré formellement, (...) une proportion plus importante de verbes»[57]

Hier ist dann auch das Phänomen des literarischen Nominalstils zu nennen, den R. WELLS[58] jedoch als allgemein "contrary to conversational style" bezeichnet und den HELGA FEIDER[59] auch in unprätentiösen geschriebenen Texten feststellt:

gesprochen	*geschrieben*
if they decide that ...	if the decision of ...
they asked her what ...	they brought up the question as to ...

6. Höhere Redundanz

Daß gesprochene Sprache redundanter sei als geschriebene Sprache, wird immer wieder behauptet, wenngleich selten zahlenmäßig belegt. Indessen ist hier genau zwischen «parlé»/«écrit» einerseits und «phonique»/«graphique» andererseits zu unterscheiden. Wenn man davon ausgeht, daß in einen schriftlich konstituierten Text mehr Arbeit investiert wird als in einen mündlich konstituierten Text gleicher Länge, ist zu erwarten, daß der schriftliche Text mehr Information enthält als der mündliche, der mündliche mithin redundanter ist. Um die gleiche Information zu vermitteln, muß der mündliche Text dann länger sein, was ja in der Tat nachgewiesen wurde[60]. Anders verhält es sich bei einem Vergleich zwischen phonischen und graphischen Texten. Jeder französische Text gleichen Umfangs enthält mehr Grapheme (Buchstaben) als Phoneme[61] – das gleiche gilt grundsätzlich auch für andere Sprachen mit Alphabetschriften –, ein graphischer Text muß also redundanter sein als ein phonischer, oder anders ausgedrückt: ein Phonem enthält mehr Information als ein Graphem. Aus der Kombination der beiden Faktoren ergibt sich, daß die höchste Redundanz ein mündlich konstituierter Text (message parlé) in graphischer Realisierung (message graphique)

[57] S. Moscovici, M. Plon, *Situations-colloques,* S. 708.
[58] R. Wells, *Nominal and Verbal Style,* S. 218.
[59] H. Feider, *Comparative Syntactic Description,* S. 193.
[60] Siehe oben S. 49 f. Über Tautologie vgl. Frédéric 1981 und Fritz 1981. Zur Einförmigkeit vgl. *Conversational routine*, Gülich 1981 und Gülich/Henke 1979, 1980.
[61] Laut Chavasse 1948 entfallen auf 1 Phonem 1,64 Grapheme.

aufweisen muß, die geringste Redundanz ein schriftlich konstituierter Text (message écrit) in phonischer Realisierung (message phonique). Dazwischen liegen mündliche und schriftliche Texte in der ihnen je adäquaten Realisierung (parlé-phonique; écrit-graphique). Das heißt also, daß die geringe Redundanz eines schriftlich konstituierten Textes ausgeglichen wird durch die höhere Redundanz der normalerweise graphischen Realisierung, und umgekehrt für mündlich konstituierte Texte. Die höchste Aufmerksamkeit wird dem Hörer eines schriftlich konstituierten, etwa eines literarischen Textes abverlangt, die geringste dem Leser etwa eines spontanen Gesprächs in orthographischer Wiedergabe[61a].

Exakte Messungen der Redundanzen im einzelnen (für das Französische) sind den Untersuchungen von Costermans und Hupet-Weber[62] zu verdanken:

	bits pro Phonem	bits pro Graphem
message parlé	2,76	1,86
message écrit	2,96	2,06

Der Unterschied pro Einheit beträgt also jeweils 0,2 bits, das bedeutet eine höhere Redundanz pro Einheit im message parlé von 4–5 %[63].

		message parlé	message écrit
bits pro	Phonem	2,76	2,96
	Graphem	1,86	2,06

Der Unterschied pro Einheit beträgt jeweils 0,9 bits, das bedeutet eine höhere Redundanz des Graphems von 15–16 %. Im Durchschnitt (Phonem 2,86 bits, Graphem 1,96 bits) enthält das Phonem fast 1,5mal mehr Information als das Graphem.

[61a] Das gilt freilich nur für das literarisch stilisierte Gespräch in einem Roman oder Theaterstück. Die Transkription eines authentischen Gesprächstextes ist wegen der fehlenden Mimik, Gestik und Intonation, der spezifischen oralen Syntax (Abbrüche usw.) sowie einfach der mangelnden Gewöhnung an das Lesen von Gliederungssignalen u. ä. insgesamt so verfremdend, daß bei der Lektüre hohe Aufmerksamkeit erforderlich ist.

[62] J. Costermans, A. Hupet-Weber, *Information et redondance du français parlé.*

[63] Dieser Wert enthält auf Grund der Versuchsbedingungen nicht die durch die Sprechsituation und durch suprasegmentale Merkmale gegebene Information, so daß die Redundanz gesprochener Sprache in Wirklichkeit noch höher ist.

IV. Code phonique und Code graphique im Französischen

1. Phonographie

Die Primärfunktion von Alphabetschriften ist die Abbildung von Lautketten. Die Schriftzeichen (Buchstaben) korrespondieren primär mit der Ausdrucksseite, nicht mit der Inhaltsseite der Sprache. Die Zuordnung erfolgt dabei zwischen Graphemen (Buchstaben oder Buchstabenfolgen) und Phonemen, subphonematische Information wird äußerst selten geliefert (Ausnahme z. B. griechisch Kappa und Koppa).

Hinweise auf subphonematische Information in der Literatur halten der Überprüfung oft nicht stand. So kann *oi* im Französischen, entgegen Blanche-Benveniste und Chervel[1], nur als phonematische Schreibung gewertet werden:

/ua/	[ua]	oua, *oi	z. B. *(il) loua*
	[wa]	oua, oi	z. B. *(il) loua, ouate, loi*

[ua] findet sich nur an der Morphemgrenze[2], insofern gilt für *oi* lediglich die Einschränkung, daß es /ua/ nicht an der Morphemgrenze ausbuchstabieren kann.

Die von Alarcos Llorach[3] zum Beweis für phonetische Schreibung herangezogenen Beispiele sp. *embarrar* und *enlodar* stellen einen Sonderfall dar, insofern die phonetische Schreibung nur unter der Bedingung der Aufhebung der Opposition /m/ : /n/ vor Konsonant erfolgt. Das Archiphonem M wird, entsprechend den Allophonen [m] und [n], mit *m* und *n* notiert, aber als solche repräsentieren *m* und *n* Phoneme, nicht Allophone.

Im Idealfall würden für den code phonographique eineindeutige Beziehungen zwischen Graphemen und Phonemen gelten: *a* → /a/, /a/ → *a*; usw. Dieser Idealfall, mit der Konsequenz, daß jeweils gleich große Inventare von Einheiten vorliegen, ist für die sogenannten Lautschriften (Phonemschriften) gegeben, in natürlichen Sprachen tritt er nicht ein, jedenfalls nicht im Französischen.

[1] C. Blanche-Benveniste, A. Chervel, *L'orthographe*, S. 142.
[2] Vgl. zuletzt N. C. W. Spence, *The French Semi-Vowels*, S. 203.
[3] E. Alarcos Llorach, *Les représentations graphiques du langage*, S. 549.

Die Ausgangsbedingung (Übernahme des lateinischen Alphabets) implizierte mit 23 Buchstaben (später kamen *j* und *v* sowie *w* dazu) für eine jedenfalls höhere Zahl von Phonemen eine defiziente Graphie. Defiziente Graphien können durchaus funktionieren, wie das Lateinische selbst mit der Nichtnotierung der phonematisch relevanten Vokalquantität zeigt: *populus* /ō/ „Pappel", *populus* /ŏ/ „Volk". Orthographieprobleme bringt eine solche Situation nicht mit sich, die richtige Umkodierung der defizienten Graphie ist wenigstens für den „native speaker" in aller Regel leicht. Für das Französische war jedoch aus einsichtigen Gründen eine auf den 23 vorgegebenen Buchstaben aufbauende defiziente Graphie nicht möglich. Vielmehr finden sich von Anfang an komplexe Grapheme (*ch*, *gn*, *ll* usw.).

Heute übersteigt die Zahl der Grapheme (einfache und komplexe) bei weitem die der Phoneme. Damit ist die Graphie insgesamt, phonographisch gesehen, redundant. Theoretisch ergibt sich daraus eine Situation, die sich gut an einem Ausschnitt des Spanischen veranschaulichen läßt:

/baka/$_1$ „Plane"	[baka], [laƀaka]	baca
/baka/$_2$ „Kuh"	[baka], [laƀaka]	vaca

Die Graphien ergeben sich nicht mehr eindeutig aus den Lautungen, es entsteht das Problem der Orthographie. Immerhin sind aber die lautlichen Zuordnungen zu (*la*) *baca*, (*la*) *vaca* eindeutig.

Das heutige phonographische System des Französischen hat jedoch diese bei überschüssiger Graphemzahl unvermeidliche partielle Mehrdeutigkeit überschritten, es ist in jeder Richtung mehrdeutig, also mehrmehrdeutig:

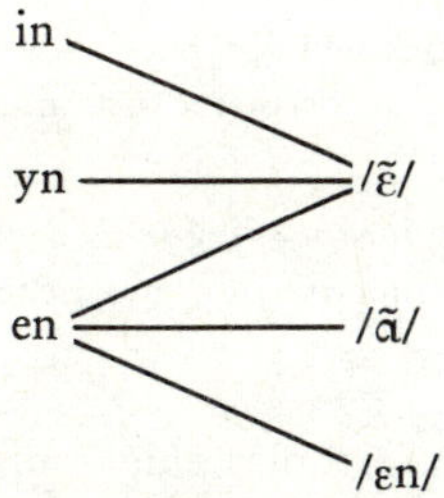

mehrmehrdeutig

Vgl. *pin*, *lynx*, *examen*, *vent*, *spécimen*

Dagegen die vorher erläuterten Beispiele:

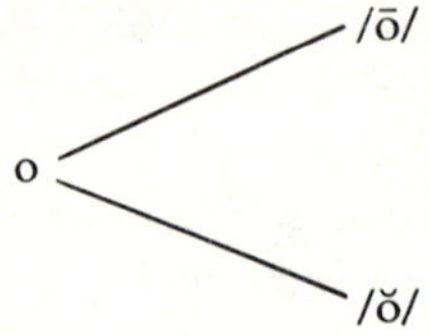

einmehrdeutig

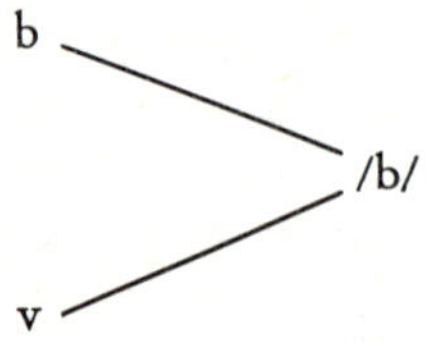

mehreindeutig

Die Beispiele für die Mehrmehrdeutigkeit des Französischen lassen sich beliebig vermehren. Hand- und Lehrbücher der Orthographie und Orthoepie bieten reichhaltiges Material[4]. Allerdings gilt, daß Faktoren verschiedener Art die Mehrdeutigkeit einschränken.

So *en* für /ɛ̃/ nur in einer begrenzten Zahl von Lehnwörtern (und Namen): *examen, appendice, agenda, mentor* ... Ebenso *en* für /ɛn/: *spécimen, lichen, abdomen, dolmen, hymen* ... Die Endstellung ist dabei wiederum Hinweis auf /ɛn/, mit der einzigen Ausnahme *examen.* Die übliche Verbindung von *en* und /ɑ̃/ kommt dagegen am Wortende nicht vor (Ausnahme *en,* das aber im strengen Sinn nicht unter die Bedingung „Wortende" fällt). In der Stellung nach *i* darf als Norm *en* → /ɛ̃/ angesetzt werden (*bien, lien* usw.), die Ausnahmen finden sich in der Umgebung *-t* oder *-te: conscient, inconvénient, fiente* ...

Durch Position geregelt ist auch weithin *x* für /gz/ und /ks/. Vgl. *exact, exalter, exaucer, exemple* ..., *exhaler, exhaustif, exhorter* ... gegen *excellent, excès, exciter* ... Hier darf *c* als Hilfszeichen für *x* → /ks/ gewertet werden. Die andere Interpretation *xc* → /ks/ verbietet sich durch das Fehlen von *x* für /k/.

Eine Folge *-um* ist als /ɔm/ zu lesen: *album, forum, magnum, aquarium, opium, vacuum* usw. Die einzige Ausnahme ist hier *parfum,* abgesehen vom Fremdwort *dum-dum.*

Eine systematische Analyse der französischen Orthographie müßte erweisen, in welchem Umfang durch Positionsregeln, morphologische Re-

[4] Vgl. u. a. P. Fouché, *Traité*; B. Malmberg, *Phonétique française;* M. Grevisse, *Code de l'orthographe française.*

geln, Schichtenzugehörigkeit (z. B. „gelehrt“) phonematische Eindeutigkeit erzielt wird. Bislang gibt es dazu nur Vorarbeiten, wenn auch zum Teil von beträchtlichem Ausmaß[5]. Sie würde mit aller Wahrscheinlichkeit erweisen, daß die phonematische Eindeutigkeit tatsächlich weitgehend gegeben ist und damit den empirischen Befund des relativ leichten richtigen Lesens geschriebener französischer Texte bestätigen. Das Umgekehrte, die eindeutige Zuordnung einer Graphie zu einer Phonie, trifft dagegen sehr viel seltener zu. Das Französische bietet außerordentliche orthographische Schwierigkeiten. Versuche, ein Regelwerk zu erstellen, erweisen sich als sehr kompliziert und die Zahl der Ausnahmen bleibt sehr hoch[6]. Um es noch einmal an den Beispielen zu illustrieren: *pin, lynx, vent* sind bezüglich der Phonie eindeutig, für *examen* und *spécimen* bleibt zumindest /ɑ̃/ ausgeschlossen. *Lynx* und *vent* sind dagegen nicht regelhaft (**linx, *vant), pin* statt *pain* ist ebensowenig aus der Phonie allein zu erschließen.

Das Französische unterscheidet sich damit von einer phonographisch ähnlich aufgebauten Sprache wie dem Englischen. Das Englische ist auch graphisch in hohem Maße, jedenfalls in höherem Maße als das Französische, mehrdeutig:

Vgl. *clear* [iə] gegen *bear* [ɛə], *beat* [i:] gegen great [ei], *leaf* [i:] gegen *deaf* [e] usw., sowie die daraus resultierenden nicht-homophonen Homographe: *tear* [tiə] und [tɛə], *lead* [li:d] und [led][7]. Im Französischen sind solche Homographien äußerst selten und darüber hinaus ist das eine Glied fast immer eine Verbalform mit einer anders liegenden Morphemgrenze:

[5] Vgl. z. B. P. Fouché, *Traité*, R. Thimonnier, *Le système graphique du français*, J. Vildé-Lot, *L'orthographe française et l'analyse structurale.* Wichtige neuere Darstellungen sind R. Thimonnier, *Code orthographique et grammatical*, V. G. Gak, *L'orthographe du français*, W. Börner, *Die französische Orthographie* und N. Catach, *L'orthographe.* Vgl. auch G. Mounin, *Clefs pour la langue française*, S. 171—188, J.-C. Michel, *Problèmes sémiologiques de l'orthographe française*, J. Guion, *L'institution orthographe* sowie die Sammelbände *Structure de l'orthographe française*, *Orthographe et système d'écriture* und *L'orthographe.*

[6] Vgl. R. Thimonnier und die Kritik von J.-M. Klinkenberg, *L'orthographe française constitue-t-elle un système?* Vgl. ferner Göller 1976, Greive 1980, Rolffs 1980, Schroeder 1981.

[7] Da auf die phonematische Interpretation der englischen Vokale hier nicht eingegangen werden soll, sind die üblichen phonetischen Transkriptionen angegeben. Diese haben jedoch phonematischen Status.

(des)	éditions	/-s-/	(nous)	éditions	/-t-/
(des)	portions	/-s-/	(nous)	portions	/-t-/
	content	/kõtɑ̃/	(ils)	content	/kõt/
(le)	but	/by(t)/	(il)	but	/by/[8]

Im einzelnen lassen sich code phonique und code graphique wie folgt inventarisieren:

Das Vokalsystem des Französischen umfaßt maximal 16 Phoneme:

i	y	u
e	ø	o
ɛ	œ	ɔ
a		ɑ

Hinzu kommen die vier Nasalvokale ɛ̃, œ̃, ɑ̃, õ sowie das sogenannte „e caduc", also [ə]. In einem Minimalsystem kann die Zahl der Phoneme durch den Zusammenfall der mittleren Öffnungsgrade, durch den Zusammenfall von /a/ und /ɑ/, von /ɛ̃/ und /œ̃/ sowie durch Nichtberücksichtigung von [ə][9] bis auf 10 absinken[10]. Die eingeschränkten Systeme interessieren in der Gegenüberstellung zur Graphie hier nicht weiter, da davon auszugehen ist, daß ein graphisches System alle in einem Diasystem vorkommenden Phoneme erfassen muß. Aus dem gleichen Grunde brauchen auch nicht diejenigen Versuche diskutiert zu werden, die die Zahl der Phoneme durch größere Abstraktion noch weiter reduzieren[11]. An der „Oberfläche" erfüllen die genannten 16 Vokale die Bedingungen des klassischen Phonems, einschließlich [ə]: vgl. *la blette* /bl-/ gegen *la belette* /b(ə)l-/ oder *but* /byt/ gegen *butte* /byt(ə)/. Bei Berücksichtigung der quantitativen Opposition /ɛ/ : /ɛ:/ (*mettre : maître*) wären sogar 17 Phoneme anzusetzen.

[8] Die Möglichkeit der Liaison ist hier nicht berücksichtigt.

[9] Vgl. dazu etwa S. A. Schane, *On the Abstract Character of French «e muet»*, für die generative Phonologie und A. Martinet, *Qu'est-ce que le «e muet»?*, für die taxonomische Phonologie. Die verschiedenen Argumente sind hier nicht weiter zu verfolgen, da ohnedies von einem Maximalsystem ausgegangen wird.

[10] Vgl. u. a. A. Martinet, *L'évolution contemporaine du système phonologique français*, G. Capelle, *Les phonèmes du français*, J. Levitt, *The French Vowel Phonemes*. Zu /œ̃/ vgl. Nève 1984.

[11] Vgl. etwa Ch. Rohrer, *Das französische Vokalsystem*, der mit 7 Einheiten auskommt.

Das Konsonantensystem umfaßt maximal 22 Phoneme:

p	t	k
b	d	g
f	s	ʃ
v	z	ʒ
m	n	ɲ
	l	r

Hinzu kommt u. U. ein Null-Phonem, das meist auf «h aspiré» zurückgeht (vgl. aber auch *le onze*), /ŋ/ als marginales Phonem in Lehnwörtern (*-ing*) und die drei Halbkonsonanten /j/, /w/, /ɥ/, von denen freilich nur der erste in seinem phonematischen Status weitgehend akzeptiert wird[12].

Das ergibt also maximal 39 Phoneme. Dem stehen auf der Seite der Graphie bei ebenso maximaler Auslegung 43 Buchstaben im Sinne von kleinsten Einheiten, die nicht in aufeinander folgende Einheiten zerlegt werden können, gegenüber[13]:

26 einfache Buchstaben (a, b, c . . . x, y, z),
2 Digraphe (œ, æ)
15 komplexe, mit Hilfe von 6 diakritischen Zeichen ausgezeichnete Buchstaben:

é
à, è, ù
â, ê, î, ô, û
ë, ï, ü, ÿ
ç
ñ

Eine marginale Stellung nehmen hier ein: *ù* (nur in *où*, wo der accent grave im Grunde *ou* ideographisch auszeichnet, und nicht den Buchstaben *u*), *ÿ* (nur im Eigennamen *Louÿs*), *ñ* (nur in Lehnwörtern), æ (nur in „gelehrten" Wörtern), *œ* (nur in „gelehrten" Wörtern oder als Allo-

[12] Vgl. die Diskussion bei N. C. W. Spence, *The French Semi-Vowels.*

[13] Vgl. bes. V. Hořejší, *Analyse structurale de l'ortographe française; Quelques traits caractéristiques de l'orthographe française; Formes parlées, formes écrites et systèmes orthographiques des langues* (hier als 44. Buchstabe *ã*). Nicht eingegangen wird im folgenden auf den glossematischen Versuch von B. W. Christensen, *Phonèmes et graphèmes en français moderne.*

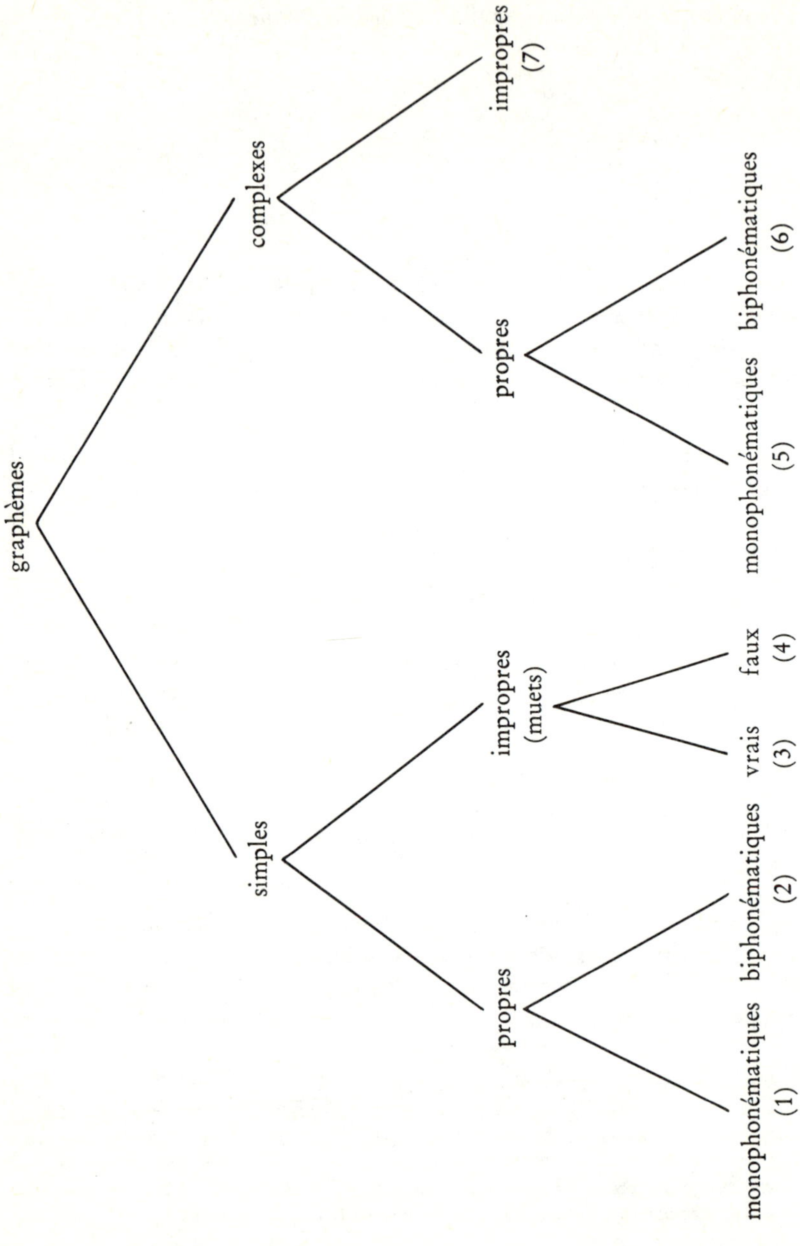
graphèmes
simples
complexes
propres
impropres (muets)
monophonématiques (1)
biphonématiques (2)
vrais (3)
faux (4)
propres
impropres (7)
monophonématiques (5)
biphonématiques (6)

graph für *o* + *e* vor *u* und in *œil* deutbar: *œuvre, sœur* usw.). Großbuchstaben, Apostroph und Bindestrich (trait d'union) sind bei Abstellung auf die phonographische Funktion zu Recht nicht berücksichtigt, da sie nicht in Beziehung zum Phoneminventar gesetzt werden können. Gleiches gilt für die Leerstelle, das graphische Wortgrenzsignal par excellence.

Unter dem Gesichtspunkt der phonographischen Funktion der Buchstaben ist jedoch eine wesentlich höhere Zahl graphischer Einheiten (Grapheme)[14] anzusetzen. Zwar geht es nicht an, alle einem gegebenen Phonem irgendwie zuzuordnenden Buchstaben und Buchstabenfolgen als Grapheme in diesem Sinn zu behandeln[15], weil in vielen Fällen Buchstaben keine phonographische Funktion haben, aber selbst eine umsichtige Klassifizierung wie die von Hořejší kommt doch auf 111 Grapheme, 43 einfache und 68 komplexe. Sein Schema sieht wie folgt aus[16], s. Graphik S. 74.

Es sei durch eine Reihe von Beispielen veranschaulicht:

(1) *b*on; *c*ar, *c*ire; si*x*, si*x*ième
(2) a*x*e /ks/, e*x*amen /gz/
(3) taba*c*, *e*au
(4) chante*r*, g*u*êpe
(5) *ch*ien, f*ou*, fa*im*
(6) r*oi*
(7) o*ff*rir, fra*pp*er

Aus Position (1) und (2) wird deutlich, daß die mit einem Graphem korrespondierenden verschiedenen Phoneme (meist distributionell geregelt) im Schema nicht zum Ausdruck kommen. Position (3) und (7) erfassen die phonographisch irrelevanten Buchstaben (**taba, *au* „Wasser“, **ofrir, *fraper* ergäben die gleichen Lautungen) und fallen damit nur als Nullwerte unter die gegebene Definition des «graphème». In Position (4) finden sich die Buchstaben mit phonographischer Hilfsfunktion (*r* und *u* sind selbst „stumm“, legen aber die vorausgehenden Grapheme auf /e/ bzw. /g/ fest). Position (6) könnte wohl theoretisch aufgelöst werden in zweimal (1) mit eindeutiger Kontextbindung: *o* für /u/ oder

[14] Hořejší definiert «graphème» als «unité de la forme écrite indivisible en unités plus petites comme représentants graphiques d'unités de la forme parlée» (*Analyse structurale*, S. 233).

[15] Vgl. noch P. Burney, *L'orthographe*, Paris [5]1970, 37.

[16] In der in *Formes parlées* gegebenen Version.

/w/[17] vor *i*, *i* für /a/ nach *o*. Die Klassifizierung von Hořejší ist aber sicher die realistischere. Eine Korrektur erscheint für Position (7) angebracht: Zum einen wäre eine Auflösung in (1) und (3) möglich, mit der Besonderheit, daß die aufeinanderfolgenden Grapheme mit verschiedener Funktion dann zufällig die gleichen wären. Man vergleiche *tabac* mit *a* = (1), *c* = (3) und *frapper* mit *p* = (1), *p* = (3). Wie die Funktionen auf die beiden *p* aufzuteilen wären, wäre dabei offensichtlich unentscheidbar. Beläßt man es aber bei (7), müßte eine Unterteilung erfolgen, wobei im übrigen die Symmetrie des Systems hergestellt würde. Die Korrektur sähe so aus:

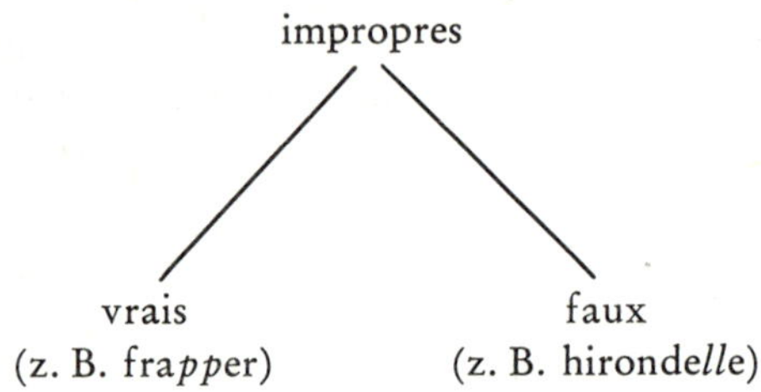

Die Begründung ergibt sich aus *-apper* = *-aper* /ape/[18], aber *-elle* /ɛl/ ≠ *-ele-* /(ə)l-/[19] (vgl. etwa app*eler*). Im übrigen kann die Hilfszeichenfunktion in jedem Falle auch diakritisch erfolgen: vgl. *chanter*, *chanté* /e/; *hirondelle*, *clientèle* /ɛ/.

Trotz seiner Einsichtigkeit und Geschlossenheit läßt sich nun aber dieses System nur bedingt in der Praxis verwenden. Die Interpretation gegebener graphischer Ketten ist oft nicht eindeutig, einzelne Grapheme lassen sich verschieden einordnen. Das gilt zunächst für alle Fälle von sogenannter fakultativer «liaison» (konsonantische Grapheme haben je nachdem den Wert (1) oder (3)) und für *e* → /ə/ ([ə] oder „Null"). In einem Fall wie *couche* ist *e* als (3) zu bewerten, wenn man das graphisch isolierte Beispiel *bakchich* heranzieht, als (4), wenn das kaum weniger isolierte *varech* /-k/ gegenübergestellt wird. Erweitert man auf den wei-

[17] Falls [w] als Phonem bewertet werden sollte.

[18] Vgl. etwa *taper*. Zur Geminierung von *p* vgl. L. Söll, *Eine Pseudoregel der französischen Orthographie*.

[19] *e* vor *l* ist im Wortinnern automatisch /ə/ oder „Null" und damit allenfalls Anzeiger für eine unbetonte Silbe.

teren Kontext *-ouch*, so würden Beispiele wie *chaouch, farouch, tarbouch*[20] /-ʃ/ eine Entscheidung für (3) nahelegen, doch sind alle Vergleichsfälle so peripher, daß jede Entscheidung ziemlich willkürlich ist. Im zentralen Sprachbestand kommt aber eine Endung *-ouch* einfach nicht vor. Auf ähnliche Schwierigkeiten würde man bei der Analyse des Ausgangs *-esse* stoßen, wo das letzte *e* als (3) eingestuft werden kann. Der verbleibende Ausgang *-ess* kommt aber wohl nur in *express* vor. Die Schwierigkeiten sind offenbar dadurch bedingt, daß die französische Orthographie eben nicht unmittelbar phonische Kontexte der Oberfläche abbildet. Jedenfalls reicht eine solche Abbildbeziehung zu ihrer Charakterisierung nicht aus. Man muß sich nicht auf den Boden der generativen Phonologie stellen, um zu erkennen, daß in aller Regel nicht die einzelnen Allomorphe, sondern Morpheme notiert werden, was in der Praxis darauf hinausläuft, daß für die Orthographie das längste (obligatorische oder fakultative) Allomorph maßgebend ist:

p(ə)ti frɛr(ə) — *p(ə)tit* ami

petit

p(ə)tit(ə) sœr — *p(ə)tit* ami(ə)

petite (petit + e)

Vgl. ebenso *frère* und *amie.*

Die allomorphische Orthographie ist nur in den seltensten Fällen gegeben, etwa bei *il chante* und *chante-t-il* gegenüber *ils chantent* und *chantent-ils.*

Die Unzulänglichkeit des Hořejší'schen Modells zeigt sich, um ein letztes Beispiel zu geben, auch ganz deutlich an den im Französischen seltenen Fällen verschiedener Schreibung für ein Morphem, etwa *cuillère, cuiller.* Die Bewertung von *-e* als (3) würde nicht den accent grave erklären, der dann als redundant gelten müßte, in Wirklichkeit aber zusammen

[20] P. Fouché, *Traité,* S. 416. Namen bleiben unberücksichtigt.

mit *-e* eine potentiell offene Silbe anzeigt. *Cuillère* läßt also auch die Aussprache [kɥijɛːrə] zu, *cuiller* nur [kɥijɛːr][20a].

Auf die gleichen Schwierigkeiten würde auch das Modell von BLANCHE-BENVENISTE und CHERVEL[21] stoßen, das mit den Kriterien „Grundwert", „Positionswert", „Hilfswert", „Nullwert" und „Digramm" phonographisch gesehen nicht über das besprochene Modell hinausgeht.

Für eine Orthographiereform mit phonographischer Zielsetzung ergibt sich aus dem Gesagten, daß sie vom morphematischen Schreibungsprinzip abgehen und damit eine Vielzahl kontextuell bedingter Schreibungen für das gleiche Morphem in Kauf nehmen müßte[22]. Überdies müßte bezüglich der fakultativen Allomorphe eine einheitliche Sprechnorm gefunden werden, wenn fakultative Schreibungen verhindert werden sollen:

	[ʒəlse]
je le sais	
	[ʒləse]

Stellt man dann noch in Rechnung, daß die strikt phonographische Orthographie nur auf der Basis eines einheitlichen phonematischen Systems, das jedoch nicht gegeben ist, durchführbar wäre[23] und daß bereits die Beseitigung der zahlreichen Polygraphien und Polyphonien tiefe Eingriffe notwendig machen würde, so kann man verstehen, daß die Orthographiereform bislang nicht vorangekommen ist und eine radikale Reform keine Chancen haben dürfte.

Angesichts dieser Schwierigkeiten stellt der code graphique des Französischen einen Rahmen dar, der alle möglichen phonischen Realisierungen aufnimmt, für die verschiedenen Subsysteme und allomorphischen Varianzen Raum bietet, aber nicht ausgefüllt wird. Die Schreibung *petit* wird nur bei Nichtunterdrückung von /ə/ und liaison ausgefüllt, *pâte* neben *patte* nur von Sprechern, die /ɑ/ und /a/ unterscheiden, usw. Insofern funktioniert die französische Orthographie. Auch die „non-contradictory representation of sound features [= Phoneme]" und die „unambiguous conversion of symbols [= Grapheme] back into sound

[20a] Immerhin wies schon M. Trautmann, *Die Sprachlaute*, S. 225 darauf hin, daß oft auch Wörter auf *e* auslauten, die gar nicht mit End-e geschrieben werden.

[21] Vgl. *L'orthographe,* bes. S. 134 ff.

[22] Darauf wird unten anhand einiger Beispiele noch näher eingegangen.

[23] Vgl. dazu A. Martinet, *La réforme de l'orthographe,* bes. S. 73 ff.

features", die A. VALDMAN für ein funktionierendes graphisches System fordert[24], sind in aller Regel gegeben. Auch insofern gilt: „Not all is wrong with French spelling". Aber die Nichtwidersprüchlichkeit und Eindeutigkeit sind mit einem hohen graphematischen Aufwand verknüpft, der rein phonographisch nicht begründet ist.

2. Orthographische Veränderungen und „Spelling pronunciation"

Die Diskrepanzen zwischen code graphique und code phonique führen zu einem ständigen gegenseitigen Druck der beiden codes in Richtung auf einen Abbau der Diskrepanzen, ein Beweis für die Wirkung des phonographischen Prinzips.

Der vom code phonique ausgehende Druck betrifft die Rechtschreibreform, die seit der Jahrhundertwende verstärkt gefordert, aber nicht verwirklicht wurde. Auf sie soll hier nicht weiter eingegangen werden[25]. Der viel zitierte, aber wenig folgenreiche «Arrêté du 26 février 1901»[26] ist nur für Teile der «orthographe grammaticale», nicht aber für das Verhältnis Phonie–Graphie an sich von Belang. Die orthographischen Änderungen der 8. Ausgabe des Wörterbuches der Akademie (1935)[27]

[24] A. Valdman, *Not All is Wrong with French Spelling*, S. 220. Vgl. in diesem Sinne auch M.-L. Moreau, *Français oral et français écrit*, S. 206 ff.

[25] Einschlägige Kapitel finden sich bei N. Catach und C. Blanche-Benveniste/A. Chervel. Siehe außerdem bes. den *Rapport général sur les modalités d'une simplification éventuelle de l'orthographe française* und P. Imbs, *Principe d'une réforme de l'orthographe*. Zur Geschichte der Reform vgl. das Themenheft *L'orthographe et l'histoire*. Zu Reformvorschlägen vgl. R. Thimonnier, *Pour une pédagogie rénovée* und A. Enfière, *La réforme de l'orthographie*. Zum neuesten Stand der Dinge vgl. *Liste de modifications orthographiques* sowie J. Hanse, *Pour une rationalisation de l'orthographe* und H. Joly, *Orthographe et néologie*.

[26] Abgedruckt u. a. bei M. Grevisse, *Le bon usage*, 1964, S. 1122. Es wurde inzwischen abgelöst durch ein neues Arrêté des Ministers René Haby vom 28. 12. 1976 (vgl. M. Grevisse, *Le bon usage*, 1980, S. 1426). Diese neuen „Tolérances grammaticales et orthographiques" sind für das Verhältnis Phonie-Graphie insofern von Belang, als sie das Auslassen aller accents circonflexes (wie im übrigen auch der Bindestriche) außer den homonymendifferenzierenden tolerieren. Vgl. dazu J. Hanse, *Modifications*, A. Barrera-Vidal, *Vers une mini-réforme*, M. Tietz, *Zur Diskussion*, E. Rattunde, *Sprachnorm* (mit Abdruck des Erlaßtextes), ders. *C'est de beaux résultats?* und Block u. a. 1981.

[27] Vgl. die Übersicht bei M. Grevisse, *Code*, S. 201 ff.

zeigen wohl auch vereinzelte Konzessionen an die Aussprache (*petun* > *pétun*, *sorbétière* > *sorbetière*, *setier* oder *septier* > *setier*), aber keinerlei systematische Eingriffe und ebenso orthographische Verkomplizierungen (*rumb* > *rhumb*, *nénufar* > *nénuphar*). Die Verkomplizierung und Systemlosigkeit zeigt sich vor allem bei der Einengung der wahlfreien Schreibungen der 7. Auflage (1878):

1878	1935
aggréger, agréger	*agréger*
aglomérer, agglomérer	*agglomérer*
amble, emble	*amble*
mense, manse	*mense*
kaolin, caolin	*kaolin*
kari	*cari, kari (!)*
œcuménique, écuménique	*œcuménique*
rhum, rum	*rhum*
soulte, soute	*soulte*
sycomore, sicomore	*sycomore*
grappin, grapin	*grappin*
nuement, nûment	*nûment*
engouement, engoûment	*engouement*
j'étiquète	*j'étiquette*
je furette	*je furète*
oignon, ognon	*oignon*/ɔɲõ/, /ɔnjõ/

Das Feld, auf dem der Druck der Phonie am deutlichsten sichtbar wird, ist naturgemäß das der Orthographiefehler. Die meisten Orthographiefehler, soweit sie nicht die «orthographe grammaticale» betreffen, tendieren zur Phonementsprechung mit Bevorzugung der häufigsten Grapheme. Dieser Druck stößt aber auf die Schranke der offiziellen Orthographie und hat keine Durchsetzungschance, außer über eine offizielle Orthographiereform.

Der gegenläufige Druck meint die sogenannte „spelling pronunciation", die unter dem Einfluß des Schriftbildes gegen die graphophonemische Norm verstoßende Aussprache. So verzeichnen die Wörterbücher[27a] unter *gageure* als einzige Aussprache [gaʒy:r] (*Petit Robert* 1977 setzt hinzu „souvent gaʒœr, fautif"), während von den Informanten bei MARTINET/

[27a] *Dictionnaire du français contemporain, Dictionnaire du français vivant, Lexis, Petit Larousse 1978.*

WALTER[27b] fast die Hälfte (8:9) angab, [gaʒœr] auszusprechen. Für *legs* wird [lɛ] empfohlen[28], obwohl die übliche Aussprache [lɛg] ist (M/W 16:1).

Bei der Betrachtung der üblicherweise der spelling pronunciation zugeschriebenen Phänomene sind drei Fragestellungen zu trennen:
a) die präzise Darstellung der Ausspracherealität im heutigen Französisch, b) die möglichst umfassende Darstellung der Aussprache in früheren Synchronien und c) die Erklärung eventueller Ausspracheveränderungen.

Die Ausspracheverhältnisse, so wie sie von MARTINET/WALTER dokumentiert werden, sind denkbar uneinheitlich:

1) Bei den Ausgängen auf *-il* (nach Konsonant) finden sich von der Konstanz des *l* bis zur konstanten Tilgung des *l* alle Schattierungen: *péril* (17:0), *grésil* (16:1), *chenil* (15:4), *gril* (14:1:2 [grij]), *fournil* (12:6), *nombril* (9:8), *persil* (4:13), *coutil* (5:14), *sourcil* (1:16), *fusil, gentil, outil* (alle 0:17)[29].

2) Ähnlich variiert die Aussprache des vorkonsonantischen *p* in: *cheptel* (15:2), *dompter* (6:11), *sculpter* (0:17)[29a].

3) Bei den Einsilblern, für die wir zusätzlich über Ergebnisse aus dem Pariser Corpus[29b] verfügen (in eckigen Klammern), überwiegt vielfach die Aussprache des Endkonsonanten[29c], während etwa *tandis que* meist ohne auslautendes *s* ausgesprochen wird: 17:0 (*donc* [46:7], *nef, neuf, sens* [20:1], *sept, tous*), *cinq circonvolutions* (15:3), *cinq sous* (11:6), *soit* (14:3) [6:51], *but* (13:4) [8:2], *fait* (13:7) [26:6], *mœurs* (11:7) [2:0], *août* (9:10) [3:1], *les os* (8:13), *tandis que* (5:16) [6:12][30].

[27b] A. Martinet, H. Walter, *Dictionnaire de la prononciation française.* Die Informanten sind ausschließlich hoch gebildet.

[28] P. Fouché, *Traité*, S. 421.

[29] Vgl. P. R. Léon, *Prononciation du français standard,* S. 110. Bei P. Fouché, *Traité*, S. 379, darüber hinaus nur noch die extrem seltenen Wörter *chartil, courtil, douzil, fraisil* und eine Serie mit Schwankungen zwischen /i/ und /il/. Zu älteren Schwankungen und Verteilungen vgl. bes. V. Buben, *Influence,* S. 179 f.

[29a] Vgl. dazu das normative Urteil von P. Dupré, *Encyclopédie du bon français,* Bd. 1, S. 424: «Cette lettre *p*, en principe, ne doit pas être prononcée», sowie Ch. Muller, *Prononciation.*

[29b] A. Malécot, M. Richman, *Optional word-final consonants.*

[29c] Dies nimmt auch die generative Phonologie zur Kenntnis, vgl. B. Tranel, *A note on final consonant deletion.*

[30] Vgl. außer V. Buben, op. cit., besonders J. Levitt, *Spelling-Pronunciation in Modern French.* Vgl. Levitt 1978.

4) Auch bei den Ausgängen auf *-ct* findet sich eine breite Streuung: 17:0 (*abject, compact, correct, direct, intact*), *exact* (12:5), *circonspect* (9:9), *distinct* (7:10), *suspect* (5:13), *aspect, respect* (0:17)[31].

5) Die Geminierung der Konsonanten betrifft nicht nur das Präfix und nicht nur andere Morphemgrenzen[32], sondern alle Positionen: *illégal* (15:1), *inné* (15:2), *immense* (14:3), *illustre* (11:6), *sommet* (10:8), *alléger* (9:8), *illusion* (8:10), *belliqueux* (10:7), *collègue* (6:11).

Die Aussprache in früheren Synchronien des Französischen wird von THUROT[33] und BUBEN[33] dokumentiert, doch lassen sich vorerst nur wenig eindeutige Aussagen darüber machen, inwieweit diese oder jene Aussprache der Gebrauchsnorm oder der präskriptiven Norm entsprach, da die Realität des code parlé historisch unzureichend erforscht ist. Sicher ist lediglich, daß es die oben dargelegte Vielfalt der Aussprachen auch in früheren Jahrhunderten gegeben hat[33a]. Was man vielfach als Tendenz zum Hörbarwerden des Endkonsonanten oder als moderne Wiederherstellung nach einstigem Ausfall ansieht, mag deshalb, historisch gesehen, durchaus die Fortsetzung einer seit Jahrhunderten geübten Aussprache sein, die bis in unsere Tage hinein nicht zur Kenntnis genommen wurde, da sie einer etablierten Vorstellung von der richtigen Aussprache widersprach[33b].

Mit dieser Einschränkung sind die Erklärungen für das Hörbarwerden graphischer Konsonanten zu verstehen. Die Präsenz des entsprechenden Konsonanten in der Graphie ist für seine Aussprache gewiß eine wesentliche Vorausbedingung, treibende Kräfte sind aber auch:

– Ausbau von Einsilblern
– Homonymendifferenzierung (*deux* vs *d'oeufs*), wobei allerdings auch neue Homonymien entstehen können
– Anschluß an die Wortfamilie (*sens, sensé, sensible*), wobei aber auch Trennung von der Wortfamilie vorkommt (*péril, périlleux*)
– Analogie
– Expressivität

[31] P. Fouché, *Traité*, S. 428.
[32] Hier unter Einschluß etymologischer Morphemgrenzen.
[33] Ch. Thurot, *De la prononciation française*, V. Buben, op. cit.
[33a] Vgl. jetzt H. Stammerjohann, *Zur Aussprache französischer Endkonsonanten.*
[33b] Vgl. zuletzt H. Meier, *Über Sprachschichten und Sprachwandel*, S. 359—362.

– Tendenz zur Vereinheitlichung des Wortauslautes (Aussprache der Endkonsonanten bei gleichzeitiger Aufgabe der fakultativen liaison)[33c]

Über den tatsächlichen Einfluß der Orthographie auf die Aussprache sind somit vorläufig keine gesicherten Aussagen möglich.

3. Ideographie

Die Schrift kann dem signifiant folgen (Phonographie) oder dem signifié (Ideographie). Für „ideographisch" sind auch andere Bezeichnungen geläufig. So bezeichnet E. ALARCOS LLORACH[34] komposite Schriftsysteme wie das englische oder französische als «système alphabétique sémiographique». Bei der Ideographie ist zwischen Einzelsprachlichkeit und Außereinzelsprachlichkeit zu unterscheiden. Bilderschriften wie die chinesische sind im Prinzip außereinzelsprachlich, sie bilden Morpheme ab, genauer Morphembegriffe. Damit sind die Schriftzeichen (unbeschadet ihrer Stilisierung) auch in der Lage, ganz verschiedenen Lautformen, selbst aus verschiedenen Sprachen, als Träger zu dienen. Graphie und Phonie sind getrennt, synchronisch wie diachronisch. Das eine System kann sich unabhängig vom anderen entwickeln. Auch in den Sprachen mit Alphabetschriften gibt es solche ideographischen Elemente im weiteren Sinn, die eher als piktographisch oder logographisch von den ideographischen Elementen im engeren Sinn abgegrenzt werden sollten:

+	*plus, und, and, et* usw.
1, 2, 3 . . .	*eins, one, un* usw.

Die Ideographie im engeren Sinn bezieht sich auf einzelsprachliche «signifiés» und ist mit der Phonographie verknüpft. Zur Veranschaulichung mögen dienen

pin } /pɛ̃/
pain }

Gäbe es eine strikte Phonographie, könnte es für die gleiche Lautung nur eine Schreibung geben, etwa *pin*. Eine solche Schreibung würde nichts als phonische Information vermitteln. Eine theoretisch beliebige Zahl

[33c] So argumentiert H. Stammerjohann, op. cit. Ob es allerdings, wie er glaubt, zum Abschluß dieser Entwicklung kommt, ist mehr als fraglich. Die Notwendigkeit, Endkonsonanten und liaison zusammen zu betrachten, betont auch M. D. Moody, *Stable final consonants.*

[34] E. Alarcos Llorach, *Représentations graphiques*, S. 553.

von «signifiés» könnte ihr zugeordnet werden (Homonyme), aber nur «signifiés» mit dem «signifiant» /pɛ̃/ (nicht etwa auch /bro:t/ usw.). Die faktischen Graphien *pin* und *pain* gehen über diese rein phonographische Funktion hinaus:

p – in	→ /pɛ̃/		
pin	→ /pɛ̃/	+	„Kiefer"[35]
pain	→ /pɛ̃/	+	„Brot"[35]

p-in kann als phonographische Basis angesehen werden, die Einschübe „Null" und *a* übernehmen die ideographische Funktion.

Dieser homonymendifferenzierende Aspekt der französischen Graphie ist nicht zu bestreiten. Daß die differenzierenden Schreibungen in aller Regel historisch bedingt sind (afrz. *pain* /pa͂in/, *pin* /pi̇n/), ändert nichts an dieser synchronischen Funktion. Historische Schreibungen werden in eben dieser Weise nutzbar gemacht bzw. wirken sich eben so aus. Daraus ergibt sich dann auch, daß die französische Orthographie nicht planmäßig antihomonym (hier: antihomographisch) aufgebaut ist, wie die Beispiele *louer* „loben", *louer* „mieten, vermieten"[36], *son* „Kleie", *son* „Klang" und viele andere beweisen. Das Umschlagen der Phonographie in die Ideographie läßt sich auch in der Gegenwart aufzeigen, nämlich überall dort, wo Entphonologisierungen stattfinden, die Graphie aber auf dem Stand der überholten phonologischen Schreibungen verharrt (s. Graphik S. 85).

Die ideographische Komponente ist der phonographischen untergeordnet. D. h. dann auch, daß die Ideographie die Phonographie nicht behindern darf. Würde *pain* eine phonematische Interpretation */paɛ̃/ zulassen, wäre der Störungsfall gegeben. Das *a* in *pain* ist aber phonographisch gesehen stumm, */paɛ̃/ könnte nur **pahin* oder **païn* geschrieben werden.

Homonymendifferenzierende Schreibungen sind streng genommen redundant, da auch der geschriebene Kontext für die Desambiguierung ausreichen müßte, ebenso wie der gesprochene Kontext in aller Regel ausreicht. Es muß jedoch beachtet werden, daß in geschriebener Sprache die von der Situation her gegebene Redundanz zu einem Großteil ausfällt, daß auf Desambiguierung zielende Rückfragen nicht möglich sind und

[35] Die deutschen Bedeutungen stehen hier als Abkürzungen (und ziemlich genaue Entsprechungen) für die «signifiés» von *pin* und *pain*.

[36] Ob in diesem Fall wiederum Homonymie oder nur Polysemie vorliegt, ist für die anstehende Frage ohne Belang.

/a/ : /ɑ/	*patte* : *pâte*	phonographisch
/a/	*patte* : *pâte*	ideographisch
/ø/ : /œ/	*jeûne* : *jeune*	phonographisch
/œ/	*jeûne* : *jeune*	ideographisch
/ɛ̃/ : /œ̃/	*brin* : *brun*[37]	phonographisch
/ɛ̃/	*brin* : *brun*	ideographisch

daß das Lesetempo wesentlich höher sein kann als das Sprechtempo. Insofern ist die besondere durch graphische Homonymendifferenzierung bewirkte Redundanz funktional begründet. Unter besonderen Umständen sind auf Grund dieser Redundanz graphische Sparformen möglich, die kein phonisches Pendant haben, so etwa der Telegrammtext *vous verrai demain.* Ch. Muller[38] hält das gesprochene Pendant /vuveredmɛ̃/ für ambig, tatsächlich kann aber eine solche Folge wohl nur als *vous verrez demain* interpretiert werden. Die Kürzung um *je* /ʒə/ ist nur graphisch möglich durch Ausnutzung der homonymendifferenzierenden Schreibungen *-ai, -ez* für -$/e/_1$ und -$/e/_2$. Eine weitere Folge der allgemein homonymendifferenzierenden Graphie ist die häufige automatische Auflösung des «calembour» in der Graphie:

«Allons, finissons-en, [ʃarlatɑ̃]»
1. Charles attend
2. charlatans

«[kɛlfatalite]»
1. Quelle fatalité
2. Quel fat alité

Bei Abstellung auf die Graphie sind dann auch rein graphische Sprachspiele möglich:

[37] Die auch hier schon gegebene ideographische Komponente (*brun* + *e* →/brynə/) bleibt außer Betracht.

[38] Ch. Muller, *Code écrit et code parlé,* S. 31.

Die ironisierende Schreibung „francofaune" für *francophone* in einer Nummer des „Canard enchaîné"[39] wäre ein deutliches Beispiel dafür.

DWIGHT D. BOLINGER spricht in diesem Zusammenhang von „visual morphemes"[40], deren referentielle Eindeutigkeit unmittelbar und unabhängig vom Kontext gegeben ist. Rein graphische Wortspiele bezeichnet er als „visual puns"[41].

Der Komplex Homophonie/Homographie läßt sich gut veranschaulichen, wenn man überhaupt die Möglichkeiten phonischer und graphischer Repräsentation auf Morphemebene zusammenstellt[42]:

	Morphem	Phonie	Graphie	Beispiel
a)	1	1	1	*jardin*
b)	2	1	1	*son*$_1$, *son*$_2$
c)	1	1	2	*clé, clef*
d)	2	1	2	*cent, sans . . .*
e)	1	2	1	*(le) but*
f)	2	2	1	*(les) fils*
g)	1	2	2	*legs, lais*
h) = a)	2	2	2	

Die Konstellationen b), d), f) betreffen unmittelbar die hier anstehende Problematik:

b) Homophonie + Homographie
d) Homophonie
f) Homographie

Auch ohne statistischen Nachweis kann man für das Französische generell feststellen, daß d) sehr viel häufiger als b), und f) sehr selten ist[43].

[39] Vgl. R. Zimmer, *Sprachkomik*, S. 105, der dem rein graphischen Wortspiel allerdings nicht die gebührende Beachtung schenkt. Vgl. dagegen jetzt F. J. Hausmann, *Studien zu einer Linguistik des Wortspiels*, Sachregister s. v. Metagraphie. Ein extremer Fall des graphischen Wortspiels liegt vor in *franchir le mur du çon*, wo mit Hilfe des graphischen Mittels (cédille) zwei Paronyme (*con/son*) zu Homophonen gemacht werden.

[40] D. D. Bolinger, *Visual Morphemes.*

[41] Z. B. ein an "The Tax Collector, City *Haul*" gerichteter Brief oder absichtliche Fehlschreibungen wie *sinema* (*cinema* + *sin*).

[42] Die Zahl 2 in der Übersicht steht für „mindestens 2".

[43] Unter f) ist fast immer eine Verbform beteiligt: *(ils) content / (il est) content; (le) but* [−t] / *(il) but; (nous) portions / (des) portions; fier* (Verb) / *fier* (Adj.); *(je) sens / (le) sens;* usw.

Mit anderen Worten: Homophonie und Heterographie sind in diesem Bereich kennzeichnend. In frequenzmäßiger Anordnung[44]:

1) Homophonie + Heterographie
2) Homophonie + Homographie
3) Heterophonie + Homographie

Im übrigen würde selbst eine Vertauschung der Plätze 1) und 2) das kennzeichnende Faktum nicht umstoßen.

Zu den hier nicht einschlägigen Konstellationen sei nur vermerkt, daß g) so gut wie nicht vorkommt. Im oben angegebenen Beispiel muß *lais* als veraltet betrachtet werden. Außerdem gilt für *legs* [lɛg] oder [lɛ], für *lais* aber nur [lɛ]. Auch die phonische und graphische Labilität je für sich genommen (Fall e, c) sind für das Französische nicht charakteristisch. Im allgemeinen sind Morpheme phonisch stabil, von den allgemeinen phonematischen Schwankungen im modernen Französisch abgesehen. Etwas weniger gilt die Stabilität für die Graphie. Von Schwankungen sind hier aber ganz überwiegend die peripheren Bestände des Lexikons betroffen: Argot- und Dialektwörter, Neologismen und Fremdwörter (von der Wortzusammensetzung abgesehen[45]): *pagaille, pagaïe, pagaye; hachisch, haschisch, haschich, hachich.*

Der zweite wesentliche Aspekt der Ideographie ist der derivationelle oder paradigmatische. Durch die Graphie werden häufig Ableitungsschemata des code phonique deutlich und sichtbar gemacht, aber auch eher isolierte Bezüge zwischen Gliedern einer Wortfamilie. In einzelnen Fällen werden solche Bezüge durch die Graphie vielleicht überhaupt erst gestiftet. Nicht immer handelt es sich dabei um Ableitungen im eigentlichen Sinn.

Die Schreibungen *eau* statt *au* für /o/ weisen z. B. auf Ableitungen, die *el* enthalten: *ciseau* → *ciseler, marteau* → *marteler, nouveau* → *renouveler.* Dagegen weist *au* auf *al*: *chevaux* → *cheval, faux* → *falsifier, autre* → *altruisme, altérer; héraut* → *héraldique, chaux* → *calcaire.* Der feminine Ausgang *-ète* statt *-ette* (phonographisch gesehen kein Unterschied) ist „begründet" durch verwandte Wörter mit *-ét-: complète — compléter, inquiète — inquiétude, discrète — discrétion.* Eine verbale Ableitung von *replet, replète* könnte demgemäß nur **repléter* o. ä. lauten. Stumme Buchstaben finden ihre raison d'être sehr oft in Ableitungen, wo diese

[44] Die Konstellation a) Heterophonie + Heterographie als Idealfall und auch im Französischen häufigster Fall ist dabei natürlich nicht berücksichtigt.
[45] Vgl. N. Catach u. a., *Orthographe et lexicographie,* bes. S. 162 ff.

Buchstaben phonographisch bedeutsam werden: *champ* – *champêtre*, *temps* – *temporel*, *automne* /-n/ – *automnal* /-mn-/. In all den behandelten Beispielen kann man von Ableitungsschemata sprechen.

Um einen eher isolierten Bezug handelt es sich dagegen bei *doigt* – *digital*. Dennoch muß (oder kann) man auch hier die stummen Buchstaben -*gt* als Hinweis auf ein Morphem /dwa/ verstehen, das im Gegensatz zu einem oder mehreren gleichlautenden Morphemen eine Ableitung besitzt (oder zuläßt), in der g und *t* phonographische Funktion haben. Noch isolierter (und auch strittiger) ist das Beispiel *poids* – *pondérer*. Das *d* in *poids* ist bekanntlich etymologisch unbegründet (*poids* < *pensum*), es kann aber synchronisch gerechtfertigt werden durch die Existenz des semantisch, wenn auch nicht historisch verwandten *pondérer*. Das -*d*- in *poids* würde also einen derivationellen Bezug stiften.

Neben den direkt derivationellen gibt es auch indirekt derivationelle Schreibungen, so *p* als Hinweis auf *v* (*loup* → *louve*, vgl. *recevoir* neben *réception*), *x* als Hinweis auf *s*, *ss* oder *c* (*heureux* → *heureuse*, *faux* → *fausse*, *doux* → *douce*).

Die historische Basis der derivationellen Ideographie ist hier nicht im einzelnen zu erläutern. Im Prinzip gilt, daß alle „Ideogramme" direkt oder indirekt auf phonographischen Vorstufen fußen: vgl. afrz. *doit*, *loup*, *marteaus* mit [-t], [-p], [-ẹ-] usw., lat. *autumnus* mit [-mn-], *digitum* usw. Selbst *poids* hat eine solche, wenngleich etymologisch zu Unrecht angenommene Vorstufe: *pondus*. Von besonderer Bedeutung sind die zahlreich erfolgten Entlehnungen aus dem Lateinischen (und anderen romanischen Sprachen), die die alten Phonogramme gewissermaßen ideographisiert haben:

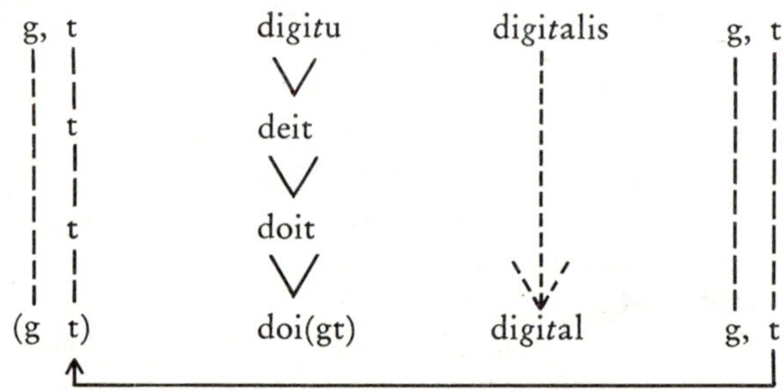

Unter dem Gesichtspunkt derivationeller Graphien läßt sich aus den verschiedenen betroffenen Schreibungen die ideographische Basis herauslösen, die nicht weiter reduzierbar ist und die phonographische Funktion der Schrift nicht beeinträchtigen darf:

PA-N	:	*pain, panade, panier . . .*
PIN	:	*pin, pinède . . .*

Die Leerstelle in PA-N muß durch *i* aus der phonographischen Basis *p-in* (s. oben) aufgefüllt werden, wenn /pɛ̃/ zu realisieren ist, also:

pain	:	p-in + PA-N
pin	:	p-in + PIN

Infolge der Ideographie gewinnt der code graphique des Französischen gegenüber dem code phonique an morphologischer Motiviertheit. Die Wörter /de/, /dwa/, /diʒital/ sind nicht oder kaum motiviert, unterscheiden sich in dieser Hinsicht nur wenig von *aveugle, cécité* (immerhin noch gemeinsames Element *d-*), in der graphischen Form wird die Motiviertheit jedoch erhöht:

/*d*e/	*dé*		*Finger*hut
/*d*wa/	*doigt*	} D-IG(I)T	*Finger*
/*d*iʒital/	*digit*al		*Finger-*

4. «Orthographe grammaticale»

Der Bruch zwischen code phonique und code graphique zeigt sich am augenfälligsten im Bereich der Kennzeichnung von Numerus, Genus, Person usw. Die hier von der phonischen Oberflächenrepräsentation abweichenden graphischen Erscheinungen werden üblicherweise in dem Terminus «orthographe grammaticale» zusammengefaßt. An sich zeigt die «orthographe grammaticale» keine Züge, die über die unter den Stichworten Phonographie und Ideographie aufgezeigten spezifischen Züge der französischen Orthographie hinausgehen. Das gilt auch bezüglich der historischen Basis der Abweichungen und Unregelmäßigkeiten.

So läßt sich etwa der homonymendifferenzierende Aspekt der Graphie an einer großen Zahl von Fällen aufzeigen:

/ilparlɛ/	il parlait ils parlaient
/ilparl/	il parle ils parlent

/lœrʃjɛ̃/	leur chien leurs chiens

Soweit die sogenannte liaison im Spiel ist, lassen sich die langen graphischen Formen durch Hinweis auf die langen Allomorphe rechtfertigen:

/ilparl/	ils parlent
/ilzariv/	ils arrivent

Eine solche Rechtfertigung wäre aber nicht möglich für die Endungen *-ait*, *-aient*. Die graphische Differenzierung wird hier an keiner Stelle des code phonique realisiert, es gibt hier keine unterschiedlichen Allomorphe. Erscheinungen dieser Art führen zu Bereichen einer ausschließlich geschriebenen Grammatik:

sans frère : sans frères
/sɑ̃frɛr/
sans enfant : sans enfants
/sɑ̃zɑ̃fɑ̃/

Der code phonique kann die Numerusopposition wieder herstellen durch

/sɑ̃zɑ̃fɑ̃/ : /sɑ̃dezɑ̃fɑ̃/
sans enfant   sans des enfants

doch ist diese Regelung nicht generalisiert, d. h. nicht grammatikalisiert. Ein weiteres Beispiel wäre

les hôpitaux manquent de place (de places)
/dəplas/

wo der Plural oral wiederum zu sichern wäre durch

il manque des places /deplas/ dans les hôpitaux

Unter besonderen Umständen kann die orale «détresse» in Texten unmittelbar zum Ausdruck kommen, wobei dann durch einen metasprachlichen Verweis direkt auf den code graphique rekurriert wird:

> «Je m'adresse aux peuples, aux peuples au pluriel»
> (aus einer Rede De Gaulles)[46]
> «Nous avons demandé aux gouvernements (au pluriel) de s'associer à notre démarche» (aus einem Radiokommentar)[47]

[46] C. Blanche-Benveniste, A. Chervel, *L'orthographe*, S. 183.
[47] A. Sauvageot, *Analyse*, S. 77.

Der grammatisch-derivationelle Aspekt der Orthographie kommt etwa in folgender Serie zum Ausdruck:

Verb	*Partizip*	*Adjektiv*
provoquer	provoquant	provocant
suffoquer	suffoquant	suffocant
vaquer	vaquant	vacant[48]
fatiguer	fatiguant	fatigant
intriguer	intriguant	intrigant
naviguer	naviguant	navigant

Dagegen zeigt die folgende ähnliche Serie wiederum den homonymen- bzw. funktionsdifferenzierenden Aspekt der Graphie:

Verb	*Partizip*	*Adjektiv*
affluer	affluant	affluent
différer	différant	différent
violer	violant	violent

Es wurde festgestellt, daß der code graphique des Französischen im allgemeinen nur die „langen" Formen, d. h. die „langen" Allomorphe repräsentiert. Die Schrift ist damit morphematisch, nicht allomorphisch (= phonographisch). In der Sicht der generativen Phonologie repräsentiert die Schrift weithin die zugrunde liegenden Formen. Auf diesen Umstand ist immer wieder aufmerksam gemacht worden[49].

Beispiele:

le parɑ̃		parents
	les	
lez ami		amis
il parl		parlent
	ils	
ilz ɛm		aiment

Abweichungen von der morphematischen (bzw. morphophonemischen) Schreibweise:

[48] *Convainquant/convaincant* ist dabei allerdings nicht neben *convaincre* (mit *c*!), sondern neben Formen wie *nous convainquons* zu stellen.

[49] Vgl. etwa S. A. Schane, *On the Abstract Character of French «e muet»*, S. 163, *Elision et liaison*, S. 58.

lə pɛr	*le* père
l ami	*l'*ami

Hier weist aber immerhin der Apostroph auf die Langform *le* als Repräsentanten des Morphems.

il ʃɑ̃t(ə)	il chant*e*
ʃɑ̃tət il	chant*e*-*t*-il[50]

Wegen der Bedeutung der «orthographe grammaticale» für die Diskrepanz zwischen code phonique und code graphique seien im folgenden einige Punkte etwas ausführlicher dargestellt.

Genus und Numerus des Nomens im code phonique und code graphique

Genus und Numerus, um zwei essentielle grammatische Kategorien herauszugreifen, werden in den beiden codes auf ganz verschiedene Weise markiert. Dabei gilt unter zunächst quantitativem Gesichtspunkt ganz allgemein, daß der code graphique merkmalredundant ist. Die Fälle, in denen die Zahl der phonischen und graphischen Merkmale gleich ist, bilden eher die Ausnahme. Ein Überschuß phonischer Merkmale kommt fast nicht vor. An einigen Beispielen läßt sich das leicht veranschaulichen[51]:

	Phonie	*Graphie*
I a)	ʒely lœrlivr	j'ai lu leur livre
b)	ʒely lœrlivr	j'ai lu leurs livres
	- -	+ +
II a)	lœrlivr ɛtuvɛr	leur livre est ouvert
b)	lœrlivr sõtuvɛr	leurs livres sont ouverts
	- - + -	+ + + +
III a)	ləgrɑ̃tɔm	le grand homme
b)	legrɑ̃zɔm	les grands hommes
	+ + -	+ + +

[50] Vgl. jedoch ils chant*ent* und chant*ent*-ils.

[51] Vgl. dazu besonders J. Dubois, *Grammaire structurale du français. Nom et pronom,* der eine große Zahl von Analysen der hier vorgeführten Art bringt, sowie Q. I. M. Mok, *Contribution* und die Kritik dieser beiden Bücher von N. C. W. Spence, *Nombre et genre en français parlé.* Eine Ausnahme bildet /lɔs/ ~ /lezo/ gegenüber *l'os* ~ *les os.*

IV	a) lətravaj ɛtɔriʒinal	le travail est original
	b) letravo sõtɔriʒino	les travaux sont originaux
	+ + + +	+ + + +

Die phonischen Textstücke sind entweder nicht (I), einfach (II) oder mehrfach (III, IV) hinsichtlich des Plurals markiert. Die graphischen Entsprechungen haben eine höhere (I, II, III) oder allenfalls die gleiche Zahl (IV) von Merkmalen. Die graphischen Ketten sind durchweg redundant markiert (mehr als ein Merkmal), während das für die phonischen Ketten nur teilweise zutrifft (III, IV). Die Nichtmarkierung kommt nur phonisch vor (I). Für alle 4 Gruppen zusammengenommen läßt sich die Regel aufstellen:

$$M_p \leqq M_g$$

Das heißt: Die Zahl der phonischen Merkmale (M_p) ist in der Regel gleich oder kleiner als die Zahl der graphischen Merkmale (M_g).

Die Regel bestätigt sich auch hinsichtlich der Markierung des Genus:

	Phonie	*Graphie*		*Phonie*	*Graphie*
I	a) klɛr	clair	III	a) vɛr	vert
	b) klɛr	claire		b) vɛrt	verte
	-	+		+	+
II	a) ɛmabl	aimable			
	b) ɛmabl	aimable			
	-	-			

Die Analyse ganzer Sätze würde zu dem gleichen Ergebnis führen[52] mit der zu erwartenden Konsequenz, daß durch den Kumulierungseffekt die Fälle zahlenmäßig gleicher Markierung zurückgehen.

Unter qualitativem Gesichtspunkt ergeben sich ebenso große Diskrepanzen zwischen den beiden codes. Als Beispiel diene die Art der Genusmarkierung bei Adjektiven und Substantiven[53], wobei für die Gliederung

[52] Vgl. J. Dubois, op. cit., S. 64 f. Die Nichtmarkierung existiert hier auch graphisch: *Leur concierge est très aimable.*

[53] Vgl. J. Dubois, op. cit., S. 69 ff. und A. Rigault, *Les marques du genre.* Vgl. ferner Q. I. M. Mok, *Contribution*, E. Rattunde, *Code écrit* und *code oral*, W. Rothe, *Die Genusbildung*, F. J. Hausmann, *Gesprochenes und geschriebenes Französisch*, S. 23—29 (mit Forschungsgeschichte), H. Geckeler, *„Phonischer Code"*, S. 15 ff., A. Valdman, *Introduction*, S. 152 ff. und jetzt Smith 1978, Hausmann 1979, Tranel 1981, Müller 1982, Spence 1983, Morin 1983, Geckeler 1984 und Klausenburger 1984.

von dem Faktum ausgegangen wird, daß in sehr vielen Fällen das Femininum phonisch durch einen Endkonsonanten markiert wird:

Phonie m. f.		*Graphie* m. f.	
du / dus		doux / douce	-x/-ce
tjɛr / tjɛrs	Ø/s	tiers / tierce	-s/-ce
fo / fos		faux / fausse	-x/-sse
epɛ / epɛs		épais / épaisse	-s/-sse

Der einheitlichen Ableitung im code phonique stehen also im code graphique vier verschiedene Verfahren gegenüber, wobei von den phonographischen Implikationen abgesehen wird (**dous* für *doux* wäre möglich, ebenso **dousse* für *douce*, nicht aber **épaise* für *épaisse* usw.)

epu / epuz		époux / épouse	-x/-se
gri / griz	Ø/z	gris / grise	-Ø/-e
ɑ̃dalu / ɑ̃daluz		andalou / andalouse	-Ø/-se
ekri / ekrit		écrit / écrite	-Ø/-e
favori / favorit	Ø/t	favori / favorite	-Ø/-te
kadɛ / kadɛt		cadet / cadette	-Ø/-te
ɛ̃kjɛ / ɛ̃kjɛt		inquiet / inquiète	-et/-ète
blɑ̃ / blɑ̃ʃ	Ø/ʃ	blanc / blanche	-c/-che
frɛ / frɛʃ		frais / fraîche	-ais/-aîche
grɑ̃ / grɑ̃d	Ø/d	grand / grande	-Ø/-e
lõ / lõg	Ø/g	long / longue	-Ø/-ue
lu / luv	Ø/v	loup / louve	-p/-ve

In allen sieben Gruppen zeigt also der code phonique ein einheitliches Verfahren: Das Femininum ist durch einen angehängten Konsonanten K markiert. Welcher der 7 Konsonanten im Einzelfall zur Erweiterung verwendet wird, ist allerdings nicht voraussagbar; man vergleiche /gri/ gegen /ekri/, /kadɛ/ gegen /frɛ/, /blɑ̃/ gegen /grɑ̃/ usw. Die Einheitlichkeit des Verfahrens im code graphique liegt in der Anhängung von *-e*. Komplizierungen erfolgen durch die phonographischen Unregelmäßigkeiten und die ideographische Komponente des code (*époux*, aber *andalou; cadette*, aber *inquiète; longue* mit obligatorischem *u* als Hilfszeichen; usw.). Zu präzisieren ist allerdings, daß die Gegenüberstellung von phonischem -K und graphischem *-e* nicht so generell gilt, wie das etwa

DUBOIS und andere darstellen. Man muß bei den phonischen Formen im discours grundsätzlich auch die Formen mit [-ə] berücksichtigen, sei es, daß dieses [-ə] durch umgebende Konsonanten bedingt ist, sei es, daß [-ə] bestimmten Sprachregistern eignet (z. B. der klassischen Dichtung). Insofern ist es adäquater, die Diskrepanz als -K(ə) gegen *-e* zu generalisieren, womit sie erheblich reduziert wird[53a].

Die aufgezählten sieben Gruppen sind nicht vollständig. Wenn man als K auch einen Nullkonsonanten zuläßt, ergibt sich als achte Gruppe:

ʒɔli / ʒɔli	Ø/Ø	joli / jolie	-Ø/-e[54]
ʒœn / ʒœn		jeune / jeune	-Ø/-Ø

Schließlich sind in die Liste von K auch noch /r/ und /n/ aufzunehmen:

dɛrnje / dɛrnjɛr	Ø/r

Der Wechsel von [e] zu [ɛ] ist automatisch, phonematisch ist jeweils /e/ zu notieren.

bõ / bɔn	
peizɑ̃ / peizan	NV/V + n
ɑ̃sjɛ̃ / ɑ̃sjɛn	

Der Nasalvokal (NV) wird vor n automatisch entnasaliert.

Als elfte Möglichkeit ist ferner noch /ɲ/ aufzunehmen, da der Vokalwechsel /ɛ̃/ → /i/ vor /ɲ/ automatisch ist:

malɛ̃ / maliɲ	NV/V + ɲ

Für /ɛ̃/ besteht lediglich die Schwierigkeit, daß die Art der konsonantischen Erweiterung und die Art der Entnasalierung nicht vorhersagbar ist:

kuzɛ̃ / kuzin	aber: malɛ̃ / maliɲ
kuzɛ̃ / kuzin	aber: sɛ̃ / sɛn

Die Art der Entnasalierung wird hier durch die Graphie angezeigt: *cousin, malin,* aber *sain, ancien.*

Neben der bisher behandelten additiven Prozedur gibt es noch einen komplizierteren Ableitungsmechanismus, der die feminine Form durch qualitative Veränderungen der Endung erzeugt, sei es durch Veränderung des Endkonsonanten (a), sei es durch Veränderung des Endvokals

[53a] Diesen Standpunkt vertritt auch W. Rothe, op. cit., S. 217. Dagegen spricht, daß es sich bei -Kə vornehmlich um ein Phänomen des code phonique écrit handelt, an der Peripherie der Oralität.

[54] Vgl. als weitere wichtige Beispiele auch *quel / quelle, tel / telle.*

und konsonantische Erweiterung (b) oder auch durch andere Suffigierungsprozesse (c). Die Graphie folgt hier der Phonie im Rahmen der phonographischen Regularitäten und Konventionen, so daß es genügt, allein mit graphischen Beispielen zu exemplifizieren. In allen Fällen findet sich dabei *-e*.

(a)	vendeur / vendeuse	/r/ : /z/
	vif / vive	/f/ : /v/
	sec / sèche	/k/ : /ʃ/
	fils / fille	/s/ : /j/
(b)	beau / belle	/o/ : /ɛl/
	fou / folle	/u/ : /ɔl/
	vieux / vieille	/ø/ : /ɛj/
(c)	prince/ princesse	/Φ/:/ɛs/
	docteur/ doctoresse	/œr/:/ɔrɛs/
	duc/ duchesse	/k/:/ʃɛs/
	mulet/ mule	subtraktive Ableitung
	compagnon/ compagne	subtraktive Ableitung
	canard/ cane	subtraktive Ableitung

Unter (c) fallen vor allem Substantive[55], unter (b) einige wenige häufige Adjektive.

Insgesamt ist die rein additive Ableitung (einschließlich der Nullerweiterung) das bei weitem häufigere Verfahren. Nach den Zählungen von MARGUERITE DURAND[56] entfallen rund 50 % auf Nullerweiterungen, 40 % auf andere K-Erweiterungen, rund 10 % auf qualitative Veränderungen.

Die zahlenmäßige Überlegenheit der genusinvariablen Adjektive ergibt sich aus allen bisherigen Statistiken:

Corpus	Adjektive ges.	invariabel	variabel
FF 1[56a]	131	53,4 %	46,6 %
FF 2[56a]	253	64,2 %	35,8 %
Juilland[56b]	1042	68,5 %	31,5 %
Grand Robert[56c]	11664	67 %	33 %

[55] Ein auch adjektivisches Beispiel: *traître / traîtresse.*

[56] M. Durand, *Le genre grammatical,* S. 30 ff.

[56a] E. Tanase, *Le féminin des adjectifs.*

[56b] E. L. Walpole, *French Adjective Morphology,* S. 167. Zugrunde liegt das *Frequency Dictionary of French Words.*

[56c] H. Séguin, *Le genre des adjectifs.*

Allerdings verschiebt sich das Bild, wenn man die Vorkommen zählt. Nach WALPOLES Auszählung erreichen die 31,5 % genusveränderlichen Adjektive im Text 48,7 % aller Vorkommen. WALPOLE stellt auch Zahlen zum Gewicht der einzelnen Veränderungsfaktoren bereit. Hier eine nach den Anteilen an der Gesamtzahl der Adjektive geordnete Liste[56d]:

Typ	Beispiel	Zahl	Anteil %	Vorkommen %
Φ/t	sot/sotte	126	12,1 %	13,1 %
Φ/z	gris/grise	78	7,5	6,7
NV/V+n	bon/bonne	49	4,1	8,5
Φ/d	lourd/lourde	15	1,4	5,7
Φ/r	dernier/-ère	14	1,3	5,7
Φ/s	bas/basse	10	1,0	1,9
Φ/l	beau/belle	4	0,4	3,2
Φ/ʃ	frais/fraîche	3	0,3	0,8
Φ/j	vieux/vieille	2	0,2	1,0
Φ/g	long/longue	1	0,1	1,2
f/v	vif/vive	29	2,8	1,5
r/z	trompeur/-euse	2	0,2	0,01
k/ʃ	sec/sèche	1	0,1	0,3
œr/ris	protecteur/-trice	1	0,1	0,001

Die Diskrepanzen zwischen den beiden codes bezüglich der Genusmarkierung haben in der Literatur zu sehr verschiedenartigen Bewertungen geführt. Eine geläufig gewordene Position ist die, zu einer einfachen Beschreibung der geschriebenen Sprache vom Maskulinum auszugehen (Femininum durch *-e* markiert), für die gesprochene Sprache jedoch das Femininum zugrunde zu legen (Maskulinum durch Tilgung von K bzw. bestimmter K):

> Afin de donner une description formelle aussi simple que possible de l'opposition masculin-féminin, nous avons dû rompre avec la méthode traditionnelle qui prend comme base de la description la forme masculine. Cette méthode, parfaitement acceptable si l'on décrit l'opposition dans la langue écrite, exigerait de celui qui voudrait décrire l'opposition telle que la présentent les formes parlées, une énumération de toutes les formes fléchies en genre. Aussi nous avons suivi Bloomfield et Nida, qui recommandent de partir de la forme féminine[57].

[56d] E. L. Walpole, op. cit., S. 167 f.

[57] Q. I. M. Mok, *Contribution*, S. 147. Das Verfahren geht auf die Zeit der Junggrammatiker zurück, vgl. F. J. Hausmann, op. cit., S. 24.

Ganz so einfach und vereinfachend, wie es auf den ersten Blick aussieht, ist aber das „Abstrichverfahren“ nicht. Zwar ist es leicht auf die Mehrzahl der lexikalischen Einheiten anwendbar (f. [fɔrt] → m. [fɔr], f. [blɑ̃ʃ] → m. [blɑ̃], usw.), aber auch hier schon gibt es Mehrdeutigkeit, genau so wie bei Zugrundelegung des Maskulinums:

	f. *blɑ̃ʃ*	→	m. *blɑ̃*	(blanche, blanc)
aber	f. *etɑ̃ʃ*	→	m. *etɑ̃ʃ*	(étanche)
	f. *blɛt*	→	m. *blɛ(t)*	(blette, blet)
aber	f. *nɛt*	→	m. *nɛt*	(nette, net)
	f. *blɔ̃d*	→	m. *blɔ̃*	(blonde, blond)
aber	f. *imɔ̃d*	→	m. *imɔ̃d*	(immonde)

Vgl. ferner	*luv / lu*	(louve / loup)
	viv / vif	(vive / vif)
	ʃov / ʃov	(chauve / chauve)

Die Unregelmäßigkeiten der historischen Entwicklung schlagen zwangsläufig auch in der synchronischen Beschreibung durch: afrz. *estanc* lebt nicht fort, wohl aber afrz. *blanc*; [t] ist in *net* vollständig wiedereingeführt, nicht aber in *blet* (vgl. M/W: 12 $\emptyset \sim$ 6 [t]).

Gravierender als diese Unregelmäßigkeiten, die immerhin durch begrenztes Auflisten zu erfassen wären, ist der Umstand, daß die Entsprechungen f. [fɔrt] / m. [fɔr] syntagmatisch, d. h. im Text, so nicht gelten. Die Liaison und das «e caduc» bleiben bei dieser Gegenüberstellung unberücksichtigt. In Wirklichkeit gilt

f. *fɔrtə, fɔrt* / m. *fɔrt, fɔr*

Sowie also die Langformen *fɔrtə* (f.) und *fɔrt* (m.) miteinbezogen werden, verschwindet die Diskrepanz zwischen den codes. Sie reduziert sich darauf, daß der code graphique den allomorphischen Schwankungen des code phonique nicht folgt[57a].

Der gleiche Einwand ist gegen Blanche-Benveniste und Chervel[58] zu erheben:

> Par écrit, la marque du féminin, loin de se présenter comme une variation d'ordre lexical, est traitée comme une constante morphologique qui appa-

[57a] Zu bedenken ist allerdings, daß die männliche Bindeform [fɔrt] wegen der prinzipiellen Nachstellung des maskulinen *fort* nur sehr geringe Frequenzen erreichen dürfte.

[58] C. Blanche-Benveniste, A. Chervel, *L'orthographe*, S. 180.

raît sous la forme du *e*. Cette règle orthographique a si bien imprégné les esprits que si l'on demande à des écoliers comment on forme, en parlant, le féminin de *plat*, ils diront que c'est avec un *e* et ne verront absolument pas la réalité phonique du /t/: C'est un des points où l'orthographe masque le plus nettement le fonctionnement réel de la langue parlée.

Die Schüler haben so ganz Unrecht nicht und die Orthographie verdeckt das Funktionieren der gesprochenen Sprache nicht, sie gibt es nur unzulänglich wieder, insofern sie eben morphematisch und nicht allomorphisch verfährt.

Demgegenüber nimmt die generative Phonologie eine Art Ehrenrettung der französischen Orthographie vor, indem sie eine weitgehende Übereinstimmung zwischen Orthographie und zugrundeliegenden Formen feststellt:

Il est intéressant de remarquer que nos représentations de base sont assez proches de l'orthographe officielle, particulièrement en ce qui concerne les consonnes finales latentes et les occurrences du «*e* muet». Ceci signifie que l'orthographe française est dans une large mesure morphophonologique. Pour arriver à cette conclusion, il nous suffit seulement de considérer le paradigme de l'adjectif (*petit, petite, petits, petites*), dans lequel la racine, la désinence du féminin et celle du pluriel sont toutes représentées[59].

Die Diskrepanz zwischen code graphique und code phonique ist somit dadurch bedingt, daß die phonologischen Regeln, die die zugrundeliegenden Formen vor ihrer Oberflächenrepräsentation zu durchlaufen haben, graphisch (meist) keinen Niederschlag finden. Mit anderen Worten: die Allomorphe eines Morphems werden nicht notiert. Soweit die generative Phonologie nicht von unhistorischen Basisformen ausgeht, deckt sich ihre Morphophonologie folglich mit der „geschriebenen" Grammatik des Französischen, während die oft geforderte „orale" Grammatik die sogenannten phonologischen Regeln einbezieht, die ihrerseits historische Prozesse festhalten, die nicht zur völligen Tilgung von Phonemen geführt haben.

So hat die „orale" Grammatik mit den Folgen des Verstummens von Konsonanten vor Konsonanten (nicht vor Vokalen) an der Wortgrenze zu tun — und entsprechend die generative Phonologie —, weil dadurch etwa die Allomorphe [pəti] und [pətit] entstanden sind:

afrz.	pətit frɛrə	nfrz.	p(ə)ti frɛr(ə)
	pətit ami		p(ə)tit ami

[59] S. A. Schane, *Elision et liaison*, S. 58. Vgl. in diesem Sinne auch M.-L. Moreau, *Français oral et français écrit*, S. 231 f.

Hingegen berührt der Wandel [ənt] > [ə(t)] mit dem Fall von [n] weder die „orale“ Grammatik noch die generative Phonologie, weil dieser Ausfall unter allen Bedingungen eintrat und somit keine allomorphische Variation nach sich zog. Wenn die Graphie dennoch dieses *n* festhält *(ils chantent)*, so mag man dafür gute Gründe auch für die synchronische Berechtigung anführen (etwa *n* als zusätzliches Pluralmerkmal, speziell mit Anschluß an *ont, sont, vont, font)*, aber einen Bezug zum code phonique hat dieses rein graphische Phänomen nicht. Unter „geschriebene“ Grammatik fallen mithin verschiedenartige Eigenheiten des code graphique, je nachdem ob sie einen Bezug zum code phonique haben oder nicht.

Am Beispiel von Genus und Numerus seien die verschiedenen Ansätze noch einmal aufgezeigt. Graphisch gibt es zum Adjektiv *petit* vier Formen: *petit, petite, petits, petites.* Ebenso hat der generative Ansatz vier Formen: pətit, pətit + ə, pətit + z, pətit + ə + z. Der code phonique weist jedoch fünf Formen auf, wobei der Wechsel [pt-], [pət-] im Lexem ausgeklammert bleibt: (1) [pti], (2) [ptit], (3) [ptit(ə)], (4) [ptiz], (5) [ptit(ə)z][60]. Bei Zählung nur der Formen mit „stummen“ femininen[ə] ergäben sich durch Zusammenfall von (2) und (3) lediglich vier Formen, und zwar nach dem Schema Fem. = Masc. + K, Plur. = Sing. + z, aber diese Zählung würde eben die korrekten bzw. normalen Formen mit [-ə(z)] nicht berücksichtigen und damit nur einen Teil des code phonique erfassen[61]. Die beiden codes unterscheiden sich aber nicht nur durch die Zahl, sondern auch durch die Verteilung der Formen:

mon *petit* frère	(I)	p(ə)ti	(1)
mon *petit* ami		p(ə)tit	(2)
ma *petite* sœur	(II)	p(ə)tit(ə)	(3)
ma *petite* amie		p(ə)tit	(2)

[60] Die 5 oralen Formen, die M. Arrivé (*Les formes des déterminants et des substituts*, S. 35 f.) den 4 geschriebenen Formen *tout, toute, tous, toutes* gegenüberstellt, haben mit unserer Klassifizierung nichts zu tun. Es handelt sich dabei auch nicht um phonische Formen, sondern um die 4 Basisformen, wobei lediglich *tut* + z aufgespalten wird in [tus] *(je les ai tous vus)* und [tu(z)] (*à tous égards; tous les . . .*), also in Substitut und Determinans. Die Graphie hat keine entsprechende Unterscheidung (vgl. *Ils ont tous les cheveux noirs*), aber auch [-s] ist hier im Grunde redundant, denn das Substitut [tus] wird primär durch eine folgende Pause gekennzeichnet.

[61] Die Wertung von (5) als zwei Formen und damit eine Gesamtzahl von 6 Formen entfällt, weil [ptitəz] und [ptitz] immer nur in gleicher Umgebung vorkommen könnten, [ə] hier also morphologisch irrelevant ist.

mes *petits* frères	(III)	p(ə)ti	(1)
mes *petits* amis		p(ə)tiz	(4)
mes *petites* sœurs	(IV)	p(ə)tit(ə)	(3)
mes *petites* amies		p(ə)tit(ə)z	(5)

Je einmal vertreten und damit eindeutig sind nur (4) und (5). Bei (1) ist der Numerus neutralisiert, bei (2) das Genus, bei (3) wieder der Numerus. Die entsprechende orale Grammatik ist damit viel komplizierter als die geschriebene, der Übergang von den geschriebenen zu den gesprochenen Formen und damit die Inbeziehungsetzung von code graphique und code phonique läßt sich jedoch durch eine einzige Regel erreichen:

> Tilge (geschriebene) Konsonanten vor Konsonanten und Vokal (hier nur e) vor Vokal an Morphem- und Wortgrenze[62].

Eine Konsequenz der Tilgungsregel ist natürlich, daß beim Adjektiv Numerus- und Genusmerkmale wegfallen, aber die von Jean Dubois[63] ausführlich dargelegte Meinung, daß im code phonique die verschiedenen Merkmale nicht kumulieren könnten, trifft nicht zu. Sie trifft nur zu, wenn die sogenannte Liaison ausgeklammert wird, ein unzulässiges Verfahren. Mit dem Segment [p(ə)tit(ə)z], das genauso hinsichtlich Genus und Numerus markiert ist wie *petites,* widerlegt sich die These. Es bleibt lediglich die Tatsache, daß die Kumulierung der Merkmale im code graphique viel häufiger ist, in der Tat systematisch erfolgt, wie die obige Übersicht zeigt.

Aus der Übersicht ist auch abzulesen, daß die orale Numerusmarkierung[64] nur mehr teilweise durch das Adjektiv (Voraussetzung: vokalischer Anlaut des Substantivs und dessen Nachstellung) und überhaupt

[62] Zu der genauen und generellen Regel sowie zu einer fakultativen Tilgungsregel für *-e(s),* die die anderen Varianten liefert, vgl. S. A. Schane, *Elision et liaison,* bes. S. 50 und S. 54, sowie *On the Abstract Character of French «e muet»,* bes. S. 154 und S. 156.

[63] J. Dubois, *Grammaire structurale du français. Nom et pronom,* S. 81 ff.

[64] Vgl. dazu außer J. Dubois, op. cit., noch M. Csécsy, *Les marques orales du nombre.* Vgl. jetzt vor allem J. Eschmann, *Die Numerusmarkierung* (und die dort referierten Arbeiten von E. Tanase, *Les moyens d'expression,* G. Moignet, *Le problème du nombre* und Q. I. M. Mok, *Contribution*) sowie H. Geckeler, *Sigmaphobie,* S. 273—276 und G. Holtus, M. Pfister, *Code parlé und Code écrit,* S. 67 ff. Die Darstellung in den Grammatiken untersucht G. Holtus, *Code parlé.*

nicht mehr durch das Substantiv (sofern nicht liaison oder Typ *chevaux*) erfolgt. In der Regel sind Determinanten (Artikel, Pronomina) alleiniger Träger der Numerusmarkierung. Folgende Haupttypen sind zu unterscheiden[64a, b].

N o r m a l f a l l :

le (mon, ce) frère	lə (mõ, sə)	frɛr
les (mes, ces) frères	le (me, se)	

A u s n a h m e n :

le (mon, ce) cheval	lə (mõ, sə) ʃval[65]
les (mes, ces) chevaux	le (me, se) ʃvo

Die ausschließlich präfigale Markierung gilt auch überwiegend im größeren Kontext:

le frère heureux	lə	frɛrørø[66]
les frères heureux	le	
mon frère joue	mõ	frɛrʒu[67]
mes frères jouent	me	

Demgegenüber fehlt die graphische Pluralmarkierung beim Nomen nur bei Wortausgängen auf *-s, -z, -x*. Der Regelfall ist Markierung durch *-s* oder *-x*[68].

[64a] Das Substantiv ist im code phonique anumerisch. So formuliert Q. I. M. Mok, op. cit. und ders., *Le nombre du substantif* (dort in Verteidigung gegen N. C. W. Spence, *Nombre et genre* und J. Eschmann, op. cit.).

[64b] Statistische Werte liefert J. Eschmann, op. cit., S. 96 f. Der bestimmte Artikel leistet die Numerusmarkierung zu 46,7 %, Artikel sowie adjektivische Demonstrativ- oder Possessivpronomina zusammen markieren 67,7 % aller Substantive. Die Rolle der Liaison ist gering. Sie fungiert nur in 1 % der Fälle als alleinige Markierung (ähnlich auch G. H. Rosoff, *The function of liaison*).

[65] Etwa 30 einschlägige Fälle, dazu etwa 8 vom Typ *travail / travaux*. Die präfigale Markierung kann hier als redundant gelten, obwohl es adäquater ist, den erstarrten Ausgang [-o] als redundant zu betrachten.

[66] Liaison nur in gehobenem Stil. Sie erreicht bei J. Ågren, *Étude*, S. 131 im niveau courant 14 %, im niveau soigné 42 %.

[67] Klasse der Verben auf *-er* am häufigsten.

[68] *Bijoux, cailloux, choux, genoux, hiboux, joujoux, poux; -aux,* außer *landaus, sarraus; -eux,* außer *bleus, pneus.*

Das System der präfigalen Markierung funktioniert außer in den Fällen [o] vor K- und [lœr] vor K- (*au bateau, aux bateaux; leur fils, leurs fils*). Hier tritt der gelegentliche, auch schon oben zu beobachtende Fall der Nullmarkierung ein[69].

Auf das Faktum der oralen präfigalen Markierung wurde oft genug hingewiesen[70]. Die Entwicklung zur Prädeterminierung speziell bezüglich des Numerus ist gekennzeichnet durch den Rückgang der liaison, die Erstarrung der Ausgänge auf *-aux* und die generalisierte Artikelsetzung. Hierbei ist namentlich auch der Ausbau des sogenannten Teilungsartikels im Französischen zu berücksichtigen. Anschauliches Material für die besonders im Französischen weitgehend obligatorische Artikelsetzung findet sich bei MARIO WANDRUSZKA[71], und WANDRUSZKA setzt auch eloquent Artikelgebrauch und Numerusmarkierung miteinander in Beziehung, eine Beziehung, die diachronisch so kaum zu beweisen, aber auch nicht zu widerlegen ist, jedenfalls synchronisch so funktioniert:

> Aber warum ist gerade im Französischen, ganz anders als im Italienischen, der Teilungsartikel in dieser Weise schablonisiert worden? Man hat auch für dieses Phänomen die abenteuerlichsten kulturpsychologischen, nationalpsychologischen Erklärungen vorgeschlagen.
>
> Man muß diese Frage in einem größeren Zusammenhang stellen. Warum setzt man im Französischen viel mehr Artikel als in den anderen Sprachen, warum muß man viel mehr Artikel setzen? Warum heißt *Fiat lux* nur im Französischen mit dem Artikel *Que la lumière soit* und i. *c'è luce* f. *il y a de la lumière*? Warum haben wir im Italienischen die Wahl zwischen *vino, vini* und *del vino, dei vini,* während es im Französischen ein schlichtes *vin, vins* nur in ganz besonderen Kontexten und Situationen geben kann?
>
> Alles deutet darauf hin, daß die eigentliche Ursache dafür in einem völlig heterogenen Faktor zu suchen ist, nämlich in dem Verstummen der Konsonanten des französischen Wortauslautes im Laufe des Mittelalters. Als das *-s* des Plurals der Substantive verstummte, übernahmen die Artikel eine neue, zusätzliche differenzierende Funktion: *le vin* und *les vins, du vin* und *des vins* zu unterscheiden. Aus diesem Bedürfnis erklärt es sich, daß im Französischen die Artikel immer mehr grammatikalisiert, immer

[69] Vgl. ähnlich bei [mõ] vor V- *(mon ami, mon amie).* J. Eschmann, op. cit., S. 67 ff. u. 98 ermittelt in seinem Corpus 23,9 % Nullmarkierungen, 66,6 % 1fache, 9,1 % 2fache und 0,3 % 3fache Markierung.

[70] Vgl. u. a. K. Baldinger, *Post- und Prädeterminierung im Französischen.*

[71] M. Wandruszka, *Sprachen, vergleichbar und unvergleichlich,* S. 186 ff. Vgl. z. B. «L'opium est trop cher», «Bonjour mon enfant (mes enfants, les enfants)».

mehr schablonisiert wurden. Den Anstoß gab eine strukturelle Defizienz, das Unvermögen, in der gesprochenen Sprache *vin* und *vins* zu unterscheiden (S. 230)[72].

Die Kennzeichnung der Verbalformen (Person, Numerus, Genus)

Die oben bezüglich der Kennzeichnung von Genus und Numerus beim Nomen aufgestellte Regel $M_p \leqq M_g$ gilt auch für die Kennzeichnung der Person beim Verb:

ʒəʃɑ̃t	je chante
tyʃɑ̃t[73]	tu chantes
ilʃɑ̃t	il chante
nuʃɑ̃tɔ̃ (ɔ̃ʃɑ̃t)	nous chantons (on chante)
vuʃɑ̃te	vous chantez
ilʃɑ̃t	ils chantent

Im Sprachregister mit der Form /nuʃɑ̃tɔ̃/ stehen drei phonischen Verbalformen fünf graphische gegenüber (ohne Subjektspronomina), im Register mit /ɔ̃ʃɑ̃t/ statt /nuʃɑ̃tɔ̃/[74] lautet das Verhältnis 2 : 4[75]. Im Spanischen und Italienischen hingegen gilt jeweils die Relation 6 : 6, d. h. jede Person ist sowohl gesprochen wie geschrieben eindeutig durch ein suffigiertes Personalmorphem gekennzeichnet. Der Befund des gesprochenen Französisch macht rein zahlenmäßig hinreichend deutlich, weshalb der Gebrauch der sogenannten unbetonten Subjektspronomina obligatorisch ist. In der Tat sind diese Pronomina untrennbare Bestandteile der Verbalformen, „préfixes-indicateurs de la catégorie de personne, qui n'est pas exprimée par la forme «non-préfixée»"[76]. Sie können bekanntlich nicht isoliert von der Verbalform gebraucht und nicht betont werden[77], unter diesen Bedingungen tritt an die Stelle der Serie *je, tu,*

[72] Siehe auch H. Weinrich, *In Abrede gestellt: der Teilungsartikel in der französischen Sprache,* wo den französischen Artikeln drei Informationen zugeordnet werden: Bekanntheit, Genus, Numerus.

[73] Der seltene Fall von liaison ([tyʃɑ̃təz . . .]) bleibt unberücksichtigt.

[74] Vgl. dazu unten S. 135 ff.

[75] Auch für andere Verben und andere Tempora ergibt sich im Schnitt, daß die Zahl der graphischen Formen etwa doppelt so hoch ist wie die der phonischen. Vgl. dazu *Le Français dans le Monde* 57, 1968, S. 49.

[76] Vgl. H. G. Schogt, *Système verbal,* S. 13—15.

[77] «Je soussigné . . .» ist eine erstarrte Wendung.

il, nous, vous, ils die andere *moi, toi, lui, nous*[78], *vous*[78], *eux*. Der obligatorischen Verbindung mit dem „Personalpräfix" entziehen sich die Formen der 3. Person bei nominalem Subjekt (*mon père dit, mes parents disent*), doch kennen familiäre Sprachregister bereits die Typen *mon père il dit* und *mes parents ils disent*[79]. Nicht durchgreifend ist auch der Einwand, daß *je, tu* ... von der Verbalform getrennt stehen können. Die interkalierbaren Elemente sind sehr begrenzt (Objektspronomina, *y, en*[80]) und hindern nicht an der Deutung von *je ... chante* als e i n e r, in diesem Falle diskontinuierlichen Flexionsform[81]. Eine andere Möglichkeit, die hier nicht weiter zu verfolgen ist, wäre die Deutung von

[78] In beiden Serien vertretene *nous* und *vous* sind zweckmäßigerweise als Homonyme zu klassifizieren. Das nicht isolierte betonte Personalpronomen bildet die Serien: *moi je, toi tu, lui (il), nous on, vous vous, eux (ils)* bzw. *je ... moi, tu ... toi, il ... lui, on ... nous, vous ... vous, ils ... eux* (Nominativ), *moi ... me, toi ... te, lui ... lui, nous ... nous, vous ... vous, eux ... leur* bzw. *me ... à moi, te ... à toi, lui ... à lui, nous ... à nous, vous ... à vous, leur ... à eux* (Dativ) und *moi ... me, toi ... te, lui ... le, nous ... nous, vous ... vous, eux ... les* bzw. *me ...moi, te ... toi, le ... lui, nous ... nous, vous ... vous, les ... eux* (Akkusativ). Vgl. auch das betonte Possessivpronomen *moi mon* bzw. *mon ... à moi* und das betonte personalisierte Präsentativ *moi c'est* bzw. *c'est ... moi.*

[79] Noch weiter verbreitet dürfte sein *mon ami et moi nous disons* statt *mon ami et moi disons.*

[80] Auch *ne*, das aber gesprochen weithin ausfällt (s. unten S. 117 ff.).

[81] Vgl. als ähnlichen Fall port. *cantarei* «je chanterai» neben *cantá-lo-ei* «je le chanterai». Argumente gegen die These der Prädetermination sammelt K. Hunnius, *Frz.* je: *ein präfigiertes Konjugationsmorphem*? Es sind: die metasprachliche Isolierbarkeit, die Nichtwiederholung Typ *je lis ... et prends*, Typ *lui dort*, Typ *faut le faire*, Relativsätze, Typ *vous êtes de ceux qui* avez, Typ *le chien mange*, Inversion des Pronomens, Homonymie von *nous* und *vous*. Gegen Hunnius sprechen die Rolle der Pronomina im Corpus d'Argenteuil (auf 1781 Verbvorkommen nur 46mal der Typ *le chien mange*) und der offensichtliche Ausnahme- bzw. écrit-Charakter einiger seiner Fakten. Indizien für eine Tendenz zur Prädetermination sind dagegen noch Phänomene, durch die Pronomen und Verb näher aneinanderrücken, z. B. Ausfall von *ne* (insofern ist die Negation mit *pas* kein Gegenargument gegen die Prädetermination, sondern steht gerade in ihrem Dienst, vgl. auch den Typ *pas beau! pas de chance! que des jeunes* mit präponiertem *pas*) und Ausfall der Objektpronomina *(le lui* > *lui*, und Typ *ça j'aime bien).* Vgl. dazu auch M. Léon, *L'accentuation*, S. 89, W. Ashby, Il parle *or* iparl? und ders., *Prefixed conjugation.* Einwände von B. Hesse, H. Kleineidam, *Code oral* behandelt im Anschluß an die Geschichte der Prädeterminationsthese F. J. Hausmann, *Gesprochenes und geschriebenes Französisch*, S. 39 ff.

je chante als subjektkonjugiert, die von *je le chante* als subjekt- und objektkonjugiert[82].

Unter Einbeziehung der obligatorischen Subjektspronomina ändert sich dann das Bild dahingehend, daß die meisten graphischen Formen hinsichtlich der „Person“ redundant sind, während dies bei den phonischen Formen nur für /nuʃãtõ/ und /vuʃãte/ zutrifft[83]. Da der code parlé zu /õʃãt/ tendiert[84], gilt die doppelte Markierung hier sogar nur mehr für eine einzige Form.

Die Numerusopposition beim Verb findet sich nur in der 3. Person, *il/ils* (*elle/elles*), nicht aber in den anderen Personen:

nous = *je* + *tu* oder *je* + *il(s)*; *vous* = *tu* + *tu*[85] oder *tu* + *il(s)*.

Eine repräsentative Auswahl verschiedener Verbtypen und Tempora illustriert die Eigentümlichkeit von code phonique und code graphique:

ilʃãt	/ ilʃãt	il chante	/ ils chantent
	- -		+ +
ilʃãtɛ	/ ilʃãtɛ	il chantait	/ ils chantaient
	- -		+ +
ilʃãta	/ ilʃãtɛr[86]	il chanta	/ ils chantèrent
	- +		+ +
ilaʃãte	/ ilzõʃãte	il a chanté	/ ils ont chanté
	++		+ +
ilʃãtra	/ ilʃãtrõ	il chantera	/ ils chanteront
	- +		+ +
ilvaʃãte	/ ilvõʃãte	il va chanter	/ ils vont chanter
	- +		+ +
ilʃãtrɛ	/ ilʃãtrɛ	il chanterait	/ ils chanteraient
	- -		+ +
ilfini	/ ilfinis	il finit	/ ils finissent
	- +		+ +

[82] Vgl. dazu K. Heger, *Conjugaison objective* und W. Rothe, *Romanische Objektkonjugation.*
W. Rothe, *Romanische Objektkonjugation.*

[83] Die Ausnahmestellung der beiden Formen ist nicht von der Tatsache zu trennen, daß /ʃãtõ/ und /ʃãte/ nicht nur im Präsensparadigma, sondern auch als Imperative fungieren. Siehe dazu H. G. Schogt, *Système verbal*, S. 15.

[84] Vgl. L. Söll, *Zur Situierung von* on *«nous» im neuen Französisch.*

[85] Insoweit ist *vous* Plural von *tu.*

[86] Allerdings gehören diese Formen nicht mehr dem code parlé an.

ildɔr	/ ildɔrm	il dort	/ ils dorment
	- +		+ +
ilaparɛ	/ ilzaparɛs	il apparaît	/ ils apparaissent
	+ +		+ +
ilekut	/ ilzekut	il écoute	/ ils écoutent
	+ -		+ +

Der code graphique ist also völlig einheitlich strukturiert: der Plural ist stets markiert und zwar stets redundant. Der code phonique hat demgegenüber die verschiedensten Möglichkeiten: gleichfalls redundante Markierung (++), einfache Markierung (+ - oder - +), Nichtmarkierung (- -). Die (seltene) redundante Markierung ist dabei stets, die einfache Markierung teilweise an die sogenannte liaison gebunden. Der insgesamt häufigste Fall dürfte die Nichtmarkierung sein (Imperfekt und Konditional aller konsonantisch anlautenden Verben; Präsens der konsonantisch anlautenden Verben auf *-er*). Das bedeutet jedoch nicht, daß die Mehrzahl oder auch nur ein größerer Teil einschlägiger Sätze ambig wäre. Die Pronomina [il/il(z), ɛl/ɛl(z)] sind ja Substitute, d. h. in normalen Texten muß ihnen ein Nomen vorausgehen, von dem wir wissen, daß es in aller Regel deutlich numerusmarkiert ist:

iljavɛ*yn*fam	ɛlparlɛ eparlɛ	Il y avait une femme.	Elle parlait . . .
iljavɛ*de*fam	ɛlparlɛ eparlɛ	Il y avait des femmes.	Elles parlaient . . .
+		+ +	+ +

Die Desambiguierung durch die „präfigalen“ Determinanten (Artikel usw.) beim Nomen macht also eine ähnlich präfigale Desambiguierung beim Verb überflüssig, jedenfalls nicht notwendig.

Die Gruppe der einfach markierten phonischen Verbformen zerfällt in zwei Untergruppen, je nachdem ob das Numerusmerkmal suffigiert oder präfigiert erscheint. Abweichungen gegenüber den graphischen Formen ergeben sich dabei nicht, abgesehen davon, daß letztere immer noch ein weiteres redundantes Merkmal aufweisen. Unterschiede ergeben sich allerdings dann, wenn man die Dichotomie code phonique/code parlé mit der Unterscheidung code parlé/code écrit kombiniert. So gehört das Passé simple dem code écrit an und wird daher meist graphisch realisiert. Im code parlé und damit auch im code phonique tritt an seine Stelle in der Regel das Passé composé. Ähnliches gilt, wenngleich weniger ausgeprägt, für das Verhältnis von Futur simple und Futur proche[87]:

[87] Vgl. dazu L. Söll, *Zur Konkurrenz von* futur simple *und* futur proche.

il chanta	/ ils chantèrent	ilaʃɑ̃te	/ilzõʃɑ̃te
	+ +		++
il chantera	/ ils chanteront	ilvaʃɑ̃te	/ilvõʃɑ̃te
	+ +		+

Insofern spielt also auch beim Verb die Prädeterminierung im code phonique eine größere Rolle als im code graphique.

Die Untergruppe der vokalisch anlautenden Verben zeigt unverkennbare Ähnlichkeit mit der Gruppe der vokalisch anlautenden Nomina:

ilariv / ilzariv[88] lɔm / lezɔm

Argumentiert man rein von der „Oberfläche" der phonetischen Realisierungen her, also unter Verzicht auf die Basisformen der generativen Phonologie, so stellt man fest, daß der Plural jeweils durch präfigiertes /z/ markiert ist[89]. Zwar gibt es keine Formen /zariv/ oder /zɔm/, aber folgende Segmentierungen sind möglich, auch gestützt durch die Silbenstruktur des Französischen:

ils chantent:	i(l) | ʃɑ̃t
ils arrivent:	i(l) | zariv
les frères:	le | frɛr
les hommes:	le | zɔm

Da eine solche Analyse in allen Fällen von Liaison möglich ist, gelangt man letztlich zu dem Schluß, daß es im Französischen vokalisch anlautende Wörter nicht gibt. Vor dem scheinbaren Anlautvokal steht ein Phonem, das entweder als „Null" oder als Konsonant realisiert wird. Zu genau diesem Ergebnis ist denn auch KLAUS HEGER[90] gekommen. Er würde unsere Formen wie folgt analysieren:

[88] Das Allomorph [iz] bleibt außer Betracht.

[89] Beim Nomen kommen weitere Veränderungen hinzu, vgl. noch [mõ] / [mez], [sɛt] / [sez], [ɛ̃] / [dez]. Daß die liaison vom spontanen Sprecher als zum folgenden Wort gehörend empfunden wird, zeigt sich auch aus Fehlern des Typs „très nettement z-hostile", „pourrait presque *t*-on dire", die B. Pottier, *Phonétique et syntaxe*, S. 414 zitiert. Argumente für die Wortgrenze [le zami] sammelt nun noch einmal E. Ternes, *Konsonantische Anlautveränderungen*, S. 44 ff. Zur gesamten Problematik vgl. vor allem J. Felixberger, *Phonologische Probleme an der Morphemgrenze*.

[90] K. Heger, *Die liaison als phonologisches Problem.*

$\ddot{-}$i | ʃɑ̃t   il chante: $\ddot{-}$i | ʃɑ̃t
$\ddot{-}$i | $\ddot{-}$ariv   il arrive: $\ddot{-}$i | $\ddot{-}$ariv
le | frɛr
le | $\ddot{-}$ɔm

Die Art der konsonantischen Realisierung des Phonems $\ddot{-}$ wird durch für die einzelnen Morpheme spezifische Realisierungsregeln festgelegt, also z. B. eine Regel, die vorschreibt, daß $\ddot{-}$ nach dem Morphem /i/ als [z] zu realisieren ist.

Wir halten diese Darstellung für inadäquat. Die Morpheme reduzieren sich auf die Form des kürzesten Allomorphs, die längeren Allomorphe müssen im Grunde aus „Null" abgeleitet werden, die spezifischen konsonantischen Füllungen erfordern eine Unzahl von Realisierungsregeln. Demgegenüber sind die „langen" Morpheme der generativen Grammatik durch wenige phonologische Regeln (meist Tilgungsregeln) sehr einfach in die phonetischen Repräsentationen der Oberfläche überzuleiten. Außerdem entsprechen die „langen" Morpheme weitgehend der Orthographie und die phonologischen Regeln weitgehend der historischen Entwicklung. In unserem speziellen Fall fallen das Singular- und das Pluralmorphem in der einen Form /$\ddot{-}$i/ zusammen, die bald [l], bald [z] entläßt, also im Grunde in zwei Homonyme aufzulösen ist. Ein Pluralmorphem existiert nicht. Genau ein Pluralmorphem [z] wirkt sich jedoch in den Beispielen der oben angeführten Art distinktiv aus.

Eine adäquate Verknüpfung von code phonique und code graphique leistet jedoch die generative Phonologie. Anzusetzen sind ein Personalmorphem /il/ und ein Pluralmorphem /z/. Der code graphique repräsentert diese und nur diese Morpheme, während im code phonique stellungs- und registerbedingt die Allomorphe [i], [il], [iz], [ilz] erscheinen, alle durch zwei Konsonantentilgungsregeln (eine obligatorische und eine fakultative) aus den beiden Morphemen ableitbar. Das Spezifische an den zur Diskussion stehenden Beispielen ist, daß der phonologische Regelapparat Ketten generiert, in denen allein /z/ v o r Substantivum oder Verbum den Plural markiert und daß die Häufigkeit dieser Ketten Gewicht für die Beschreibung des code phonique qua phonetische Repräsentation der morphophonologischen Basis erlangt.

Abschließend sei noch auf eine weitgehende typologische Übereinstimmung zwischen suffigaler Numerusmarkierung beim Verb und Genusmarkierung beim Nomen (Adjektiv) aufmerksam gemacht, die im code phonique klar zutage tritt, durch die Graphie jedoch verdeckt wird. Für das Verbum sind die Formen des Präsens repräsentativ, vier Gruppen sind zu unterscheiden:

a)	ilʃɑ̃t	/ ilʃɑ̃t	Ø/Ø	vgl.	ʒœn / ʒœn
	il chante	ils chantent			
b)	ilfini	/ ilfinis	Ø/K	vgl.	fɔr / fɔrt
	il finit	ils finissent			
	ebenso:				
	ilvjɛ̃	/ ilvjɛn		vgl.	italjɛ̃ / italjɛn
	il vient	ils viennent			
c)	ilse	/ ilsav	V_1/V_2K	vgl.	bo / bɛl
	il sait	ils savent			
d)	ilva	/ ilvɔ̃	V_1/V_2		
	il va	ils vont			

Bis auf den Typ d)[91] sind also alle Typen – und diese umfassen die überwiegende Mehrzahl aller Fälle – mit den geläufigen Mustern der Genusmarkierung identisch[92]. Die markierten Formen „Femininum" und „Plural" sind gleich lang oder länger als die unmarkierten Formen[93]. Im letzteren Fall erfolgt die markierende Verlängerung durch -K mit oder ohne Veränderung des vorhergehenden Vokals. Bei Nichtverlängerung der markierten Formen ergeben sich Unterschiede in einem begrenzten Bereich: Vokalischer Wechsel bei Numerus ([ilva] / [ilvɔ̃]), konsonantischer Wechel bei Genus ([sɛk] / [sɛʃ]).

[91] Dazu gehören noch *il a / ils ont, il est / ils sont, il fait / ils font.* Interpretiert man das Possessivpronomen als Adjektiv, so läßt sich auch für diesen Typ in der Genusmarkierung des Adjektivs eine Entsprechung zur Numerusmarkierung des Verbs finden, cf. *ma/mon, ta/ton, sa/son* (z. B. *concierge*).

[92] Vgl. dazu J. Dubois, *Grammaire structurale. Nom et pronom, S.* 35 ff. und F. Marty, *Les formes du verbe en français parlé.* Auf die Probleme der Variantenbildung des Verblexems kann hier nicht eingegangen werden, vgl. dazu A. Martinet, *De l'économie des formes du verbe*, A. Sauvageot, *Français écrit*, R. L. Wagner, J. Pinchon, *Grammaire*, M. Csécsy, *De la linguistique à la pédagogie*, J. Dubois, *Grammaire structurale ... le verbe*, E. Rattunde, *Code oral und code écrit* sowie die generativen Analysen von F. Kiefer, *Generative Morphologie* und M. H. Gertner, *The morphology.* Vgl. auch die Arbeiten von L. Mourin, *La structure des thèmes* und ders., *Quelques caractéristiques.*

[93] Die markierten Formen sind als längere Formen gleichzeitig seltener und informativer. Frequenzangaben zu Artikel und Pronomina bezüglich Numerus und Genus bringt J. Dubois, op. cit., S. 49 und 120 f. Unter Neutralisationsbedingungen schließt das unmarkierte Glied das markierte ein: Vgl. *L'homme est né mortel* für «l'homme ...» und «les hommes ...», und *homme* „Mensch" für *homme* „Mann" und *femme* oder den accord in Fällen wie *mes frères et sœurs aînés* (nicht *aînées*).

V. Spannungen zwischen Code parlé und Code graphique

Im Kapitel IV wurde die morphologische Basis der französischen Orthographie ausführlich dargestellt. Im Prinzip hält der code graphique nur Morpheme in Gestalt „langer" Allomorphe fest. Wenn nun die langen Allomorphe sehr selten sind, bedeutet dies, daß die phonischen Repräsentationen der Oberfläche in aller Regel von der graphischen Repräsentation abweichen. Diese Abweichungen sind jedoch unvermeidliche Konsequenzen des morphophonologischen Graphieprinzips und stellen sozusagen strukturell bedingte Spannungen dar, die nur durch eine radikale Umstrukturierung des code graphique beseitigt werden könnten. Das Musterbeispiel dafür ist das sogenannte stumme *e*, etwa als Kennzeichen des Femininums. In den weitaus meisten Fällen ist es nicht hörbar, aber solange es, und zwar nicht nur in bestimmten Sprachregistern, auch eine phonisch realisierte Variante hat, muß es die Orthographie bei ihrer gegebenen Strukturierung notieren. Anders liegt der Fall beim accord des Partizip Perfekt. Wenn trotz oral weithin üblichem *la première fille qu'on a [pri] dans ses bras, qu'on a [eme]* allein die Graphien *prise* und *aimée* zugelassen sind, so hat dies nichts mit der allgemeinen morphophonologischen Struktur des Französischen zu tun. Die Orthographie folgt hier einfach einem bestimmten Sprachgebrauch, dem code écrit. Sie könnte ebensogut dem code parlé folgen und *pris, aimé* anerkennen, ohne das morphophonologische Graphieprinzip in Frage zu stellen[1]. Hier entsteht also eine echte Spannung, eine nicht strukturell bedingte Divergenz zwischen code parlé und code graphique. Der code parlé hat keine ihm angemessene graphische Repräsentation mehr, der code graphique notiert nur noch den Sprachgebrauch bestimmter Schichten (oder besser: Stile). Auf diese grundlegenden Unterschiede ist sehr aufmerksam zu achten. Wenn M. ARRIVÉ[2] auf die Divergenz zwischen phonischen und graphischen Formen im Bereich der Demonstrativ- und

[1] Eine andere Frage ist die Erhebung des code parlé (oder familiären Sprachgebrauchs) zur Norm für die Orthographie bzw. die Spaltung in eine „familiäre" und eine „gehobene" Orthographie.
[2] M. Arrivé, *Les formes des déterminants et des substituts.*

Possessivpronomina abhebt, bewegt er sich allein im Bereich der Allomorphe und klammert das seltene Allomorph [sɛtə] (*cette*) aus[3]:

ce (*cet*)	*mon*	*sə* ↑	*mõ* ↓
cette	ma (*mon*)	*sɛt*	ma
ces	mes	se	me

Cet hat eben immer nur die eine Form [sɛt], während *cette* für [sɛt] und [sɛtə] steht[3a].

Anders verhält es sich bei dem von J. Dubois[4] behandelten Ersatz von unbetontem [lɥi] durch [i]: «dans la langue parlée, la forme [i] remplace la forme [lɥi]». Hier ist eine morphematische Änderung impliziert, die in der Graphie, da diese dem code écrit weiter verbunden bleibt, keinen Niederschlag findet und so eine wirkliche Spannung erzeugt:

je pense *à lui* / j'*y* pense	ʃpɑ̃*salɥi* / ʒ*i*pɑ̃s
je parlerai *à lui* / je *lui* parlerai	ʃparlrɛ*alɥi* / ʒ*i*parlrɛ

Im folgenden werden einige weitere Beispiele behandelt, die das Ineinandergreifen der beiden Dichotomien phonique/graphique und parlé/écrit und die möglicherweise daraus resultierenden Spannungen illustrieren.

1. Die Typen *Lui, il ne sait pas* und *Lui ne sait pas*[5]

Zu den beiden Typen stellt J. Dubois[6] fest: «On constate (...) souvent, dans la langue parlée, la disparition de [il], qui est au contraire présent

[3] Wir vereinfachen die dort gegebene Übersicht. Die Pfeile bedeuten, daß die unterstrichenen oralen Formen als neutralisierte Formen vor V fungieren ([sɛtami]: *cet ami* und *cette amie*; [mõnami]: *mon ami* und *mon amie*). Vgl. jetzt auch A. M. Tanase, *La forme du déterminant devant une voyelle.*

[3a] Das Corpus d'Argenteuil enthält kein [sɛtə], dafür aber noch [st] (*cette année, cet abruti*) und [stə] (*cette maison*), vgl. D. François, *Français parlé*, S. 613 ff.

[4] J. Dubois, *Grammaire structurale*, S. 140. Ein Beispiel im Corpus d'Orléans II, 27, vgl. D. François, op. cit., S. 649.

[5] Zur Verteilung vgl. Ch. Muller, *Une expérience de statistique métalinguistique*, S. 64 ff. Bei der Befragung von Studenten ergibt sich eine starke Präferenz für die Sätze *Je marchais, mais eux s'étaient arrêtés. Tu as raison, mais lui n'a pas tort*, gegenüber den Varianten mit *eux ils* und *lui il.* Bei Zusatz von *seul(s)* erhöht sich die Präferenz fast bis zur Ausschließlichkeit.

[6] J. Dubois, op. cit., S. 134. Das Corpus d'Argenteuil enthält *Lui préfère ça*,

dans la langue soignée (...). Le premier système de formes tend à s'installer dans la langue».

Auf die beiden code-Dichotomien übertragen ergibt sich das folgende Bild:

	(1) *parlé*	(2) *écrit*
(a) *phonique*	lɥi(n)sepa	lɥii(l)n(ə)sepa
(b) *graphique*	lui ne sait pas	lui il ne sait pas

Die Neuerung, auch chronologisch, liegt in (1a); es muß einen Zustand gegeben haben, in dem (1a) bereits existierte, (1b) jedoch noch nicht anerkannt war, d. h. eine typische Spannungssituation zwischen code parlé und code graphique. Die Spannung wurde hier durch die graphische Zulassung der neuen Konstruktion beseitigt, was nicht selbstverständlich ist[7]. Der Grund dafür mag, abgesehen davon, daß keine Morphemkollision[8] im Spiel ist, die weite Verbreitung der neuen Konstruktion sein. Sie gilt übrigens auch noch für *eux* (*ils*), nicht aber für die anderen Personen[9]. Zusammen mit dem vorher erwähnten Zusammenfall von [i] und [lɥi] ergibt sich damit folgendes neues System, das nur partiell auch graphisch zugelassen ist:

ʒ*i*parl / ʒ*lœr*parl		(je lui parle) / je *leur* parle
*lɥi*parl / øparl		*lui* (il) parle / *eux* (ils) parlent
*i*parl / *i*parl		*il* parle / *ils* parlent

II, 27 und *Lui était maçon*, III, 37, aber auch zwei Beispiele für *lui il* (I, 4; II, 27), vgl. D. François, op. cit., S. 425. Vgl. auch S. Wolf Schapira, *Les pronoms personnels.* Im Corpus de Paris stehen sich fünf *lui il* und fünf *lui*, ein *eux ils* und ein *eux* gegenüber [bei insgesamt 1488 Vorkommen von *il*(*s*)], vgl. W. Ashby, *Prefixed conjugation.*

[7] Vgl. unten zur Form der Negation.

[8] Vgl. [i] für *y* und *lui.*

[9] Bei *elle* (*elle*) *und elles* (*elles*) sind die Abweichungen nach den Zahlen von Ch. Muller, op. cit., allerdings nur gering. Die etwas geringere Neigung zur Tilgung des unbetonten Pronomens mag hier mit der formalen Identität von betontem und unbetontem Subjektspronomen zusammenhängen. Das absolute Dominieren von *moi je*, *toi tu* usw. ist dagegen durch die völlig verschiedene Rolle von 1. und 2. Person im Sprechakt bedingt. Vgl. unten S. 152 ff. zu Thema und Rhema.

2. Cela und ça

Die Verteilung dieser beiden Formen ähnelt der der eben besprochenen Typen. Die Charakterisierung bei J. Dubois[10] («Quant aux deux formes *cela* [sla] et *ça* [sa], elles correspondent à deux variantes du code: la première est de la langue écrite, la seconde de la langue parlée») ist lediglich zu präzisieren: *Cela* ist als Form des code écrit primär graphisch, [sa] als Form des code parlé primär phonisch. Die graphisch-phonische Diskrepanz wird allerdings insofern aufgehoben, als [sla] auch sekundär phonisch und *ça* sekundär graphisch erscheint:

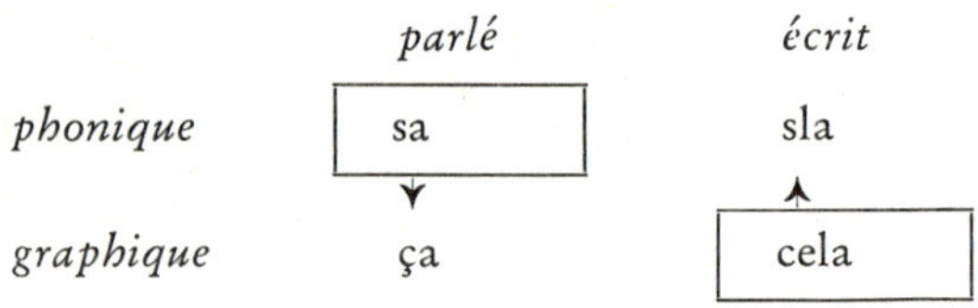

Das heißt, die größten Vorkommenswahrscheinlichkeiten haben *si cela ne vous plaît pas* und [sisa(n)vuplɛpa][11].

3. Der accord des Partizip Perfekt

Die normative, am code écrit orientierte Grammatik verlangt bekanntlich bei den mit *avoir* und *être* + Partizip Perfekt gebildeten Tempusformen den accord des Partizips mit Subjekt oder Objekt nach einem im einzelnen diffizilen Regelwerk. Folgende Sätze veranschaulichen diese Regeln[12]:

[10] J. Dubois, op. cit., S. 167. Im Corpus d'Argenteuil fehlen *ceci* und *cela*, während *ça* sehr häufig ist, vgl. D. François, op. cit., S. 447, 450 u. Jeanjean 1982.

[11] Abgesehen davon wird der Geltungsbereich von [sa] und damit *ça* bis in die geschriebene Sprache hinein durch die übliche Verwendung vor konsonantisch anlautenden Formen von *être* erweitert: *c'est, c'était* usw., aber *ça sera, (que) ça soit* usw. *Ce sera, (que) ce soit* gilt nicht mehr für den code écrit schlechthin, sondern nur mehr für literarische Sprache. Die dritte von Dubois herangezogene Funktion von *ça* (genus- und numerusneutralisierend und gleichzeitig metaphorisierend: *Ça prétend tout savoir* statt «il», «elle», «ils», «elles») hat ihren Ursprung und Schwerpunkt schließlich ebenfalls im code parlé.

[12] Vgl. u. a. *Grammaire Larousse*, S. 386 ff.

(1) J'ai écrit cette lettre.
(2) Cette lettre, je l'ai écrite.
(3) La lettre que j'ai écrite...
(4) Quelle lettre as-tu écrite?
(5) Les musiciens que j'ai entendus jouer...
(6) La symphonie que j'ai entendu jouer...
(7) Les vacances que j'ai laissé perdre...
(8) Les cent mille francs que ce meuble m'a coûté...
(9) Les beaux jours qu'il a fait ne reviendront plus.
(10) Excepté ces deux hommes.
(11) Ces deux hommes exceptés.
(12) Les enfants sont partis.
(13) Les enfants sont battus par le maître.
(14) Les enfants se sont absentés.
(15) Les enfants se sont aperçus de leur erreur.
(16) Les enfants se sont battus.
(17) Les enfants se sont construit une maison.
(18) La maison qu'ils se sont construite...

In vielen Fällen hat der accord nur Konsequenzen für die Orthographie (vgl. die Sätze 5–8, 10–16), in der Literatur wird darauf hingewiesen: «La règle d'accord du participe est surtout une règle orthographique»[13], «Il survit et sévit surtout dans l'orthographe»[14]. Doch ist dies nicht das Problem, denn die häufig nur orthographische Relevanz des accord beruht gewissermaßen auf Zufall, insofern sich eben bei den häufigsten Verbklassen (auf *-er* und *-ir*) im Normalfall keine phonische Konsequenz ergibt:

aimé, aimée, aimés, aimées: [eme]
fini, finie, finis, finies: [fini]

Das Entscheidende ist, daß die „gesprochene Sprache", wie in der Literatur immer wieder festgestellt wird, den accord auch dann nicht vollzieht, wenn er phonische Konsequenzen hätte:

[13] *Grammaire Larousse*, S. 386.

[14] P. Guiraud, *La syntaxe du français*, S. 50. E. Tanase, *L'accord du participe passé* ermittelt insgesamt 99 Verben, bei denen der accord phonisch relevant ist. H. Geckeler, *„Phonischer Code" und „Skripturaler Code"*, S. 20, weist jedoch mit Recht darauf hin, daß sich darunter so frequente Verben wie *faire, dire, prendre, mettre* und *comprendre* befinden.

> La langue parlée se dispense souvent de faire entendre cet accord et l'on prononce: *Nous avons aimé les excursions que nous avons fait* [fɛ] *cet été ...*[15]

> Mais les règles ne sont pas toujours respectées par l'usage de tous les jours, qui parfois laisse passer un participe s'accordant avec un régime suivant[16], et très souvent [!], même dans le parler des milieux cultivés [!], des participes invariables après un régime précédent[17].

> (...) l'accord du participe a fait son temps. Il ne s'entend pratiquement plus dans la langue parlée, même celle des personnes cultivées, et il donne lieu à d'innombrables fautes d'orthographe[18].

> De nos jours, l'invariabilité du participe passé est fréquente[19].

Mit «langue parlée» ist in all diesen Äußerungen der code parlé gemeint. Festgestellt werden die Verstöße im Bereich des code phonique. Im Unterschied zu den vorher behandelten Fällen wird aber die orale Besonderheit für den code graphique nicht zugelassen, die „Verstöße" gegen die Grammatik des code écrit führen in jedem Fall zu Orthographiefehlern[19a]:

	parlé	écrit
phonique:	. . . . [ekri]	. . . .[ekrit]
graphique:	**la lettre que j'ai écrit*	*la lettre que j'ai écrite*

Die typischen Vertreter sind [ekri] und *écrite,* womit die Diskrepanz evident wird; *écrit* ist nicht anerkannt, [ekrit] die nicht-spontane gesprochene Form des code écrit[20].

[15] *Grammaire Larousse,* S. 386.

[16] Zu diesen gelegentlichen hyperkorrekten Fehlern vgl. auch M. Cohen, *Toujours des regards,* S. 109 f.

[17] A. Blinkenberg, *Le problème de l'accord,* S. 117.

[18] A. Sauvageot, *Français écrit, français parlé,* S. 87.

[19] M. Durand, *Le genre grammatical en français parlé,* S. 70 ff. Auch hier bereits der Hinweis, daß sich die Verstöße «dans tous les milieux sociaux» finden. Vgl. auch noch M. Cohen, *Toujours des regards,* S. 106 und *Nouveaux regards,* S. 218—221 und 224—227.

[19a] Die Erstfassung des berühmten Toleranzerlasses von 1901 (vom 31. 7. 1900) sah vor, das Fehlen des accord mit *avoir* in allen Fällen zu tolerieren, vgl. J. Levitt, *The past participle,* S. 30. Auch der neuerliche Toleranzerlaß des Ministers Haby vom 28. 12. 1976 (*Journal Officiel,* 9. 2. 1977, S. 826 ff.) wagt nicht die radikale Lösung, welche die Linguisten immer wieder gefordert haben, vgl. zuletzt A. Verjat Massmann, *Remarques sur la concordance du participe passé,* S. 473. Zur Geschichte vgl. jetzt Hunnius 1980.

[20] «Qui dit, à moins de se surveiller à l'extrême: *Il n'a pas reçu la lettre que vous lui avez écrite* (prononcé *ekrit*)?», A. Sauvageot, *Analyse,* S. 80.

Die vorliegenden Corpusauswertungen bestätigen diese These im großen und ganzen. Im Corpus politischer Rundfunkdebatten von S. ALLAIRE sagen die Politiker und Journalisten[20a]:

> La description que vous en avez *fait* au fond était assez triste.
> Je veux considérer l'Europe telle que je l'ai *appris.*
> C'est donc une certaine forme de libération de la femme que nous avons *mis* nous, majorité, gaullistes, dans les faits et dans les textes de la loi.
> Dans toutes les réunions électorales que j'ai *fait.*

Das letzte Beispiel stammt vom späteren Staatspräsidenten Giscard d'Estaing. Auch der Informant LS im Corpus d'Argenteuil kennt den accord nicht[20b]:

> Les cheminées, ils les avaient *mis*, III, 22.
> [la maison] Il l'a *remis*, III, 30.
> La petite maison qu'il a *fait*, III, 39.

Immerhin sagt seine Frau:

> Toutes ces photos qu'elle ait *prises*, I, 6.
> [une vigne vierge] c'est-à-dire qu'on l'avait *mise* . . ., I, 62.

Ist deshalb der accord dem code parlé so fremd, wie A. SAUVAGEOT[20c] meint? Auch hier müssen weitere Corpora ausgewertet werden[20d].

4. Die Negation

Über kaum ein Faktum des code parlé sind wir so gut unterrichtet wie über die Verkürzung der Negation *ne . . . pas* zu *pas*. Hier eine Übersicht über die Zahlenverhältnisse in verschiedenen Corpora[21]:

[20a] S. Allaire, *La subordination dans le français parlé*, S. 46.
[20b] D. François, *Français parlé*, S. 668.
[20c] Vgl. zuletzt A. Sauvageot, *Français d'hier ou français de demain?*, S. 64.
[20d] Zu den didaktischen Problemen vgl. A. Barrera-Vidal, *Faut-il enseigner l'accord du participe passé avec «avoir»?*
[21] In 2 wurden über *pas* hinaus auch alle anderen mit *ne* möglichen Verneinungen gezählt. Für das auf *pas* beschränkte Corpus darf man eine leicht höhere Prozentzahl annehmen.

Corpus	*ne*	Ø	Ausfall von *ne* in %	Auswerter
1. Argenteuil	3	154	98,0 %	D. François[22]
2. Zwanenburg	29	70	70,7 %	J. Pohl[23]
3. FF (Teilc.)	36	72	66,6 %	A. Barrera-Vidal[24]
4. Orléans	852	2006	70,19 %	J. Sturm[25]
4a. Orléans, Kontrollcorpus	482	968	66,8 %	J. Sturm[25]
5. Tours	791	1539	66,0 %	W. J. Ashby[26]
6. Paris	436	395	47,5 %	W. J. Ashby[27]
7. Les Parleuses	223	113	33,6 %	A. Greive[28]
8. France Culture	13	4	23,5 %	D. François[29]

Was hier zuerst ins Auge springt, ist die weitgehende Übereinstimmung der Ergebnisse in den typologisch vergleichbaren Corpora 3–5, in denen jeweils Sprecher aller Schichten interviewt werden. Die Abweichung von 6 erklärt sich vermutlich aus der Tatsache, daß das Pariser Corpus bei gleicher Situation ausschließlich mit Oberschichtensprechern erstellt wurde, die Abweichung von 1 aus der Situation (Gespräch im Familienkreis) und dem Status der Sprecher (Unterschicht). Das ergibt sich deutlich aus 2, das zwar mit 6 den Sprecherstatus teilt, aber mit 1 die Situation und sich in der Tat genau zwischen beiden bewegt. Die Relevanz der Schichtenzugehörigkeit ist nach den Ergebnissen von Ashby 1981:684 nicht mehr zu bestreiten. Sie kommt bei Ashby am deutlichsten bei den älteren weiblichen Sprechern zum Ausdruck (Ausfall von *ne* in der Unterschicht 90 %, Mittelschicht 32 %, Oberschicht 26 %). Die Relevanz der Sprechsituation wird für Sturm 195 ff. in einem Interview spürbar, das sich durch das Hereinplatzen eines Handwerkers in eine Unterhaltung verwandelt, mit

[22] D. François, *Français parlé*, S. 497, 695.

[23] J. Pohl, *L'omission de* ne *dans le français contemporain*, S. 20.

[24] A. Barrera-Vidal, *Quelques observations sur le système de la négation en français parlé*, S. 77.

[25] J. Sturm, *Morpho-syntaktische Untersuchungen zur* phrase négative *im gesprochenen Französisch.*

[26] W. Ashby, *The loss of the negative particle* ne *in French.*

[27] W. Ashby, *The loss of the negative morpheme* ne *in Parisian French*, S. 122.

[28] A. Greive, *Zur Linguistik des gesprochenen Französisch*, S. 40. Die Transkription des von Greive ausgewerteten Textes erfolgte nicht zu sprachwissenschaftlichen Zwecken. Greives Ergebnisse sind deshalb vorsichtig zu bewerten.

[29] D. François, *Traits spécifiques d'oralité*, S. 41.

sprunghaftem Ansteigen des Ausfalls von *ne* von 60 % auf 91 %. Der Gebrauch von *ne* steigt rasch an, sobald man vom privaten in den öffentlichen Bereich wechselt. Bemerkenswert ist der hohe Prozentsatz von *ne* in den Interviews mit der führenden Pariser Bildungsschicht (6), mit einer Schriftstellerin (7) und in einer wissenschaftlichen Rundfunkdiskussion (8).

Im privaten Sprechen läßt sich demnach durch alle Schichten und Altersstufen ein relativ konstanter Ausfall von *ne* feststellen. Bei öffentlichem und halböffentlichem Sprechen verdecken die globalen Zahlen eine große Vielfalt sprachlichen Verhaltens. Selbst in dem soziokulturell sehr homogenen Pariser Corpus variiert der Ausfall von *ne* von Sprecher zu Sprecher zwischen 0 % und 92 %[30].

An Faktoren, die den Ausfall von *ne* begünstigen, ermittelt W. Ashby[31] im Pariser Corpus vor allem folgende. Der Ausfall ist höher: bei *pas, rien* und *jamais* als bei *plus* und *que;* ohne verstärkendes Adverb als mit (*ne . . . pas du tout*); in Haupt- als in Nebensätzen; bei Verb im Indikativ als bei Verb im Konjunktiv; in *faut pas, c'est pas, y a pas* und *sais pas* als woanders; bei schnellem Sprechen als bei langsamem; normal als intervokalisch (*ça n'ira pas*); bei Sprechern, die per Du sind, als bei solchen per Sie; in der zweiten Hälfte des Gesprächs als in der ersten; in der Reflexion als in der Erzählung; bei Männern als bei Frauen; bei Lehrern als bei Verwaltungsbeamten; in der jungen und älteren Generation als in der mittleren[32].

Hingegen wird *ne* überwiegend beibehalten: bei substantivischem Subjekt (Indiz elaborierten Sprechens), zwischen *qui* und Vokal, sowie *ça* und Vokal (Hiatvermeidung), nach einer Pause, ferner bei prosodischer Hervorhebung des Verbs (womit *ne* ins Rampenlicht der Aufmerksamkeit von Sprecher und Hörer gerät).

Aufschlußreich für den Status von *ne* ist der Vergleich mit einem anderen Charakteristikum des Pariser Corpus. Trotz der zu förmlichem Sprechen drängenden Situation erscheint keine einzige Aussprache /œ̃/ in Opposition zu /ɛ̃/, sondern ausschließlich Neutralisierung in einem zwischen /œ̃/ und /ɛ̃/ liegenden Laut[33]. Offensichtlich ist dem gebildeten Sprecher auch bei elaboriertem und überwachtem Sprechen die Oppostion /œ̃/ –

[30] W. Ashby, op. cit., S. 135.

[31] Op. cit. S. 121 ff. Vgl. Ashby 1981, Sturm 1981 u. Lüdicke 1982.

[32] Laut J. Ågren, *Etude sur quelques liaisons facultatives*, S. 102 f., korreliert der Ausfall von *ne* mit der Nicht-Liaison bei *pas* (C'est pas/un film à perdre haleine – Ce n'est pas un film . . .). Vgl. auch Urbas, *Erhebungen*.

[33] A. Malécot, P. Lindsay, *The neutralization of /ɛ̃/ — /œ̃/ in French*.

/ɛ̃/ keine Anstrengung mehr wert (sofern er sie überhaupt realisieren kann). Hingegen legt ein großer Teil der Sprecher in derselben Situation Wert darauf, mit *ne* ein sprachliches Element vorzuzeigen, das er zwar in privaterem Sprachgebrauch vernachlässigt, dessen Vernachlässigung einem Fremden gegenüber er aber als für das Bild, das dieser sich von ihm macht, nachteilig erachtet. *Ne* ist für nicht-privates Sprechen verfügbar[34].

Im code écrit wird die Unterdrückung von *ne* nicht geduldet. Zwar generalisieren manche Autoren (z. B. Raymond Queneau in *Zazie dans le métro)* in ihren Imitationen oder Kopien der gesprochenen Sprache die Kurzform *pas,* doch entsteht auf diese Weise der Eindruck einer vulgären oder populären Sprechweise. Es zeigt sich darin der generelle Sachverhalt, daß Züge des code parlé, die in phonischer Gestalt völlig normal und unanstößig sind, in graphischer Form nur schwer akzeptiert werden, wenn sie vom code écrit abweichen[35]. In umgekehrter Sicht muß festgestellt werden, daß die überwiegende oder gar systematische Verwendung von [nə ... pa] nicht mehr der Norm ungezwungenen Sprechens entspricht:

	parlé	*écrit*
phonique	ʒɛmpasa	ʒ(ə)nɛmpasa
graphique	j'aime pas ça	je n'aime pas ça

Durch den Ausfall von *ne* scheinen Sätze wie *il ne peut pas partir* und *il peut ne pas partir* in einem ambigen *il peut pas partir* zusammenzufallen, da die Stellung von *ne* in diesen Fällen, wie David Gaatone[36] hervorhebt, relevant ist. Doch gilt die Relevanz nur für den code graphique, wo der Ausfall nicht akzeptiert wird. Im code phonique ist auch ohne [nə] die Eindeutigkeit durch den verschiedenen Melodieverlauf und die verschieden liegenden Pausen (oder «jonctions»[37]) gewährleistet:

ilpøpa'partir — ilpø'papartir[38]

Es zeigt sich hier erneut, daß bei der Postulierung von Ambiguitäten in

[34] Ähnlich folgern G. Sankoff, D. Vincent, *L'emploi productif du* ne *dans le français parlé à Montréal,* S. 251: «Le *ne* constitue une ressource syntaxique disponible à la plupart des francophones montréalais, mais qu'ils n'utilisent qu'à très basse fréquence dans le parler informel.»

[35] Auf noch größeren Widerstand stößt die Graphisierung ausgesprochener Vulgarismen.

[36] D. Gaatone, *Système de la négation,* S. 51.

[37] Vgl. das Kapitel „Die Junkturen" bei W. Rothe, *Phonologie,* S. 43 ff.

[38] Jeweils ' als Junkturzeichen.

der Oberflächenstruktur bei verschiedenartiger Tiefenstruktur streng zwischen code graphique und code phonique zu unterscheiden ist. Im allgemeinen wird, trotz des geforderten Vorrangs gesprochener Sprache, mit geschriebener Sprache operiert. Viele der dort aufgedeckten Ambiguitäten existieren in phonischen Texten überhaupt nicht[39].

Einige andere orale Eigentümlichkeiten aus dem Bereich der Negation seien noch kurz erwähnt:

Der Ausfall von expletivem oder konditioniertem [nə] nach Verben wie *craindre, empêcher, nier, pas douter* oder nach *avant que*[40] ist nach dem Gesagten zu erwarten.

Der Gebrauch von *pas* im «énoncé non-verbal», wie ihn GAATONE beschreibt[41], ist wohl dahin zu präzisieren, daß es sich dabei vorwiegend um einen oralen Gebrauch handelt: «pas moyen de nier les progrès», «pas de réaction», «pas étonnant que . . .». Es wäre sogar denkbar, daß die Unterdrückung von [nə] von solchen verblosen und damit zwangsläufig auf [nə] verzichtenden Wendungen ihren Ausgang nahm: [padarʒɑ̃] → [ʒepadarʒɑ̃].

Im code parlé erscheint nur *pas*, wo der code écrit auch über die Variante *non* verfügt: *pas (non) encore + Adj.*, «Difficile ou pas (non), il faut qu'il obéisse» usw.[42].

Bestimmte Negationsverfahren des code écrit sind dem code parlé fremd, so etwa die Verneinung mit *ni:* «Sans être exclue de la langue parlée, la conjonction *ni* y tient un rôle restreint et ne figure guère que dans des locutions (Ex.: *Ni l'un ni l'autre. Il ne m'a dit ni oui ni non. Ne savoir ni lire ni écrire. Sans rime ni raison*, etc.). En parlant d'une façon courante, on évite spontanément de se mettre dans le cas d'utiliser cette conjonction»[43].

[39] Hier noch ein weiteres Beispiel aus dem Bereich der Negation: *Alle Druckfehler können hier nicht aufgezählt werden* ist nur geschrieben ambig („keiner" oder „nicht alle"), gesprochen liegen zwei verschieden intonierte Sätze vor (z. B. Betonung von *alle* bei „nicht alle"). Vgl. auch Gaatone, op. cit., S. 56 (hier richtig beobachtet) zur oral eindeutigen, geschrieben mehrdeutigen Reichweite der Negation und S. 150 (hier nicht erkannt) zur oralen Eindeutigkeit von *rien n'est plus faux* („nichts ist falscher", „nichts mehr ist falsch").

[40] Vgl. Gaatone, op. cit., S. 67 ff., 80, 89.

[41] Op. cit., S. 45.

[42] Op. cit., S. 27 und 45. Vgl. auch R. van Deyck, *La syntaxe de la négation* mit Statistiken zur Distribution von *ne* und *non* in einem Corpus des code écrit.

[43] R. L. Wagner/J. Pinchon, *Grammaire du français*, S. 428 f.

VI. Code parlé und Code écrit im Französischen

1. Die indikativischen Tempora der Vergangenheit[1]

Das eklatanteste Beispiel für die Divergenz von code parlé und code écrit bezüglich des Gebrauchs der Tempora ist das Passé simple. Tempora oder einzelne Tempusformen, die nicht „sprechbar" sind, findet man in vielen Sprachen, aber die Gebrauchssphäre so beschränkter Tempora ist dann meist die literarische, nicht einfach die geschriebene Sprache. „Es hülfe" ist spontan gesprochen nicht denkbar, aber auch geschrieben kommt es nicht vor, außer in „literarischen" Texten. Kein Spanier würde die *-ra*-Form (*cantara*) indikativisch „in den Mund nehmen", aber auch geschrieben ist sie selten (dafür: *había cantado*).

Ganz anders beim Passé simple. Es ist im geschriebenen Französisch absolut lebendig und üblich, daran ändern auch eventuelle Verluste zugunsten des Passé composé und Imparfait in neuerer Zeit nichts. Dem System der „gesprochenen" Tempora gehört es jedoch nicht mehr an. Wo es in gesprochenen Texten vorkommt, regionaler Gebrauch beiseite, ist es direkt oder indirekt an den code écrit gebunden (geschriebene Vorlage oder geschriebenes Vorbild). Dieser Sachverhalt ist eindeutig:

> Le composé a chassé le simple de la conversation dans le français parisien qui fait loi, ne lui laissant que les emplois écrits (ou parlés plus ou moins solennellement)[2].
>
> Le passé simple est réservé à la langue écrite; il n'est pas seulement propre aux ouvrages littéraires, il est fréquent dans la langue de la «presse écrite», d'où il s'étend à la «presse parlée» de la Radio et de la Télévision[3].

[1] Vgl. jetzt Majumdar 1980, Herzog 1981, Terry 1981, Kielhöfer 1982, Kolstrup 1983, Seelbach 1983 u. Van Vliet 1983.

[2] M. Cohen, *Toujours des regards,* S. 132. Vgl. auch S. 136, wo zwischen «le registre spontané de la conversation» und «le registre enseigné (généralement appliqué par écrit)» unterschieden wird.

[3] *Grammaire Larousse*, S. 348. Zur Pressesprache vgl. J. Zezula, *Le passé simple.* Auszählungen aus Theaterstücken und Romanen nimmt Z. Stavinohová, *Les temps passés* vor. Die funktionelle Notwendigkeit des Passé simple auch in ge-

Nous simplifions un peu le tableau du passé simple puisqu'il s'emploie 1) dans un style oral soutenu (qui relève pourtant de la langue écrite) et 2) dans le français régional de certaines contrées[4].

Der Sachverhalt wird auch durch die Daten des *Français fondamental* bezeugt[5]. In 163 aufgenommenen Texten kommt es nur 19mal vor (davon 6mal bei *être*), während etwa andere Tempora, die nicht zu den häufigsten zählen, folgende Frequenzen aufweisen: Plusquamperfekt 1049, Futur simple 1443, Futur prochain 795, Futur antérieur 38, Konditional I 638, Konditional II 184. Das Fehlen des Tempus im code parlé schlägt sich schließlich in erstaunlich großer Unsicherheit und hohen Fehlerquoten bei der Bildung entsprechender „unregelmäßiger" Verbformen nieder. Nur die wenigsten Schreiber sind in der Lage, das Passé simple von Verben wie *lire, rire, tenir* richtig zu bilden[6]. Die Feststellung Schogts[7]: «L'emploi actif du passé simple ne commence qu'à l'âge scolaire pour la plupart des Français et la fonction de ce temps est réduite à celle d'un substitut littéraire du passé composé» ist also wohl dahingehend zu ergänzen, daß zwischen „aktiver Verwendung" und Beherrschung des Passé simple noch ein weiter Weg liegt.

Auf die Ursachen des Rückganges des Passé simple ist hier nicht einzugehen[8] und auch nicht auf die andere Einschränkung, daß das „geschriebene"

sprochener Sprache behaupten R. L. Wagner, J. Pinchon, *Grammaire*, § 411: «Le passé défini est indispensable, en effet, dans la langue écrite et dans la langue parlée, chaque fois qu'un narrateur a à relater historiquement des faits dont il ne se donne que comme le rapporteur.»

4 H. Schogt, *Système verbal*, S. 39 f.

5 Vgl. *Élaboration*, S. 218 ff. Das Passé simple fehlt im Corpus d'Argenteuil (vgl. D. François, *Français parlé*, S. 491) und im *Livre des 2000 phrases* von H. Frei (vgl. F. Kahn, *Le système des temps*, S. 38). Im Corpus d'Orléans findet es sich z. B. im Munde eines 55jährigen Priesters und Schuldirektors, der es in der oben (Anmerk. 3) von Wagner/Pinchon behaupteten Funktion gebraucht, vgl. P. Biggs, M. Dalwood, *Les Orléanais ont la parole*, S. 32 (Corpus d'Orléans Nr. 401). Zum Vorkommen in der Kindersprache sowie im code parlé der Schule vgl. M. Pfister, *L'imparfait, le passé simple et le passé composé*, S. 401 f. und F. Fillol, J. Mouchon, *Les éléments organisateurs du récit oral*, S. 116 f.

6 Vgl. *Élaboration*, S. 218 ff.

7 H. Schogt, *Système verbal*, S. 40.

8 Vgl. dazu H. Weinrich, *Tempus*, Kap. X und ergänzend Ch. Camproux, *Télescopage morpho-syntaxique?*, der auf die gegen Ende des Mittelalters gegebene Homonymie von Passé simple und Konjunktiv Imperfekt in der 3. P. Sing. rekurriert. Seit dem 16. Jahrhundert ließen sich entsprechende Verwechslungen und Unsicherheiten in der Schreibung feststellen (dazu vgl. auch P. Wunderli, *Teilaktualisierung*, S. 12). Zur Frage, wie alt der Ausfall des Passé

Tempus nur in der 3. Person geläufig ist. Für die Synchronie ergibt sich jedenfalls als Resultat, daß im code parlé das Passé simple durch ein anderes oder andere Tempora vertreten wird. Allgemein gilt das Passé composé als Ersatztempus, d. h. ein Satz wie *il régna de 1648 à 1715* wäre umzukodieren in *il a régné de 1648 à 1715*. Das würde dann bedeuten, daß das orale Passé composé die Positionen von „geschriebenem" Passé composé und Passé simple abdeckt, die Umkodierung «écrit» → «parlé» wäre ein sehr einfaches Verfahren.

Das ist z. B., um aus der großen Zahl der moderneren Tempustheorien nur eine herauszugreifen, die Sicht von T. B. W. Reid[9]. In entsprechender Weise würde das oral ebenfalls nicht mehr vorhandene Passé antérieur durch das Passé surcomposé ersetzt: *il eut chanté → il a eu chanté*. Diese Sicht ist jedoch zu einfach. Zwar entspricht das Passé composé oral sehr oft dem Passé simple, besonders bei der Transposition einzelner Sätze, aber in echten mündlichen Erzählungen verhält es sich eher so, daß statt mit dem Passé simple mit Passé composé und Präsens erzählt wird[10], d. h. die Veränderung betrifft mehrere Tempora. Nicht nur das Passé composé, sondern auch das Präsens (und wahrscheinlich sogar das Imperfekt) hat einen anderen Stellen- und Gebrauchswert. Was den „Ersatz" von Passé antérieur durch Passé surcomposé angeht, so ist er in doppelter Weise zu korrigieren. Zum einen wird das Passé antérieur nicht zwangsläufig als Passé surcomposé transponiert, zum anderen hat das Passé surcomposé eine andere Position als das Passé antérieur, was schon daraus hervorgeht, daß es auch in Hauptsätzen üblich ist und innerhalb eines ganzen Paradigmas von «temps surcomposés» steht: *il a eu chanté, il avait eu chanté, il aura eu chanté, il aurait eu chanté*[11]. Ein

simple im code parlé ist, vgl. K. Hunnius, *Archaische Züge des langage populaire*, S. 157 f., ders. ASNSL 213, 1976, S. 440 f., H. Meier, *Über Sprachschichten und Sprachwandel*, S. 366—370, und F. J. Hausmann, *Wie alt ist das gesprochene Französisch?*

9 T. B. W. Reid, *Verbal Aspect in Modern French*, bes. S. 159.

10 Vgl. H. Weinrich, *Tempus* (2. Aufl.), S. 273 ff. D. François, *Français parlé*, S. 489 ermittelt bei ihrem Informanten eine klare Aspektopposition zwischen Passé composé und Imperfekt. Dieses Ergebnis widerspricht der von M. Pfister, op. cit., S. 414 und 417 im Anschluß an Barrera-Vidal behaupteten prinzipiellen Austauschbarkeit der beiden Tempusformen im code parlé.

11 Vgl. Cornu 1953, 146—192, Christmann 1958, Imbs 1960, 131 ff., Braun/Steiner 1976, Beaujot 1980, H. Walter 1981, Bleton 1982, Hill 1984 u. Jolivet 1984.

Satz wie «Dès qu'il eut bu son vin, il appela le garçon» könnte z. B. mit oralen Tempora lauten: «Dès qu'il a bu (a eu bu, avait bu) son vin, il a appelé le garçon». Der Satz «Il a eu vite fait»[12] zeigt die Eigenständigkeit des Passé surcomposé unabhängig von jeder code-Spezifizierung, wenngleich (Haupt-)Sätze dieser Art wie überhaupt die «temps surcomposés» überwiegend oral gebräuchlich sind.

2. Das Futur

Code parlé und code écrit unterscheiden sich des weiteren durch die unterschiedliche Häufigkeit von einfachem und periphrastischem Futur (*je marcherai – je vais marcher*). Während in den Texten des code écrit (Literatur, Zeitungen) das Futur simple bis zu zehn mal häufiger ist als das Futur proche[12a], halten sich beide im code parlé in etwa die Waage. Dabei zeigen die bislang ausgewerteten Corpora unterschiedliche Ergebnisse:

Corpus	Fsi		Fpr	Vf. der Auswertung
FF	1443 (65 %)	:	795 (35 %)	G. Gougenheim u. a.[12b]
E10	297 (48 %)	:	321 (52 %)	M. Pfister[12c]
Argenteuil	18 (38 %)	:	29 (62 %)	D. François[12d]
E9	155 (34 %)	:	299 (66 %)	L. Söll[12e]

Im einzelnen ermittelt Söll eine auffallende Koppelung des periphrastischen Futurs mit *on* „nous" sowie des einfachen Futurs mit der Verneinung[12f]. Söll wie Pfister stellen eine deutliche Affinität von *être* und Futur simple fest[12g].

Sieht man einmal von dem sehr heterogenen Corpus des Français Fondamental ab, so fällt der große zahlenmäßige Unterschied zwischen E10

[12] J. Dubois, *Grammaire structurale. Le verbe*, S. 184.

[12a] Vgl. P. Imbs, *L'emploi des temps verbaux*, S. 221, A. Klum, *Verbe et adverbe*, S. 216, 231, 234, 298, resümiert bei M. Pfister, *Trois problèmes morphosyntaxiques*, S. 460 f., und Z. Stavinohová, *Le futur «proche» et le futur simple*. Stavinohová zählt Theaterstücke und Romane aus. Das günstigste Verhältnis ist 68:71, das ungünstigste 63:380.

[12b] *L'élaboration*, S. 211 f. Vgl. jetzt Deshaies 1981 u. Wales 1983.

[12c] M. Pfister, *Trois problèmes morphosyntaxiques*, S. 462.

[12d] D. François, *Français parlé*, S. 492.

[12e] L. Söll, *Zur Konkurrenz von* futur simple *und* futur proche, S. 277 f.

[12f] Op. cit., S. 279, 281.

[12g] Söll, op. cit., S. 281; Pfister, op. cit., S. 461.

einerseits und E9 sowie Argenteuil andererseits auf, der u. a. dadurch bedingt ist, daß in den beiden letzteren Corpora der Aspekt-Unterschied zwischen einem näheren und ferneren Futur verwischt ist, während in E10 das periphrastische Futur im Kontext von Temporaladverbien der fernen Zukunft die Ausnahme bildet[12h]. Da wir aber über die Informanten von E10 und E9 keine soziokulturellen Daten haben, läßt sich nicht entscheiden, auf welche Einflüsse (normative, soziale, aufnahmebedingte) der Unterschied zurückzuführen ist. Klarheit kann nur die Auswertung weiterer genau definierter Corpora bringen.

3. Der Konjunktiv

Ebenso wie Passé simple und Passé antérieur gehört der Konjunktiv Imperfekt nicht mehr dem code parlé an: «(...) au nord de la Loire un Français peut mourir âgé de quatre-vingts ans sans avoir jamais employé *en parlant* un seul imparfait du subjonctif»[13]. Aber auch der Konjunktiv als solcher spielt in gesprochener Sprache eine geringere Rolle als in geschriebener: «Si le présent du subjonctif fait encore partie du système du français contemporain dans tous les registres, bien que sa position tende à devenir marginale dans le registre du français populaire et avancé (...)»[14]. Er wird vergleichsweise seltener und weniger differenziert gebraucht[15].

Der Ausfall des oralen Konjunktiv Imperfekt hat also nicht einfach die Regel zur Folge, daß an seiner Stelle der Konjunktiv Präsens verwendet wird und damit ein Verstoß gegen die klassische consecutio temporum erfolgt. Das trifft zu für *il voulait qu'il vînt* («écrit») → *il voulait qu'il vienne* («parlé»), aber *il voulait que tu vinsses* ist auch „geschrieben" bereits nicht mehr normal, der „falsche" Konjunktiv Präsens breitet sich außerhalb der 3. Person in allen Registern des code écrit aus.

Gravierender ist, daß man im code parlé den Indikativ statt des Konjunktivs verwendet. *Croyez-vous que* (Konj.) gilt als charakteristisch für

12h François, op. cit., S. 493; Pfister, op. cit., S. 460 f.; Söll, op. cit., S. 282.

13 R. L. Wagner, *La grammaire française*, S. 4.

14 H. G. Schogt, *Système verbal*, S. 60.

15 Vgl. Harmer 1965, 260 f. (1983, 226 ff.), Eriksson 1979, Lindqvist 1979, Ettinger 1980, Eggs 1981, Wandruszka 1982 u. Sand 1983.

„gehobene" Sprechweise, die normale mündliche Form ist *Vous croyez que* (Ind.)[16]. BÖRJESON[17] fand den Typ *croyez (pensez)-vous?*, *vous croyez (pensez)?*, *est-ce que vous croyez (pensez)?* mit konjunktivischem Anschluß des Objektsatzes um ein vielfaches häufiger[18] in Zeitungen und in der Literatur (ANOUILH) als in der Rundfunksprache («Tribune de Paris»), die hier eher dem code parlé folgt. Der Typ *je ne crois pas que* (Ind.) wäre nach dem gleichen Autor[19] in gesprochener Sprache ziemlich häufig[20].

Ein uneinheitliches Bild bietet auch das Corpus von S. ALLAIRE. Hier eine Übersicht über die Fälle mit mindestens vier morphologisch eindeutig gekennzeichneten Vorkommen[20a]:

	Kj Ind		
ne pas penser	8:0	pensez-vous?	7:1
ne pas être sûr	4:1	croyez-vous?	4:4
ne pas croire	6:2	vous croyez?	1:3
ne pas pouvoir dire	2:2	est-ce que?	0:7
ne pas dire	2:6		

Unzweifelhaft behauptet der Konjunktiv in diesem Corpus insgesamt eine starke Position[20b]. Inexistent ist er lediglich nach *est-ce que?*

Darüber hinaus dürfte die gesprochene Sprache Konstruktionen, die im code écrit den Konjunktiv erfordern, meiden bzw. nicht kennen. Einen Hinweis darauf geben die Materialien des *Français fondamental*[21]. Von insgesamt 676 Konjunktiven stehen nach *falloir* 308, nach *pour que* 52, nach *vouloir* 35, nach *c'est (dommage) que* 14, nach *avant que* 11 usw. Daraus ist wenigstens soviel zu schließen, daß sich der orale Konjunktiv außerordentlich stark auf den Typ *il faut que (tu viennes)* konzentriert. Genauere Untersuchungen müßten den oralen Anwendungsbereich des

16 Vgl. M. Sandmann, in: ZRP 87, 1971, S. 413 (mit weiterführender Literatur) und L. Börjeson, *La fréquence du subjonctif*, S. 6.

17 Op. cit., S. 35.

18 Verhältnis etwa 20 : 1.

19 Op. cit., S. 26 f.

20 Zum Rückgang des Konjunktivs in gesprochener Sprache, allerdings ohne detaillierte und präzise Hinweise, vgl. auch L. C. Harmer, *Le déclin du subjonctif*.

20a S. Allaire, *La subordination dans le français parlé*, S. 98.

20b Vgl. auch op. cit., S. 92, A 16 die Liste aller Verben des Corpus, die ausschließlich Konjunktiv nach sich ziehen.

21 Vgl. *Élaboration*, S. 212 f. und 221.

Konjunktivs weiter abgrenzen. Dabei wäre auch dem Faktum des „neutralisierten“ Konjunktivs ein besonderes Augenmerk zu schenken. Ein sehr hohen Prozentsatz (um 50 %[22]) der erwähnten 676 Konjunktivformen ist nämlich formal nicht explizit gekennzeichnet (Typ: *il faut que tu parles*[23]), d. h. die Zahl wirklicher Konjunktive könnte erheblich niedriger liegen, der Anwendungsbereich erheblich eingeschränkt sein. Sätze wie «Croyez-vous qu'il travaille avec plaisir?» dürften ja wohl nur dann als konjunktivisch verbucht werden, wenn sie beim gleichen Sprecher korrelieren mit «Croyez-vous qu'il soit content?» Das Gegenstück «Croyez-vous qu'il est content?» (nicht jedoch «Vous croyez qu'il est content?») würde den Konjunktiv eliminieren[24]. Über diese Bedingungen und die daraus eventuell resultierenden Einschränkungen bezüglich der festgestellten Konjunktive sagen die Daten von *Elaboration* nichts aus.

Daß die gesprochene Sprache den Konjunktiv meidet, läßt sich aus dem neueren Corpus von D. François nicht nachweisen. Allein im ersten Teilcorpus (S. 764—787) verwendet der von D. François ausgewertete Informant LS dreimal und seine Frau LSe gar fünfmal den Konjunktiv[24a]:

LS: *C'est drôle qu'*on (n) *ait* pas encore fait une gare dans ce coin-là (I, 14)
Je voulais faire un intérieur *de manière que* la clarté *vienne* en plein milieu, *vienne* en plein centre (I, 49)
A condition que tu le *réussisses* (I, 59)

LSe: *Tu veux que* je *réponde*, non? (I, 2)
Toutes ces photos qu'elle *ait* prises [priz!] (I, 6)
Je crois que *j'aurais préféré qu'*elle *puisse* passer (I, 25)
Si je fais du calcul, *faut que* je *prenne* un crayon (I, 33)
*Des fois qu'*il *fasse* pareil pour nous (I, 63)

Der Gebrauch des Konjunktivs ist im modernen Französisch weitgehend eine «servitude grammaticale». So ist z. B. eine Opposition *il faut que tu viennes* / **il faut que tu viens* (*viendras*) nicht möglich, *viennes* statt **viens* ist automatische Nachfolgeform von *il faut*. Ausnahmen sind z. B. *On a dit que ta sœur s'en aille* / *On a dit que ta sœur s'en va* („soll gehen“ / „geht“), *Je cherche un homme qui sache l'anglais* / . . .

[22] Die Angaben von *Élaboration* widersprechen sich.
[23] Hier allein 229 von 308 Formen.
[24] Vgl. dazu auch H. G. Schogt, *Système verbal*, S. 51 f.
[24a] D. François, *Français parlé*, S. 485 mit weiteren Beispielen von LS. Indikativ statt Konjunktiv läßt sich im Corpus d'Argenteuil allenfalls im Falle von LSe: *Le moins que tu peux faire* (I, 42) nachweisen.

qui sait l'anglais („können soll" / „kann")[25], *J'ouvre la fenêtre de sorte que je puisse voir la forêt / ... de sorte que je peux voir la forêt* („sehen kann" / „sehe"). Die Grenze zwischen Postulat und Feststellung im letzteren Beispiel ist aber bereits wenig scharf, in anderen Fällen verschiedenen Modusgebrauchs wie nach *croyez-vous que ..., on ne saurait dire que ..., je comprends que ..., c'est la seule réponse que ...* impliziert der Konjunktiv nur mehr eine «nuance de l'engagement subjectif»[26]. Immerhin illustriert aber gerade dieser oppositionelle Konjunktivgebrauch die Funktionalität der Modusdifferenzierung. Macht der code parlé davon Gebrauch? H. G. Schogt[27] ist der Meinung, daß solche Oppositionen literarisch seien und nicht mehr der «réalité de la langue parlée» entsprächen. Der code parlé wäre also gegenüber dem code écrit wieder einmal eine Art „restricted code".

Insgesamt darf nicht verkannt werden, daß die Position des Konjunktivs im code parlé stärker scheint, als noch vor kurzem angenommen[27a]. Endgültige Urteile sind bei der derzeitigen Corpuslage jedoch verfrüht[27b].

4. Das Passiv[27c]

An dem Satz *Le vent a cassé les branches* führt J. Dubois[28] drei Passivtransformationen vor, die es erlauben, das Objekt des aktivischen Satzes in Spitzenposition zu bringen und das Subjekt des aktivischen Satzes gegebenenfalls zu eliminieren:

[25] Zur genaueren Begründung des Unterschieds vgl. Ch. Rohrer, *Funktionelle Sprachwissenschaft,* S. 204 ff.

[26] H. G. Schogt, *Système verbal,* S. 57.

[27] Op. cit., S. 56.

[27a] In diesem Sinne äußern sich auch H. Geckeler, *Sigmaphobie*, S. 283, A. Greive, *Zur Linguistik des gesprochenen Französisch*, S. 41 und vor allem Holtus/Pfister, *Code parlé und code écrit*, S. 75 ff. unter Berufung auf van der Molen und Nordahl. Vgl. jetzt auch O. Gsell, *Beobachtungen an einem „kranken" Modus.*

[27b] Die Ausbreitung des Konjunktivs nach *après que* betrifft ausschließlich den code écrit. Im code parlé kommt *après que* kaum vor.

[27c] Vgl. jetzt Hildebrandt 1977, Spilka 1979, Thielemann 1979, Pape-Müller 1980, Raupach 1980, Vernay 1980, Karasch 1982, Krenn 1982, Zribi-Hertz 1982 u. Lerot 1984.

[28] J. Dubois, *Grammaire structurale du français. Le verbe*, S. 82 ff. Über eine Fülle psycholinguistischer Tests zur Ermittlung von Faktoren, die das Auftreten des Passivs auch in gesprochener Sprache begünstigen, berichten M. Hupet,

(1) Les branches ont été cassées (par le vent)
(2) Les branches se sont cassées (sous l'action du vent)
(3) Les branches ont cassé (sous l'action du vent)[29]

Die Einbeziehung der intransitiven Verben (3) impliziert eine sehr weite Auslegung von „Passiv"; die passivische Reflexivkonstruktion (2) ist im Französischen nur beschränkt möglich; als generell durchführbare Passivtransformation verbleibt (1), das sogenannte *être*-Passiv. Unter dem Gesichtspunkt der „passivischen Idee" ist die Aufzählung bei Dubois jedoch nicht vollständig. Die Eliminierung des aktivischen Subjekts (nicht aber der Platzwechsel von Subjekt und Objekt) ist auch noch auf andere Weise zu bewerkstelligen:

(4) On a cassé les branches
(Ça a cassé les branches)
(5) Il s'est vu retirer son permis de conduire (par la police)
(6) Il s'est fait tuer (par un rôdeur)

Die unpersönliche Konstruktion mit *on* (4) gilt als d e r Passiv„ersatz" im modernen Französisch: vgl. *on parle français, *il est parlé français, *il se parle français*, aber *se habla español, si parla italiano, es wird deutsch gesprochen* (*man spricht deutsch*). Der Terminus „Ersatz" ist dabei allerdings nicht ganz zutreffend, denn die Wahl der Konstruktion mit *on* kann zwar ein textuelles Äquivalent zum *être*-Passiv bedeuten, ist es aber systematisch gesehen nicht. Mit *on* ist immer noch die Information „belebter (menschlicher) Täter" gegeben[30], während bei Ausfall des Tätersubjekts natürlich die Informationsstufe „Null" erreicht wird[31]. So enthält etwa der Satz (4) *On a cassé les branches* mehr Information als der Satz (1) *Les branches ont été cassées.* Wenn zwischen den Konstruk-

J. Costermans, *Un passif: pour quoi faire?* Das Passiv erscheint als die eindeutig komplexere Konstruktion (so kommt es in den schriftlichen Arbeiten der 17-jährigen doppelt so oft vor wie bei den 8jährigen), doch entspricht die Beschreibung der Generativen Grammatik (Ableitung des Passivs aus dem Aktiv) nicht der psychischen Wirklichkeit. Unter bestimmten Bedingungen stellt sich das Passiv spontan ein.

[29] Ferner als inverse Transformation, die wir hier unberücksichtigt lassen, *Le vent a fait casser les branches.*

[30] Entsprechend mit *ça* „unbelebter Täter", falls nicht metaphorisierter Gebrauch vorliegt (s. dazu oben S. 114).

[31] Außerdem ist bei intransitiven Verben *on* ebenfalls möglich (*on danse*), nicht jedoch das *être*-Passiv (vgl. aber dt. *es wird getanzt*).

tionen (1) und (4) tatsächlich sehr oft eine Synonymiebeziehung besteht und folglich zu Recht vom „Ersatz" von (1) durch (4) gesprochen werden kann, so liegt dies daran, daß in den fraglichen Fällen nur ein menschlicher „Täter" in Betracht kommt:

Cette maison est construite lentement =
On construit cette maison lentement

Die Möglichkeiten (5) und (6) sind hinsichtlich ihrer Anwendung beschränkt, wobei es scheint, daß die Konstruktion mit *voir*[32] in der gesprochenen Sprache weniger verbreitet ist als die mit *faire*, möglicherweise sogar den code écrit charakterisiert. Die beigebrachten Belege entstammen jedenfalls so gut wie ausschließlich geschriebenen Quellen, vor allem nichtliterarischen (Presse, Behördensprache, Sachliteratur): «on espère voir s'implanter dans le voisinage d'autres équipements divers», «la Roumanie se vit déclarer la guerre», «les questions que vous préférez voir traiter», «Sir Winston Churchill vient de se voir attribuer par la ville d'Aix-la-Chapelle le prix Charlemagne»[33]. Anders beim *faire*-Passiv, das bis in den argot hinunterreicht: «Il s'est fait faire aux pattes dans un kino» („er wurde geschnappt ..."), «Il s'est fait ébouser par ...» („er wurde umgelegt ..."), usw.[33a].

Was die Vitalität des eigentlichen, des *être*-Passivs betrifft, so sind die Meinungen in der Literatur geteilt. Als lebendig und code-neutral sehen es Wagner/Pinchon[34]:

> Contrairement à un préjugé tenace, l'emploi du passif est très vivant en français, aussi bien dans la langue parlée que dans la langue écrite.

Vom Gegenteil sind G. und R. Le Bidois[35] überzeugt:

> Le français évite autant qu'il le peut la construction au passif[36].

Eine Mittelposition nimmt M. Wandruszka[37] ein:

[32] S. dazu Stimmm 1957, Chocheyras 1968, Gaatone 1970, Bat-Zeef Shyldkrot 1981 u. 1984.

[33] Siehe die in der vorangehenden Fußnote zitierten Aufsätze.

[33a] Vgl. auch B. Devlamminck, *Différentes valeurs du français* se faire.

[34] R. L. Wagner, J. Pinchon, *Grammaire*, S. 280.

[35] G. und R. Le Bidois, *Syntaxe*, I, S. 178.

[36] Ähnlich L. Tesnière, *Eléments*, S. 245.

[37] M. Wandruszka, *Réflexions sur la voix passive*, S. 129 f. Vgl. auch ders., *Sprachen*, S. 428 ff. mit etwas zurückhaltenderen Bewertungen.

> Il serait facile de multiplier les exemples pour prouver qu'en français la voix passive est aujourd'hui loin d'être un registre négligé. Il suffit d'ailleurs d'ouvrir un journal [!](...)

Die code-Spezifizierung findet sich bei J. DUBOIS[38]:

> Les phrases achevées passives[39] sont, en particulier, très peu nombreuses dans la langue parlée usuelle, au contraire des phrases non achevées.
> (...) dans la langue parlée la phrase passive complète, achevée, est rare et (...) seule la phrase passive non achevée est fréquente.

A. SAUVAGEOT[40] betont die außergewöhnliche Häufigkeit des *on*-Ersatzes im «usage quotidien de la langue»:

> Les formules en *on* ne se comptent pas.

Diese Feststellung betrifft die «phrase non achevée». Zur Vermeidung der «phrase achevée passive» benützte die «langue parlée» eine andere Möglichkeit: «Le représentant de commerce a été assassiné par une personne de sa connaissance» (geschrieben) = «Le représentant de commerce, c'est une personne de sa connaissance qui l'a assassiné» (gesprochen)[41].

Keines der aufgeführten Urteile ist auf statistische Auswertungen oder genaue Analysen von Texten gegründet, sie sind offenbar alle intuitiv. Wenigstens teilweise dokumentiert ist dagegen die neuere Untersuchung von P. LE GOFFIC[42]. Wichtiges Ergebnis: Auch in geschriebener Sprache überwiegt die «phrase passive non achevée», von durchschnittlich 30 Passivsätzen auf einer Seite von *Le Monde*[43] ist nur etwa ein Viertel «achevé». Entscheidender ist die Charakterisierung des Passivs als «procédé d'écriture»; es ermöglicht, abgesehen von der Eliminierung des aktivischen („logischen") Subjekts, vor allem auch die komplexe syntaktische Verschränkung («dominance» bei LE GOFFIC), wovon natürlich in erster Linie der code écrit betroffen ist.

[38] J. Dubois, *Grammaire structurale du français. Le verbe*, S. 87 und 101.

[39] Das sind Sätze mit *par*- oder *de*-Erweiterung.

[40] A. Sauvageot, *Français écrit, Français parlé*, S. 132 f.

[41] Zur vor allem oralen «mise en relief» und «phrase segmentée» s. unten S. 148 ff.

[42] P. Le Goffic, *A propos du passif*.

[43] Die Frequenz des Passivs in der Zeitungssprache ist sicherlich überdurchschnittlich. Das gilt im übrigen auch für das Deutsche.

LE GOFFIC erläutert die «dominance» an einem Beispiel. Eine gesprochene Satzfolge könnte etwa so lauten:

(a) «Mme Golda Meïr a prononcé un *discours* lundi à Jérusalem. Les Américains *l'*ont considéré comme une réponse nettement négative.»

Geschrieben werden diese beiden Sätze eher zu einem zusammengezogen, z. B. durch Relativisierung und Passivierung:

(b) «Le *discours* prononcé par Mme Golda Meïr, lundi à Jérusalem, a été considéré par les Américains comme une réponse nettement négative.»

Discours „dominiert" nun die ganze Periode, die Pronominalisierung im zweiten Satz ist weggefallen, aus zwei aktivischen Sätzen sind zwei passivische geworden, davon einer verkürzt: «(qui a été) prononcé par ...». De facto findet sich in *Le Monde* eine Periode, die 3 aktivische Basissätze enthält:

(c) «Le *discours* jugé dur (1), prononcé par Mme Golda Meïr lundi à Jérusalem (2), a été considéré à Washington comme une réponse nettement négative (3)».

Ist nun das mündliche Passiv entsprechend seltener als das geschriebene? LE GOFFIC bringt keine Zahlen bei, das Faktum aber scheint sicher zu sein. Mein Schüler EWALD KINSEHER hat versucht, die Lücke zu füllen, und eine Reihe französischer Texte auch zahlenmäßig ausgewertet. In einer Gruppe „geschriebene Texte" wurden 3 Nummern von *L'Express*, ein Band *Discours et messages* von DE GAULLE sowie belletristische und wissenschaftliche Werke untersucht. Die Gruppe „orale Texte" bestand aus einem Corpus gesprochener Sprache von Zehnjährigen[44] sowie drei Stücken von MARCEL ACHARD und JEAN ANOUILH. Diese Stücke bieten zwar keine spontane Sprechsprache, aber sie setzen sich bezüglich ihrer Oralität doch deutlich von künstlerischer, wissenschaftlicher und auch Gebrauchsprosa ab. Der Umfang der beiden Gruppen betrug 200 000 bzw. 100 000 Wörter. Es zeigte sich, daß das Passiv in den geschriebenen Texten 2,2mal häufiger verwendet wird als in den gesprochenen (1032 von 200 000 gegen 236 von 100 000). Von den ge-

[44] *Enquête sur le langage de l'enfant français*, 1er volume, Saint-Cloud (CREDIF) 1968.

schriebenen Passiva sind 29,4 % «achevé», womit die Zählung von Le Goffic in etwa bestätigt wird, von den gesprochenen jedoch nur 7,8 %. Dazu paßt, daß das Corpus d'Argenteuil kein einziges *complément d'agent* enthält[44a].

Das Überwiegen des Passivs in geschriebenen Texten dürfte kein französisches Spezifikum sein. H. Feider[45] hat die gleiche Beobachtung am amerikanischen Englisch gemacht (ohne Frequenzangaben), J. Blankenship[46] ebenfalls am Englischen mit der Gegenüberstellung von „Oral discourse“ (untersucht wurden öffentliche Reden) und „Written discourse“: Der Anteil der Passivsätze stieg hier von 7,8 % auf 17,9 %, der für das Französische an einem andersartigen Corpus ermittelte Faktor 2,2 würde sich also sogar bestätigen.

Eine Untersuchung zum Deutschen von G. Schoenthal[46a] hat als wichtiges Ergebnis, daß die Verwendung des Passivs durch den Grad der Öffentlichkeit des Kommunikationsaktes entscheidend beeinflußt wird. Das *werden*-Passiv erreicht in einem Corpus von Reportagen, Berichten, Interviews im Rundfunk ein Vorkommen von 4,5 – 7,5 %, in einem Kontrastcorpus privater Unterhaltungen nur 0,3 – 1,5 %. Insgesamt darf demnach das Passiv als das entwickeltere syntaktische Mittel angesehen werden, dessen sich Kinder weniger als Erwachsene, mündliche Rede weniger als schriftliche und privates Sprechen weniger als öffentliches bedienen.

Eine grundsätzliche Schwierigkeit darf zum Schluß nicht unterschlagen werden. Es ist dies die morphologische Ambiguität des Passivs ohne Ausdruck des Agens im Französischen (Typ: *Il est surpris*, Passiv oder *être* + Adjektiv?), die dazu führt, daß einige Autoren die Existenz eines Passivs im Französischen ernstlich in Zweifel stellen[46b]. In der Tat ist ja nicht einmal die von H. W. Klein[46c] als solche bezeichnete Konstruktion *Elle a été détruite* eine „echte Passivform“, da sie auch als *forme surcomposée*

44a D. François, *Français parlé*, S. 465.

45 H. Feider, *Comparative Syntactic Description*, S. 181 ff.

46 J. Blankenship, *A Linguistic Analysis*.

46a G. Schoenthal, *Das Passiv in der deutschen Standardsprache*, S. 216 ff.

46b C. Blanche-Benveniste, K. van den Eynde, *A quoi se réduit ce qu'on appelle «Passif» en français*.

46c H. W. Klein, F. Strohmeyer, *Französische Sprachlehre*, § 122. Das sehr gute Passivkapitel in H. W. Klein, H. Kleineidam, *Französische Grundgrammatik*, S. 132—134, geht verständlicherweise auf diese Frage nicht ein.

+ Adjektiv (vgl. deutsch „sie ist zerstört gewesen") interpretiert werden kann[46d]. Untersuchungen über die Häufigkeit des Passivs vor allem im code parlé bedürfen deshalb eingehender Vorüberlegungen zur Identifikation des zu untersuchenden Phönomens.

5. On «nous»[46e]

Es gibt im Französischen eine Sprachschicht, in der die erste Person Plural nicht mehr *nous chantons,* sondern *on chante* lautet, mit betontem Subjektspronomen *nous on chante* und nicht mehr *nous, nous chantons.* Das Phänomen ist bekannt[47], über das relativ geringe Alter qua grammatikalisches Phänomen besteht Einigkeit, ebenso über die Vorstufe, die ein *on* als stilistische Variante für die verschiedensten Personen kennt, ohne Bevorzugung von *on* für «nous». Die Grammatikalisierung von *on* «nous» ist offenbar zuerst in der Sprache des einfachen Volkes erfolgt, die Bewertungen in der wissenschaftlichen Literatur reichen von einem zunächst „stolzen" oder „bescheidenen" bis zu einem „sozialistischen" *on.* Heute ist dieses *on* grammatikalisiert und damit in dem genannten stilistischen Sinn wertfrei. Man muß im System des Französischen nun drei gegenüber früher zwei Verwendungsweisen von *on* unterscheiden[48].

(1) „emploi indéfini"
C'est moi qu'on punit toujours „man"
(2) „emploi stylistique"
Alors, on a sa crise? (Vater zur Tochter)[49] „du"

[46d] Darauf weist D. François, loc. cit., anläßlich des in ihrem Corpus erscheinenden Satzes *Il a été éjecté* hin.

[46e] Vgl. jetzt Burr 1979, Loffler-Laurian 1980, Oukada 1982, sowie zum Alter des Phänomens (s. Ammerk. 47) Hunnius 1981.

[47] Vgl. Å. Grafström, On *remplaçant* nous *en français,* Ch. Muller, *Sur les emplois personnels de l'indéfini* on, L. Söll, *Zur Situierung von* on *«nous» im neuen Französisch,* mit weiterführender Literatur besonders bei Grafström und Söll. Vgl. den Einspruch gegen das geringe Alter durch H. Meier, *Über Sprachschichten und Sprachwandel,* S. 364—366, und die Entgegnung durch F. J. Hausmann, *Wie alt ist das gesprochene Französisch?*

[48] Siehe Ch. Muller, op. cit., bes. S. 53.

[49] D. François, *Français parlé,* S. 399. Der französische Satz kann entweder Ironie oder Herablassung oder auch Zuneigung ausdrücken.

(3) „emploi personnel"

On va se régaler (‚nous)[49a] „wir"

On était pas chiens de nos jambes[49b] „wir"

Dieses System funktioniert nur im Kontext. Losgelöst von Kontext und Situation ist bei einem Satz wie *On prend sa voiture* nicht auszumachen, ob gemeint ist:

„Man (= jemand) nimmt seinen (= eines anderen) Wagen"
„Man (= jeder) nimmt seinen (eigenen) Wagen"
„Du nimmst deinen Wagen"
„Wir nehmen seinen Wagen"
„Wir nehmen jeder unseren Wagen"

Ausgeschlossen ist lediglich:

„Wir nehmen unseren (gemeinsamen) Wagen"

denn das hieße: *On prend notre voiture*[49c]. Dieser Satz wiederum kann auch bedeuten: „Man nimmt unseren Wagen", womit gezeigt ist, daß die Possessivpronomina *notre* und *nos* allein nicht immer ein hinreichendes Merkmal für (3) liefern, ebensowenig wie *nous* als *complément*[50]. Ein Satz wie „On n'aime pas parler politique chez nous, c'est mal vu" bei einem Sprecher, der *on* geläufig auch für „nous" verwendet, kann sowohl als (1) wie als (3) interpretiert werden[51]. Das einzige hinreichende Merkmal für (3) ist die betonte Form *nous, on* ... bzw. *on* ... *nous* (vgl. *On payait, nous, les piétons*, Corpus d'Argenteuil III, 47)[52].

Die volle grammatikalische Parallelität zwischen *nous* und *on* „nous" ist übrigens nicht erreicht. Das Reflexivpronomen zu *on* „nous" lautet weiterhin *se* und nicht *nous* (*On va se régaler* „Wir werden uns" vs *On va nous régaler* „man wird uns").

[49a] Corpus d'Argenteuil II, 3.

[49b] Corpus d'Argenteuil III, 48.

[49c] Das übersehen Holtus/Pfister, *Code parlé*, S. 78 f., wenn sie für *On prend sa voiture* die (falsche) Übersetzung „Wir nehmen unseren Wagen" fordern.

[50] Mit diesen Einschränkungen sind die von Holtus/Pfister, *Code parlé*, S. 79 aufgezählten Möglichkeiten der formalen Präzisierung von *on* „nous" zu verstehen.

[51] Weitere Beispiele dazu bei L. Söll, op. cit., S. 544 f.

[52] In dem von L. Söll, op. cit., S. 544 aufgespießten Satz *On arrive dans la ville de notre choix, on y a sa maison* fällt das zweite *on* in die Kategorie „emploi stylistique". Dieser Gebrauch ist für alle Personen einschließlich „wir" möglich, vgl. deutsch: „Man hat schließlich da sein Haus".

Der entscheidende Punkt ist nun die Charakterisierung der Sprachschicht, die den «emploi personnel» von *on* mit allen Konsequenzen[53] kennt. Grammatiker und Sprachbücher schwanken zwischen «vulgaire», «populaire» und «familier», wobei die letztere Klassifizierung sich mehr und mehr zu verbreiten scheint[54]. Aber es gibt auch Stimmen, die von dieser diastratischen Klassifizierung abrücken. LUCIEN FOULET verzeichnete schon im Jahre 1918 das Eindringen von *on* «nous» in die «langue cultivée», JOHN ORR spricht 1936 vom Vordringen in der «langue parlée», DAMOURETTE und PICHON stellen 1943 eine hohe Frequenz bei Kindern, auch in Familien der «classe cultivée» fest, H. TJERNELD 1947 bei der jungen Generation schlechthin[55]. Von «langue parlée» ohne weitere Einschränkung sprechen schließlich W. VON WARTBURG und P. ZUMTHOR[56] und selbst die nicht gerade progressive Kommission des *Français fondamental*[57]. Wir sind der Meinung, daß die Kennzeichnung als „gesprochen“ in der Tat die adäquateste ist, wenn darunter die spontane Sprechweise aller oder der Mehrheit der Franzosen, unabhängig von ihrem sozialen Status, verstanden wird. Man muß sich auch darüber im klaren sein, daß «familier» in französischen Grammatiken häufig im Kontrast zur normativen Hochsprache gebraucht wird und insofern diastratisch nicht überbewertet werden darf. «Familier» gilt für a l l e Franzosen, wenn sie spontan s p r e c h e n. Die Entwicklungslinie „populär“ → „familiär“ → „gesprochen“ wäre also im wesentlichen bereits durchlaufen. Wenn *nous* neben *on* im ungezwungenen Sprechen dennoch noch vorkommt, so kann man darin, falls es sich nicht um Einfluß des code écrit handelt, ein im Grunde konservatives Element sehen. In *Zazie dans le métro* hat R. QUENEAU die Opposition *on* («parlé») / *nous* («écrit») konsequent angewandt[58], aber auch nichtliterarische Befunde rechtfertigen unsere Sichtweise. In der Sprache neunjähriger Kinder herrscht *on* «nous» absolut, ohne jede Ausnahme[59]. Französische Polizisten verwenden vor dem laufenden Tonband und in einer Situation, da sie

[53] Dazu gehören dann auch die Typen *Nous on prend notre voiture* (statt: *Nous, nous prenons ...*), *On se défend* (statt: *Nous nous défendons*).

[54] Vgl. die ausführliche Übersicht bei Å. Grafström, op. cit., S. 270 ff. und die Hinweise bei L. Söll, op. cit., S. 537 ff.

[55] Siehe Å. Grafström, S. 273 ff.

[56] W. v. Wartburg, P. Zumthor, *Précis de syntaxe*, Par. 688.

[57] Vgl. *Élaboration*, S. 122.

[58] Vgl. L. Söll, op. cit., S. 546 ff.

[59] Zu diesen und den folgenden Daten vgl. ausführlich L. Söll, op. cit.

ihre Sprache sichtlich kontrollieren, häufiger *on* als *nous* (Verhältnis 3 : 2). Andere Zählungen ergaben sogar ein Verhältnis 5 : 1. Die hohe Frequenz von *on* (4266) gegenüber *nous* (1386; nicht nur unbetontes Subjektspronomen!) im *Français fondamental* ist schließlich, auch nach der Aussage der Kommission, nur durch den häufigen Gebrauch von *on* stat *nous* in der «langue parlée» zustande gekommen[59a].

Wenn A. Greive auf das Überwiegen von *nous* in den Texten 070, 085 und 402 des Corpus d'Orléans hinweist (bis zu 7,8:1, bei einem 55jährigen Kanonikus und Leiter einer katholischen Privatschule)[59b], so übersieht er die verzerrende Wirkung der Interviewsituation vor offenem Mikrofon. Auch seine These, *nous* sei rhematisch gegenüber thematischem *on*, kann so lange nicht überzeugen, als sie auf nicht mehr als 13 Zeilen ungenauer Transkription einer Unterhaltung basiert, die eine Schriftstellerin vor offenem Mikrofon mit einer Journalistin geführt hat[59c].

6. Der direkte Fragesatz[59d]

Der französische direkte Fragesatz ist durch eine auffällige Polymorphie gekennzeichnet. Für die Satzfrage gibt es wenigstens drei geläufige Verfahren:

(a) Est-il ici?	(Inversionsfrage)
(b) Est-ce qu'il est ici?	(periphrastische Frage)
(c) Il est ici?	(Intonationsfrage)[60]

[59a] Im Corpus d'Argenteuil stehen 210 *on* ganze 2 *nous* gegenüber, vgl. D. François, *Français parlé*, S. 425 f.

[59b] A. Greive, *Zur Linguistik des gesprochenen Französisch*, S. 43 ff.

[59c] Duras/Gauthier, *Les Parleuses*, S. 32.

[59d] Vgl. jetzt noch Rolshoven 1977, Seelbach 1983 u. 1985, Stempel 1985, sowie zur Geschichte Kaiser 1980 und Finke 1983.

[60] Die Intonationsfrage ist nicht durch eine eindeutige Intonation gekennzeichnet: «Impossible donc d'attribuer une valeur interrogative à telle mélodie; celle-ci ne peut avoir une valeur interrogative qu'en combinaison avec les autres éléments de la phrase dans un contexte et une situation données» (W. Zwanenburg, *Recherches*, S. 70; vgl. auch ibid. S. 113). Wir dürfen hier jedoch eine Äußerung mit entsprechender, in der Regel steigender Intonation bei gegebenem Kontext und gegebener Situation als ausreichend als Fragesatz markiert betrachten.

Mit ALBERT VALDMAN[61] mag man noch einen vierten Typ anführen, der sich von den drei Grundtypen jedoch nicht syntaktisch, sondern nur lexikalisch unterscheidet:

(d) Il est ici, n'est-ce pas?[62]

Die Eigenart und Frequenz dieser Typen wird oft falsch gesehen, weil offensichtlich die an der Literatursprache orientierte normative Grammatik die Urteile präjudiziert und empirische Untersuchungen deshalb gar nicht erst angestellt werden. Die Darstellung bei VALDMAN[63] mag dafür als Beispiel dienen. Richtig ist, daß der Typ (d) nicht neutral ist, er impliziert «plutôt une certitude de la part du locuteur» (S. 5), aber falsch ist die Bewertung von (c), «qui peut exprimer la surprise, l'émotion, etc.» Die Intonationsfrage hat, jedenfalls im gesprochenen Französisch, diese Implikation längst nicht mehr, ebensowenig wie die andere, daß damit eine positive Antwort präsupponiert würde. MARIO WANDRUSZKA[64] hat das ganz richtig gesehen:

> [Die Intonationsfrage] n'est pas la marque particulière des seules questions-suppositions ou questions-propositions, loin de là! Dans la langue parlée, c'est aujourd'hui la plus fréquente, et de beaucoup, des différentes formes d'interrogation; elle peut exprimer exactement les mêmes demandes d'information que l'inversion ou la formule interrogative[65].

Falsch sind dann offensichtlich die Vorstellungen VALDMANS über die Frequenzen der drei Grundtypen. Es ist zwar richtig, daß der Typ (b) mit *est-ce que* theoretisch extensiv ist, insofern er universell verwendbar ist, was auch die Schulgrammatiken lehren:

Est-ce que je le prends? **Le prends-je?*

Aber ebenso extensiv ist der Typ (c):

Je le prends?

[61] A. Valdman, *Norme pédagogique. Les structures interrogatives du français.*

[62] Varianten zu *n'est-ce pas* sind *hein, non, oui* u. a. Vgl. dazu bes. R. M. Terry, *Contemporary French Interrogative Structures.*

[63] A. Valdman, op. cit.

[64] M. Wandruszka, *Réflexions sur la polymorphie de l'interrogation française,* S. 68.

[65] Auch M. Cohen stellt die allgemeine Tendenz [in der gesprochenen Sprache] zum Typ «La grippe se répand?» bzw. familiär-populär «La grippe, elle se répand?» fest (*Toujours des regards,* S. 39).

Die Behauptung nun, daß die Extensivität und „Leichtigkeit" der *est-ce que*-Formen «explique leur plus grand emploi dans la langue courante» (S. 9), trifft jedoch faktisch einfach nicht zu[66]. Der Typ (b) ist vielmehr der seltenste und zwar in a l l e n Sprachregistern. Die häufigsten Typen, d. h. praktisch extensiv, sind in der gesprochenen Sprache die Intonationsfrage (c), in der geschriebenen Sprache die Inversionsfrage (a). Die periphrastische Frage (b) hingegen erweist sich bei näherem Zusehen und genauerer Überprüfung als relativ selten (in allen Sprachregistern) und damit als nicht-neutrale Frageform. Die Eigenart und Nicht-Neutralität der letzteren Frageform hat gerade Mario Wandruszka wieder richtig erkannt. Er verweist auf ihren «caractère particulier qui la distingue des autres formes d'interrogation», der es erlaubt, die Frage anzukündigen, bevor sie formuliert wird[67]. Andererseits habe sie affektiven Charakter, «elle peut donner plus de force aux questions oratoires, au mépris, à l'ironie, à l'irritation, à la colère» (S. 71)[68], «[elle] peut donner à notre question une plus grande insistance» (S. 72)[69].

All diese Feststellungen lassen sich an Texten leicht verifizieren[70]. Es soll hier nicht weiter darauf eingegangen werden. Zur Illustration der

[66] Ebensowenig zutreffend sind M. Cohens ältere Behauptung, daß die «langue parlée usuelle» die Inversionsfrage «surtout» mit Hilfe der *est-ce que*-Formel vermeide (*Observations à propos de l'ordre des mots*, S. 63), und G. Moignets Klassifizierung (*Esquisse*, S. 51):

viens-tu?	normal
tu viens?	familiär
est-ce que tu viens?	familiär
tu viens-ti?	vulgär

[67] Insofern ist die *est-ce que*-Frage unter die „hesitation phenomena" einzureihen. Vgl. «est-ce que ... on t'a reçu?» (op. cit., S. 71).

[68] Im Deutschen ist entsprechend oft eine Abtönungspartikel zu setzen: *«Est-ce que* je sais ce que je vais faire?» = „weiß ich *etwa* ...?" Ob in generativer Sicht der Ansatz eines «kernel sentence» *C'est que* ... genügt, wollen wir hier offen lassen. A. Valdman (op. cit., S. 7, im Anschluß an R. W. Langacker, in: Language 41, 1965, S. 587–600), ist dieser Meinung, aber dann müßte man für *Le facteur voit-il le chien?* als „kernel sentence" auch *Le facteur il voit le chien* zulassen, was auf die Schwierigkeit verschiedener Sprachregister («écrit»/«parlé») stößt.

[69] Vgl. «Est-ce que c'est ma faute?» (nachdrücklich) gegen «Est-ce ma faute?» (neutral).

[70] Vgl. dazu L. Söll, *Der neufranzösische direkte Fragesatz, Die direkte Satzfrage im Übersetzungsvergleich* und *Aspekte*, S. 598 ff.

Frequenzen der einzelnen Frageformen, besonders in der gesprochenen Sprache, seien jedoch die Ergebnisse verschiedener Untersuchungen in einer Tabelle noch einmal zusammengefaßt[71].

	Intonationsfrage %	Periphrastische Frage %	Inversionsfrage %
Gesprochene Texte			
Français fondamental[72]	85	7,5	7,5
parlure bourgeoise	82	9	9
parlure vulgaire	91	4,5	4,5
parlure bourgeoise[73]	86	14	0,5
Kindersprache[74]	91,0 (411)	8,0 (35)	1,0 (6)
Langue familière[74a]	94,6 (493)	4,8 (25)	0,6 (3)
Pariser Corpus[74b]	80,0 (104)	11,0 (14)	9,0 (12)

	Intonationsfrage %	Periphrastische Frage %	Inversionsfrage %
Literarische gesprochene Texte			
Boulevardstücke[75]	86	3	11
Romane[76]	78	8	14
Geschriebene Texte			
parlure bourgeoise[73]	1	–	99
Briefe[77]	7	1	92

[71] Für das Corpus d'Argenteuil liegt keine Auszählung vor.
[72] Vgl. J. Pohl, *Observations.*
[73] Vgl. J. Pohl, op. cit. Es handelt sich um belgische Sujets.
[74] Vgl. L. Söll, bes. *Der neufranzösische direkte Fragesatz.* Eine am CREDIF selbst an etwa dem gleichen Corpus durchgeführte Untersuchung von D. Coste bestätigt die Zahlenverhältnisse im wesentlichen.
[74a] P. Behnstedt, *Viens-tu? Est-ce que tu viens? Tu viens?*, S. 51, 217.
[74b] W. Ashby, *Interrogative forms in Parisian French*, S. 49.
[75] Vgl. R. M. Terry, *Contemporary French Interrogative Structures.* Vgl. auch ders., Faut-il *or* Est-ce qu'il faut?
[76] Vgl. B. Schlyter, *Types interrogatifs.* Ausgewertet wurden 5 moderne Romane, die «le reflet le plus fidèle d'un dialogue naturel» geben sollen.
[77] Vgl. J. Pohl, *Observations.* Es handelt sich um Briefe von Philologen.

Die Zahlen der Tabelle sprechen für sich. Die Intonationsfrage erweist sich als die normale orale Frageform, und zwar unabhängig von diastratischen Registern[78]. Die gebildeten Sprecher verwenden sie fast genauso häufig wie „einfache" oder ungebildete Sprecher. In den Dialogpartien der zeitgenössischen Boulevardstücke, die die spontane Sprechsprache besonders genau wiedergeben wollen, wird der hohe Prozentsatz an Intonationsfragen der rein oralen Corpora ganz, in den ausgewählten Romanen annähernd erreicht. Die hohen Prozentsätze beweisen im übrigen für sich allein, daß die Intonationsfrage hier zur allgemeinen Frageform geworden ist und nicht als suggestiv oder expressiv bewertet werden kann. Die niederen Prozentsätze der oralen Inversionsfragen ergeben sich zwangsläufig. Dabei liegen die literarischen Corpora, nicht unerwartet, etwas über dem Durchschnitt, die Romane wieder über den Boulevardstücken und die gebildeten Sprecher schließlich über den ungebildeten. Darin spiegelt sich zweifellos der verschieden große Einfluß der Schriftsprache, entscheidend ist jedoch, daß die Abweichungen insgesamt gering sind.

Die geschriebenen Texte zeigen das fast genau entgegengesetzte Verhältnis von Intonations- und Inversionsfragen. Dieses Ergebnis ist ziemlich überraschend, denn in Anbetracht der Tatsache, daß Fragen in der Regel einen Dialog voraussetzen und der Dialog dem code parlé nahesteht, wäre eine geringere Diskrepanz zu erwarten. Tatsächlich sind die ermittelten Werte vielleicht Extremwerte. Immerhin ergibt aber die Auswertung selbst von Theaterstücken zum Teil erstaunlich hohe Prozentzahlen für die Inversionsfrage, d. h. die „geschriebene" Inversionsfrage kann selbst in Dialogen, sofern diese nicht spontane Sprechweise wiedergeben wollen, überwiegen. Zur Illustration der außerordentlichen Bandbreite geben wir noch die Werte für vier weitere Bühnenwerke[79]:

[78] Zur Diatopie vgl. z. B. L. Michel, *Le Français de Carcassonne,* S. 81: «La forme interrogative avec inversion du sujet n'existe pas; il en est de même dans tout le Midi.» Dort auch Hinweise auf ähnliche Verhältnisse im Norden. Unterschiede zwischen Kanada und dem Mutterland ermittelt Y. Szmidt, *Étude.*

[79] Näheres bei L. Söll, *Die direkte Satzfrage im Übersetzungsvergleich.* Es handelt sich um zwei Originalwerke und zwei Übersetzungen. Vgl. auch das Verhältnis in Jules Romains *Knock*: 77 zu 6 zu 17 (nach A. Greive, *Neufranzösische Formen*, S. 28).

	Int. %	Periphr. %	Inv. %
ARNOLD WESKER, *The Four Seasons* (Übers.)	85	3,5	11,5[80]
MARGUERITE DURAS, *Des journées dans les arbres*	82,5	4	13,5
SAMUEL BECKETT, *En attendant Godot*	77,5	5	17,5
HEINAR KIPPHARDT, *Der Hund des Generals* (Übers.)	38,5	3,5	58

Relativ konstant ist in beiden Tabellen der Anteil an *est-ce que*-Fragen. Er liegt in aller Regel unter 10 %, womit dieser Fragetyp sich schon von der Frequenz her als markiert erweist. Das relativ häufigere Vorkommen in gesprochenen Texten ist vergleichsweise von sekundärer Bedeutung, die *est-ce que*-Frage ist entgegen immer wiederkehrenden Behauptungen[81] nicht d e r Fragetyp gesprochener Sprache.

Diesem Ergebnis widersprechen die hohen Anteile an periphrastischen und Inversionsfragen in P. BEHNSTEDTS sehr umfangreichem Rundfunkcorpus[81a] nur scheinbar. Hier die Werte (wobei I = informelle und F = formelle Gesprächssituation, O,M,U = Personen mit hohem, mittlerem und niedrigem Sozialprestige, K = Nachrichtendialoge):

	Int. %	Periphr. %	Inv. %
UI	71,4	25,8	2,8
MI	54,9	34,3	10,8
UF	54,4	37,2	8,4
KI	50,9	43,4	5,7
OI	47,5	38,4	14,1
MF	23,9	48,4	27,7
OF	13,5	43,4	43,1
KF	12,7	30,9	56,4

Abgesehen von den Nachrichten – die niemand als typisch für orales Sprechen bezeichnen wird und in denen der Anteil der Intonationsfragen vielmehr erstaunlich hoch ist – schlägt sich in BEHNSTEDTS Corpus vor allem das Sprachverhalten der Journalisten in der Situation des Interviews

[80] Diese Werte entsprechen fast genau denen der Boulevardstücke (s. oben).

[81] Vgl. die Übersicht bei L. Söll, *Aspekte*, S. 600, sowie H. Renchon, *Études*, S. 150 ff.

[81a] P. Behnstedt, op. cit., 124, 259. Untersucht wurden mehr als 12 000 Satzfragen.

nieder. Für Interviewfragen ist ein konstanter hoher Anteil von *est-ce que*-Fragen offensichtlich typisch. Der hohe Prozentsatz an Inversionsfragen hingegen bleibt beschränkt auf eine formelle Gesprächssituation mit Partnern mittleren und hohen Sozialprestiges und erklärt sich dort als Annäherung an die schriftsprachliche Norm unter dem Druck der Situation. Die Kennzeichnung der Intonationsfrage als *der* oralen Frageform erweist sich dadurch noch nicht als problematisch, wie A. GREIVE[81b] meint, ebensowenig durch die Befragungsergebnisse von Y. SZMIDT[81c], die nicht das reale Sprachverhalten wiedergeben.

In einem anderen wichtigen Punkt allerdings hat GREIVE recht. Wir brauchen zusätzliche textlinguistisch erarbeitete Kriterien zur Verteilung von Intonationsfrage und *est-ce que*-Frage im code parlé. GREIVES eigener Beitrag[81d], so verdienstlich er als Anstoß auch sein mag, kann freilich darauf noch keine Antwort geben, weil er am falschen Material ansetzt, dem literarischen Text, und der Inversionsfrage einen Systemplatz zuweist, den sie in echter Sprechsprache nicht hat[81e]. Interessant ist hingegen W. ASHBYS Feststellung, daß 12 der 13 *est-ce que*-Fragen des Pariser Corpus eine Verbergänzung enthalten (Typ: *Est-ce que vous venez demain?*)[81f]. Inwieweit darin eine Gesetzmäßigkeit erblickt werden kann, bleibt an größeren Corpora zu überprüfen.

81b A. Greive, *Zur Linguistik des gesprochenen Französisch*, S. 46.

81c Y. Szmidt, op. cit., ermittelt durch Aufforderungen des Typs *Demandez-moi si j'ai la clé* bei drei Informanten im Durchschnitt 48 % Intonations-, 28 % *est-ce que-* und 24 % Inversionsfragen.

81d A. Greive, *Neufranzösische Formen der Satzfrage im Kontext*, von G. Holtus, M. Pfister, *Code parlé und Code écrit*, S. 81, als „ausgezeichnete Studie" gelobt.

81e Für Greive ist die Inversionsfrage „thematisch vertiefend, überleitend und weiterführend", die Intonationsfrage „Zeichen für Integration in einen Kontext", die *est-ce que*-Frage „Zeichen für eine neue Handlungsphase" (S. 7, 21). Dieses System läßt außer acht, daß sich die Inversion in seinen Texten stark auf *avoir* und *être* konzentriert, daß in Fragen des Typs *Je mets en marche?* (S. 8), *Je le descends?* (S. 24) die Inversion gar nicht möglich ist und daß in den meisten sprechsprachlichen Texten die Inversion gar nicht vorkommt. So enthält das Corpus d'Argenteuil keine einzige Inversionsfrage, vgl. D. François, *Français parlé*, S. 502. Zehn der zwölf Inversionsfragen des Pariser Corpus gehen auf stereotype Wendungen mit *voulez-vous* (*veux-tu*)? und *voyez-vous*? Fünf davon sind rhetorisch, vgl. W. Ashby, op. cit., S. 43, 52. Kritisch zu Greives Arbeit äußert sich auch H. Geckeler in ZFSL 86, 1976, S. 151.

81f W. Ashby, op. cit., S. 44 f.

Bei den Wortfragen ist die formale Vielfalt noch größer. Einen hinsichtlich parlé/écrit nicht differenzierten Überblick, wobei vulgäre Formen fehlen (wir behandeln sie auch hier nicht[82]), gibt A. VALDMAN[83] in Form einer Abfolge von Transformationen:

	(a)	(b)
(1)	Jean va *à Paris*	Il achète *le livre*
(2)	Jean va *où?*	Il achète *quoi?*
(3)	*Où* Jean va?	*Quoi* il achète?
(4)	*Où est-ce que* Jean va?	*Qu'est-ce qu'*il achète?
(5)	Où Jean va-t-*il?*	Qu'achète-t-*il?*
(6)	Où va *Jean?*	Qu'achète *Jean?*

Die Stufe (2) repräsentiert die einfachste Lösung, sie behält die normale Wortfolge unverändert bei und ersetzt lediglich actants oder circonstants durch Fragewörter. Sie wird von VALDMAN als «familier» bezeichnet. Es ist aber zu fragen, ob nicht, unbeschadet eingeschränkter Gebrauchsbedingungen, bereits mit «parlé» zu markieren ist. In der Sprechsprache von Neunjährigen ist der Typ mit etlichen Belegen vertreten[84]. Die Belegdichte steigt rapide mit dem Typ (3) an, der auch noch die „gerade" Wortfolge zeigt und den VALDMAN (zu Unrecht) nur für «certains patois» gelten läßt. Im Standardfranzösischen wäre der Typ «incorrect». Wir meinen, daß eine Bewertung «parlé» hier längst berechtigt ist. Der Typ (4a)[85] und erst recht (5) ist dagegen oral seltener, (6) ist eine von vornherein eingeschränkte Transformation (einfache Verbformen, Kurzsätze[86]). Die Auswertung des CREDIF-Corpus der Kindersprache und die Untersuchungen TERRYS ergeben im einzelnen folgende Zahlen[87]:

[82] Vgl. dazu L. Söll, *Der neufranzösische direkte Fragesatz,* S. 499 ff.
[83] A. Valdman, *Norme pédagogique,* S. 5 ff.
[84] Bei *wer*-Fragen ergibt sich ein etwas anderes Bild.
[85] *Qu'est-ce que* nimmt eine Sonderstellung ein, wobei allerdings zu fragen ist, ob überhaupt noch mit *est-ce que* analysiert werden darf.
[86] Die genaueren Bedingungen wären noch festzulegen.
[87] Die Zahlen nach Terry in ( ). Der Typ (a) umfaßt die Frageadverbien *où, comment, pourquoi, quand,* (b) sächliche direkte Objekte, (c) sächliche attributive Konstruktionen (*il est quoi?, qu'est-ce qu'il est? qu'est-il?*). Detailliertere Zahlen für E 9, E 10 und FF liefert unter Einschluß von *combien* M. Pfister, *Trois problèmes morphosyntaxiques*, S. 457.

	(a)		(b)		(c)	
(2)	8	(87)	2	(5)	13	(17)
(3)	54		–		–	
(4)	27[88]	(17)	111	(424)	25	(67)
(5)	5[89]	(404)	–	(177)	–	(33)

Aus den Zahlen dürfte deutlich hervorgehen, daß (2a) und (3a) echte orale Typen sind, ebenso wie (2c). Interpretiert man *qu'est-ce que* als Einheit, rücken (4b) und (4c) in die Positionen (3b) und (3c), so daß die Positionen (2) und (3) generell dicht belegt sind. Das wären mithin die typischen oralen Positionen, während (5) typisch nichtoral ist. Die sehr hohen Frequenzen in Position (5) bei TERRY scheinen nur so erklärbar zu sein, daß der Druck des code écrit in den ausgewerteten Boulevardstücken stärker als erwartet ist. Einen ähnlich starken Ausschlag in Position (5) zeigen sonst nur noch die von SCHLYTER ausgewerteten Romane, während sowohl im *Français fondamental* wie in dem von J. POHL ausgewerteten oralen Corpus (2)–(4) überwiegen. Vgl. dazu die Zahlen für die Frageadverbien:

	Français fondamental	Pohl[90]	Schlyter[91]	E10[91a]	Behnstedt[91b] langue fam.
(2a)	45	3	11	19	122
(3a)	77	2	50	64	173
(4a)	47[92]	24	71[93]	25	70
(5a)	127	30	544	6	12
(6a)	11		31	1	5

Das Pariser Corpus ist für eine detaillierte Auswertung ebenso wie das Corpus d'Argenteuil nicht umfangreich genug. Bemerkenswerte Unter-

[88] Davon aber 4mal der Typ *où c'est que* ... und 21mal *où que* ..., d. h. die direkte Wortfolge setzt sich in der periphrastischen Frageform durch oder diese Form wird auf *que* reduziert, so daß dieser Typ weitgehend als Variante an (3) angeschlossen werden kann.

[89] Nur Pronomina (*il*), keine Nomina (*Jean).*

[90] Zu den genannten 4 Frageadverbien noch *combien.*

[91] Der exakte Vergleich ist dadurch erschwert, daß Schlyter zu den 5 Frageadverbien auch noch *quel* und ⌜*à quoi*⌝ rechnet.

[91a] M. Pfister, op. cit.

[91b] P. Behnstedt, op. cit., S. 222, 226.

[92] Davon nur 12mal ... *c'est que* und 5mal ... *que.*

[93] Bezeichnenderweise 35mal ... *est-ce que* gegen 19mal ... *c'est que* und 17mal ... *que.*

schiede zwischen beiden Corpora lassen sich jedoch ermitteln[93a]. Während die Rolle der *qu'est-ce que*-Fragen in beiden etwa gleich groß ist, unterscheiden sie sich in bezug auf die Inversion (Pariser Corpus 15 %, Argenteuil ∅) und den Typ *où que* (Paris ∅, Argenteuil 7 mal *comment que*)[93b]. Ansonsten spielt im Pariser Corpus Typ 2 eine größere Rolle als Typ 3. Letzterer kommt dort nur bei *comment* vor, hier aber überwiegend[93c]. Damit bestätigt sich zumindest für dieses Corpus und für Behnstedts Rundfunkcorpus[93d] M. Cohens Vermutung, daß im „français avancé" der Typ (2a) bereits dominiere; „Il semble que le français dans le vent doive préférer la position finale [vous viendrez quand?], là où se trouve l'accent de phrase"[94].

Insgesamt zeigen die Verhältnisse sowohl bei der Satz- wie bei der Wortfrage eine zum Teil erheblich eingeschränkte Rolle der invertierten Frageformen im code parlé. Darin bildet sich zweifellos ein historischer Prozeß ab: Die Inversionsfrage muß einst auch im code parlé der dominierende Typ gewesen sein[95]. Der code écrit hält diesen alten Zustand noch weitgehend fest, während die Entwicklung im code parlé, der das «français avancé» einschließt, ganz eindeutig die invertierten

[93a] D. François, op. cit., S. 500; W. Ashby, op. cit., S. 38 f., 45.

[93b] Der Typ *où que* kommt auch in Behnstedts Corpora *Langue familière* und Rundfunksprache nicht vor. In der Umfrage zur langue populaire nimmt hingegen der Typ hinter *où il est?* den zweiten Platz ein, vgl. P. Behnstedt, op. cit., S. 56, 130, 214.

[93c] Auch P. Behnstedt, op. cit., S. 41 f. und 64 f., ermittelt die Konzentration der Nachstellung auf *combien, quand, quel, quoi* sowie ihr seltenes Vorkommen bei *comment* und vor allem *pourquoi*. Umgekehrt ist die Voranstellung von *quand* selten.

[93d] P. Behnstedt, op. cit., S. 142. Auch dort ist Typ 2 häufiger als Typ 3. Am häufigsten ist allerdings die Inversion.

[94] M. Cohen, *Toujours des regards*, S. 40. Die Zeugnisse, die G. Holtus, M. Pfister, *Code parlé und code écrit*, S. 82, gegen eine registerneutrale parlé-Markierung der Endstellung anführen, sind teils veraltet, teils ohne Gewicht.

[95] Vgl. dazu H. Renchon, *Études*. H. Meier, *Über Sprachschichten und Sprachwandel*, S. 375 A 10, hält diese diachronische Aussage für nicht verifizierbar. Zeugnisse zu ihrer Stützung aus F. Deloffre (Hg.), *Agréables Conférences* und aus den Romanen Maupassants bringt F. J. Hausmann, *Wie alt ist das gesprochene Französisch?* Hinzu kommt, daß laut Y. Szmidt, op. cit., die Frankokanadier die Inversionsfrage bevorzugen. Darin spiegelt sich der alte Zustand wider. Die Universalität des Phänomens Intonationsfrage schließt Frequenzunterschiede in der Diachronie ebensowenig aus wie zwischen verschiedenen Sprachen, vgl. zum Verhältnis Französisch-Deutsch E. Türk, *Soziolinguistische Aspekte*.

Fragen abgebaut hat und wohl noch weiter abbauen wird. Die Diachronie schlägt sich so in der Synchronie als code-Spezifizierung nieder. Das Festhalten des code écrit an der Inversionsfrage ist dabei eher erstaunlich, denn Fragesätze sind prinzipiell an den Dialog gebunden und damit auf den code parlé zentriert. Dennoch: man schreibt Fragen, die grundsätzlich oraler Natur sind, anders als man sie spricht.

7. Der segmentierte Satz[96, 97]

Der normale französische Satz hat die sogenannte direkte, auch „logisch" genannte Wortfolge SVO:

Le loup a mangé l'agneau.

Rivarol hat es überspitzt gesagt, aber auch die Grammatiken sagen es, und sie haben für den von ihnen vornehmlich behandelten Bereich, den code écrit, recht. Die Ausnahmen fallen nicht ins Gewicht[98], auch die geschrieben nicht sehr häufige «mise en relief» mit dem «présentatif» *c'est ... qui (que)* verändert den Sachverhalt nicht grundlegend:

C'est le loup qui a mangé l'agneau.
C'est l'agneau qu'a mangé le loup.(!)

Es gibt aber noch ein weiteres, mehr oder weniger expressives Satzbildungsverfahren, das die Stellung beeinflussen kann und das wegen seiner Häufigkeit im code parlé die Lehre vom einfachen, geradlinigen Satz erheblich relativiert. Es handelt sich um das als «segmentation», «disjonction» oder «dislocation» bekannte Verfahren. L. Tesnière[99] bezeichnet es als «projection des actants». Ein «actant» oder Vorgangsbeteiligter (Subjekt, Objekt) wird aus dem Satzrahmen herausgelöst und isoliert, an seine Stelle tritt im Satzrahmen ein Pronomen. Zwi-

96 Vgl. jetzt noch Calvé 1978 u. 1983, Cowper 1979, Deulofeu 1979, Frei 1979, Larsson 1979, Blumenthal 1980, Boguszewska-Czelej 1980, Galambos 1980, Lambrecht 1980 u. 1981, Bossong 1981, Carroll 1981, Florea 1981 u. 1983, Gülich 1981, Jeanjean 1981, Stempel 1981, Ashby 1982, Laparra 1982, Lipka 1982, Seelbach 1982 u. 1983, Lerat 1983 u. Wehr 1984.

97 Zum Deutschen vgl. jetzt Wichter 1980 u. Altmann 1981. Zur Universalität des Phänomens vgl. Bryant 1984.

98 Vgl. z. B. *Sont reçus les candidats suivants.*

99 L. Tesnière, *Eléments*, S. 172 ff.

schen «actant» und Verb besteht so nicht mehr eine «connexion structurale proprement dite», sondern nur mehr eine «connexion sémantique indirecte»:

Le loup, il a mangé l'agneau.
Il a mangé l'agneau, le loup.

Die Projektion kann, wie die Beispiele zeigen, präponierend oder postponierend erfolgen. Im zweiten Fall verläßt das Subjekt seinen angestammten Platz, die direkte Wortfolge ist wenigstens teilweise aufgelöst. Die Kette SVO bleibt zwar durch den Platzhalter *il* gewahrt, das eigentliche Subjekt folgt aber dem Satz: SVO → sVOS.

Zunächst noch einige weitere Beispiele für die verschiedenen Aktanten, namentlich auch für projizierte Pronomina und für die «projection multiple»:

Ton frère, il est parti.
Il est parti, ton frère.

Toi, tu chanteras.
Tu chanteras, toi.

Je le connais, ton frère.
Ton frère, je le connais.

Mon malheureux cousin, je lui ai offert un beau livre.
Je lui ai offert un beau livre, à mon malheureux cousin[100].

Je n'y vais jamais, là-bas.
Là-bas, je n'y vais jamais[101].

L'abeille, elle l'a piqué, mon doigt.
Mon doigt, elle l'a piqué, l'abeille[102].

[100] Die Projektion des «tiers actant» (indirektes Objekt) ist selten. Man beachte den (fakultativen) Ausfall von *à* bei Anfangsstellung. Streng genommen handelt es sich dabei dann nicht mehr um einen initialen Dativ, sondern um einen initialen Nominativ (als Thema).

[101] In diesem Fall wird ein «circonstant» projiziert, der je nachdem verb- oder satzabhängig sein kann.

[102] «Projection multiple», die ziemlich selten vorkommt. In der Regel wird dabei in verschiedener Richtung projiziert. Ein extremes Beispiel ist das von L. Tesnière mitgeteilte («entendu dans la bouche d'un étudiant en 1936») *Il la lui a donné, à Jean, son père, sa moto* (dreifache Projektion in gleicher Richtung).

In der graphischen Repräsentation ist das projizierte Satzglied gewöhnlich durch Komma abgesetzt. In der phonischen Repräsentation entspricht dem eine Pause, die allerdings sehr kurz, gelegentlich sogar „Null" sein kann, vor allem bei Projizierung von Pronomina. Die Pause kann durch „Gliederungssignale"[103] oder ähnliche Elemente gefüllt sein:

> Moi, *mon vieux-là*, je t'assure ...
> Oui, mais celle du cœur, *alors*, c'est la plus importante[104].

Variationen ergeben sich darüber hinaus durch verschiedenartige demarkative Intonationen des projizierten bzw. segmentierten Gliedes, auf die hier nicht weiter einzugehen ist[105].

Was die Verbreitung der Segmentierung betrifft, so besteht weitgehende Übereinstimmung, daß es sich dabei um ein spezifisch sprechsprachliches Phänomen, d. h. um ein Charakteristikum des code parlé handelt. Gelegentlich wird sie auch als «familier» eingestuft, was angesichts der üblichen Kategorien in den Grammatiken jedoch keinen Widerspruch bedeutet[106]. Tesnière selbst nennt die Merkmale „familiär" und „kindersprachlich". Statistische Auswertungen sind uns nur in sehr geringem Umfang bekannt. Die Arbeit von M.-L. Müller-Hauser basiert, in Ermangelung eines echt oralen Corpus, wie das so oft geschieht auf der Auswertung von Theaterstücken. In 64 Stücken hat sie 5970 segmentierte Sätze festgestellt, daneben[107] 3162 mit dem «présentatif» *c'est* ... und 5748 mit Wiederholungen eines Satzteils[108]. Eine genauere Analyse, basierend auf einem klar oralen, allerdings auch kindersprachlichen Corpus und mit Differenzierung der einzelnen Segmentierungstypen hat H. Besse[109] durchgeführt. Von 12 000 «énoncés» sind danach 1577,

[103] Dazu siehe unten.

[104] In diesem Beispiel erfolgt die Wiederaufnahme des Subjekts statt durch das Personalpronomen durch *ce*.

[105] H. Besse, *La phrase segmentée*, unterscheidet zwischen «interrogatif» (↗) «affirmatif» (↘) und «parenthétique» (→), interpunktorisch gekennzeichnet durch (?), (,), (—).

[106] Siehe M.-L. Müller-Hauser, *La mise en relief*, S. 152 ff. (mit weiterführender Literatur), F. Thierry, *De l'emploi et de la valeur de la segmentation*, S. 149, Ch. Bally, *Traité* I, S. 311 ff., *Grammaire Larousse*, S. 100.

[107] Ihr Begriff der «mise en relief» ist sehr weitgefaßt.

[108] Diese «répétitions» charakterisieren natürlich in besonderer Weise den code parlé.

[109] H. Besse, *La phrase segmentée*.

also ca. 13 % aller Sätze segmentiert. Mit zunehmender Reife der Kinder würde dieser (außerordentlich hohe) Prozentsatz absinken, aber das ist im einzelnen nicht nachgewiesen, ebensowenig wie das Limit, das als normal und nicht mehr „kindersprachlich" gelten würde.

Im einzelnen zeigt sich, wie auch schon die *Grammaire Larousse* (S. 100) behauptet, daß die Segmentierung des Subjekts der häufigste Typ ist. Zumindest in diesem Punkt unterscheidet sich also die Kindersprache nicht von der allgemeinen Sprechsprache. Innerhalb der Subjektsprojektion ist wiederum die Pronominalprojektion am häufigsten und hier besonders die Projektion der 1. Person Singular (*moi je . . .)*.

	Subjekt		Objekt	
	85 %		15 %	
davon:	Pronomina	70 %[110]	Pronomina	10 %
	Nomina	30 %[111]	Nomina	90 %

Die Projektionen „nach vorne" dominieren mit 65 % gegenüber 35 % Postprojektionen bei den Subjekten, während das Verhältnis bei den Objekten 20 % : 80 % lautet[112]. Wichtig sind hier vor allem die Werte 35 % und 20 %, weil sie die Abweichungen von der normalen Wortfolge anzeigen.

Für einen Teilbereich, die präponierende Projektion des Subjekts mit Dazwischenschalten von Sätzen oder Satzteilen nach dem Schema Subjekt+Element+Pronomen+Verb (z. B. *Le gars qui est toujours sur la route, il a plus de chances d'avoir un accident*), liegen präzise Daten von P. Mauriac

[110] Davon entfallen 90 % auf *moi je* . . . Die morphologische Funktion dieses Typs als betonte Form zu *je* weist nach H. W. Klein, *„Moi" betonte Form zu „je"*? In der Tat stehen viele Vorkommen des Typs *moi je* wegen fehlender Pause und der für die segmentierte Konstruktion untypischen Melodie an der Peripherie dieses Phänomens. Laut W. Ashby, *Prefixed conjugation* ist *moi* nur in 50 % aller *moi je* „clearly emphatic". Vgl. auch M. Léon, *L'accentuation*, S. 55, 59 und A. Khomsi, *Prosodie*.

[111] Davon entfallen 75 % auf «sujets animés».

[112] Siehe H. Besse, op. cit., S. 4, wobei wir offensichtliche Druckfehler korrigieren. M.-L. Müller-Hauser, op. cit., S. 195 und 242 ff., gelangt zu etwas anderen Werten, doch ergibt sich auch bei ihr ein Überwiegen der Anfangsstellung projizierter Pronomina. Im Corpus Zwanenburg ist bei der Segmentierung (30 Vorkommen) das Verhältnis von Prä- und Postprojektion 5:1, das von Subjekt- und Objektprojektion 4:1. Für die pronominale Segmentierung sind die Verhältnisse 14:1 bzw. 10:5, vgl. R. de Dardel, *Quelques aspects*, S. 12.

vor[112a]. Sein sprechsprachliches Corpus ist in drei soziokulturelle Schichten unterteilt (A = Volksschulabschluß, B = Abitur, C = Hochschulabschluß). Die Sprecher der Gruppe A setzen das Pronomen fast automatisch (78 %), die anderen nur zu 21 % bzw. 12 %. Hinzu kommt, daß die Sprecher der Gruppen B und C, wenn sie ausnahmsweise zur Segmentierung greifen, diese dann auch mit weiteren Charakteristika einer niederen Stilebene koppeln, als da sind *il(s)>i*, Nicht-Liaison und Ausfall von *ne*, Phänomene, die sie in den Sätzen ohne Segmentierung vermeiden. Diese Sprecher benutzen demnach die Segmentierung bewußt als Element niederen Registers, zu dem dann auch die weiteren Elemente passend gewählt werden. Ob die von MAURIAC an einem Teilbereich festgestellte starke soziolektale Markiertheit als für die gesamte Segmentierung repräsentativ angesehen werden kann und inwieweit die besonderen Bedingungen der Datenerhebung eine Rolle spielten[112b], bleibt durch Auswertung weiterer Corpora zu überprüfen[112c].

Um das Wesen des segmentierten, des besonders oral segmentierten Satzes zu verstehen, muß man den Blick auf den Aufbau der Rede, die oral meist Teil eines Dialoges ist, richten. Dabei scheint die Unterscheidung in Thema und Rhema[113] besonders erfolgversprechend zu sein. In

[112a] P. Mauriac, *La segmentation en français parlé.*

[112b] Der genaue Status des Corpus ist unklar. Vf. spricht von „conversations spontanées ... organisées autour de thèmes précis“, aber auch von „personnes interviewées“ (S. 147 A3).

[112c] Im Corpus d'Argenteuil stehen 46 klassischen Sätzen des Typs Nominales Subjekt + Verb *(Le lycée est ouvert)* 45 Segmentierungen des Nomens gegenüber (*C'est cher, le ragoût*) (S. 356). Die 63 Segmentierungen des Pronomens (davon allein 43 *moi je*) lassen sich nur mit der Gesamtzahl der Vorkommen der Subjektpronomina *je, tu, il(s), elle(s), on* vergleichen: 790 (S. 436 f., 641 ff.). Von einer Automatik der Segmentierung kann in diesem Corpus nicht die Rede sein. Im Corpus de Paris stehen 456 Vorkommen des Typs *ma femme s'occupe de* 122 nominale Subjektsegmentierungen des Typs *ma femme elle s'occupe de* gegenüber (79 % : 21 %). Die Objektsegmentierung kommt nur 26mal vor. Bei den Pronomina ist das Verhältnis von *je* zu *moi je* 1704 : 180 (90,4 % : 9,6 %), *tu* zu *toi tu* 76:3 (zur 3. Person vgl. oben S. 112), vgl. W. Ashby, *Prefixed conjugation.*

[113] Vgl. dazu bes. M. A. K. Halliday, *Language Structure and Language Function*, S. 160 ff. (mit weiterer Literatur), J. Lyons, *Introduction*, unter „topic“ und „comment“, Ch. Bally, *Linguistique générale et linguistique française*, S. 101 ff. Vgl. neuerdings H. Frei, *Signes intonationnels*, ders., *Il y a répétition*, S. 1—3, ders., *The segmented sentence* und Th. Ebneter, *Thema und Fokus.* Vgl. auch die generative Analyse von E. Larsson, *La dislocation.*

den weitaus meisten Fällen nimmt das Thema (topic, psychologisches Subjekt) die Spitzenstellung im Satz ein[114]:

(1) *The Borough Council* will restore this gazebo next year.
(2) *This gazebo* will be restored by the Borough Council next year.
(3) *Next year* this gazebo will be restored by the Borough Council.

In (1) fallen logisches, grammatisches und psychologisches Subjekt zusammen, in (2) grammatisches und psychologisches Subjekt, während in (3) die drei Subjekte getrennt sind: *next year* (psychologisches Subjekt), *this gazebo* (grammatisches Subjekt), *the Borough Council* (logisches Subjekt = agens). Das Passiv in (2) erweist sich als e i n Mittel, das Objekt des aktivischen Satzes als psychologisches Subjekt in Spitzenstellung zu bringen, ein anderes wäre die Segmentierung des Satzes[115]:

(4) This gazebo, the Borough Council will restore it next year.

Daß die Segmentierung auch im Englischen, besonders im gesprochenen Englisch, häufig „thematisierend" eingesetzt wird, hält L. A. HILL[116] fest:

> It is interesting to note that in very informal speech, one often hears English people mentioning the notional subject[117] (the "information provided") first, and then building it into a sentence.
> For example:
> "Your brother – how old is he?"
> "John's mother – where can I find her?"
> "Yes, starving – a lot more people than you think are nowadays".
> "Yes, looking for daffodils – I was doing that only yesterday"[118].

Im Französischen, im gesprochenen Französischen zumal, verhält es sich genauso[119]. Beim spontanen Sprechen wird der Satz sehr oft nicht grammatisch vorgeplant, namentlich nicht mit dem im code écrit üblichen Subjekt eingeleitet, «le premier mot qui vient aux lèvres est celui qui reflète

[114] Die drei folgenden Sätze nach M. A. K. Halliday, *Language Structure.*
[115] Satz (4) nicht mehr bei Halliday. Grammatisches und psychologisches Subjekt fallen hier natürlich nicht mehr zusammen.
[116] L. A. Hill, *The Passive again,* S. 71.
[117] Gemeint ist unser psychologisches Subjekt oder Thema.
[118] In den letzten Beispielen weist „yes" daraufhin, daß die folgenden Satzteile wirklich Thema sind und in die Rede bereits eingeführt sein müssen.
[119] Vgl. bes. A. Sauvageot, *Français écrit, Français parlé,* S. 28—38 («L'ordre des mots»).

la notion qui a surgi la première dans la conscience du sujet parlant». Dieses „erste Wort" kann das Thema oder auch das affektisch in Spitzenstellung gebrachte Rhema sein, jedenfalls ist der Sprecher nun gezwungen, von diesem Schlüsselwort aus den Satz aufzubauen. Das Ergebnis kann ein falscher oder ein so nicht zu Ende geführter Satz sein:

«Energiquement . . ., oui, j'ai bien protesté énergiquement».
«Complètement, il s'est complètement trompé»[120].

Es kann aber auch ein segmentierter Satz sein:

«La voiture, je l'ai garée sous le porche».
«Moi, il ne me trompera pas»[121].

SAUVAGEOT erklärt auf ähnliche Weise segmentierte Sätze wie

«Elle est tombée en panne, la voiture».
«Ils nous ont eus, les bandits».

Hier wäre zu präzisieren, daß in Spitzenstellung gerade nicht das Thema, das „Bekannte", sondern (mit affektischer Hervorhebung) das Rhema, die neue Information steht. Die nachgeschobenen expliziten Subjekte bringen an sich keine neue Information, sie sind bekannt und dienen zur Präzisierung oder Erinnerung, können dadurch aber auch besonders nachdrücklich wirken[121a].

Die Rolle des segmentierten Satzes für die Textkonstitution hat H. BESSE[122] anhand seines Corpus der (gesprochenen) Kindersprache untersucht. Da die Arbeit nicht gedruckt ist, sei sie hier in den Hauptzügen vorgestellt. BESSE unterscheidet zunächst streng zwischen dem Bereich der 1. und 2. Person einerseits (Pronomina substituieren nicht) und der 3. Person andererseits (Pronomina substituieren vorausgehende Textelemente). Für die 3. Person gelte, daß das «syntagme détaché», ganz gleich ob Nomen oder Pronomen, immer «ce dont on parle», also das Thema bezeichne, das «segment avec particule» hingegen «ce que l'on a à dire à ce propos», also das Rhema. Ferner wird dann strikt zwischen Prae-

[120] Beispiele nach A. Sauvageot, op. cit., S. 34. Durch solche Fehlstarts kommen dann auch die oral so häufigen Wiederholungen zustande.
[121] Beispiele nach A. Sauvageot, op. cit., S. 29 f.
[121a] Nicht-binäre Analysen fassen in dem Satz *Céline, elle l'a déchiré, le journal* das Verb als Transition und *le journal* als Rhema, vgl. F. Corblin, *Sur le rapport*, S. 23 (im Anschluß an D. Slatka, *L'ordre*).
[122] H. Besse, *La phrase segmentée.*

Position und Post-Position des abgelösten Themas unterschieden. In der 3. Person diene die Prae-Position vor allem der engen Textverknüpfung, namentlich im Dialog zwischen Frage und Antwort:

– Qu'est-ce que vous avez fait de *la voiture?*
– *La voiture,* on *l'*a accompagnée.

Im «récit» findet sich die ähnliche Segmentierung, wenn nach einer Unterbrechung oder Abschweifung das explizite Thema wieder eingesetzt wird, sozusagen zur Verdeutlichung:

A. – Oui mais attention *Jazy,* hein!
B. – Oh oui, on n'a presque pas ... plus beaucoup de chances si on remporte la médaille d'or.
A. – Ah oui! de toutes façons *Jazy, il* aura la médaille d'argent.

In gleicher Funktion kann das Thema gelegentlich nachgestellt werden, und zwar dann, wenn die Unterbrechung sehr kurz war, so daß sich die Wiederaufnahme an sich erübrigen würde, zur größeren Sicherheit aber doch erfolgt:

– Et les Allemands quand ils ont bombardé *Oradour-sur-Glane* là ...
– Ah oui ...
– Tu *l'*as vu ... tu *l'*as vu *Oradour-sur-Glane.*

In anderen Fällen wirkt die Nachstellung expressiv, das vorausgehende Prädikat wäre «porteur d'une charge émotive importante»:

– *Il* était drôlement fort, *Ali-Baba.*

Der charakteristische Zug der Post-Position sei allerdings nicht die Wiederaufnahme, sondern die Setzung eines Themas, das den Beteiligten zwar bekannt, aber noch nicht genannt worden sei:

– Tu *l'*as déchirée, *la page?*
oder
– Tu *l'*as, *ton livre d'histoire?*

Ob die vorgenommenen Unterscheidungen in allen Fällen hieb- und stichfest sind, mag dahingestellt bleiben, als gesichert darf wohl soviel gelten, daß das gemeinsame Charakteristikum von Prae- und Post-Position des abgelösten Themas textologische Redundanz ist, Redundanz, die einer möglichen Ambiguität zuvorkommt oder auch unabhängig davon eingebracht wird. Diese besondere orale Redundanz wäre somit der Ausgleich für die Möglichkeit des ökonomischen Planens und auch der Nachlesbarkeit schriftlicher Texte. Das expressive Moment scheint von sekundärer Bedeutung zu sein. Soweit es gegeben ist, ist es an die Post-Position gebunden. Das stimmt überein mit häufigen Beurteilungen der Abfolge Rhema-Thema als „affektiv" oder „expressiv"[123].

Im Bereich der 1. und 2. Person ist das Thema die redende oder angeredete Person, also eine Instanz und nicht ein Gegenstand der Rede. Die wichtige Verteilungsregel wäre hier laut Besse:

> *moi je . . .* (*nous on . . .*) gegen *tu . . . toi* (*vous . . . vous*)[124]:
> *Moi j'*aime pas ce bruit-là.
> *T'*es pas comme les vendéens, *toi.*

Die gelungenen Deutungen bei Besse rücken die projizierten Pronomina in die Nähe von „Gliederungssignalen" der Rede, *moi* wäre eine Art Eröffnungssignal, *toi* ein Aufforderungssignal:

> On peut penser que le thème *moi* – inutile en fait parce qu'on sait toujours qui parle[125] – joue le rôle d'un ‹ouvreur› de parole, il permet l'intervention dans le dialogue, mais il précise l'information en la réduisant à une prise de position personnelle (. . .)[126].
>
> Le thème de l'auditeur rejeté à la fin (. . .) est une sorte de provocation à réagir.

Die wenigen Ausnahmen von dieser Verteilungsregel ließen sich durch die hervorgehobene Opposition zu den anderen Personen erklären:

> *Toi, t'*es une vache.
> Et *toi, t'*aimes l'école?
> *Je* voudrais être docteur, *moi.*

Zusammenfassend urteilt Besse:

> Dans l'économie de la conversation libre [la phrase segmentée] est une des structures les plus employées pour que ne se perde pas l'information et pour que l'on sache toujours sur quoi elle porte.

[123] Vgl. dazu oben S. 48 sowie G. und R. Le Bidois, *Syntaxe,* II, S. 59, Ch. Bally, *Linguistique générale,* S. 69, M.-L. Müller-Hauser, *Mise en relief,* S. 156 ff.

[124] Für die ebenfalls sprecher- bzw. hörerbezogenen Possessivpronomina gelte respektive das gleiche.

[125] Und weil ja auch *je* nicht getilgt wird.

[126] F. Thierry, *De l'emploi et de la valeur de la segmentation,* S. 150, erklärt *moi je* aus dem «besoin de celui qui parle d'affirmer immédiatement sa personnalité».

Bisher wurde die Projizierung von Substantiven und Pronomina vorgestellt. Eine andere Art der Segmentierung betrifft das prädikative Adjektiv:

Ridicule, elle *l'*est bien. *Élégante,* elle *l'*a toujours été.	} Thema + Rhema

Die nächste, noch eindeutiger orale Stufe ist der verblose Satz:

Vaniteux, le bonhomme. Pas astucieuse, cette commerçante. Bien compliquée, son affaire. Très chic, ce mariage-là. Jolie, cette fleur[127]. Magnifique, la luxure.	Rhema + Thema

Das letzte Beispiel ist der Titel eines Kapitels bei A. HENRY[128], wo vier „syntaktische" Charakteristika festgestellt werden: Fehlen der Kopula, Dislokation (starke Pause), Rhema vor Thema (Vorausstellung des Prädikats), steigende Melodie im ersten, fallende Melodie im zweiten Teil. Das Verfahren wird, abgesehen von der Expressivität, als «familier» oder «populaire», in besonderer Weise als kindersprachlich (!), indirekt aber auch als spezifisch sprechsprachlich gekennzeichnet: «Mais tout ce que je peux dire, actuellement, à ce propos, c'est que, dans la langue écrite, ce tour semble se répandre au XIXe siècle (...). Mais il a dû exister beaucoup plus tôt, du moins dans la langue parlée» (S. 163). Bei P. GUIRAUD[129] erscheint der Typ als charakteristischer Vertreter der „lokutiven" im Gegensatz zur „prädikativen" Grammatik, die Ellipsenthese wird (zu Recht) abgelehnt, Sätze wie «admirable, ce tableau!», «amusante, cette histoire!» seien autonome primäre Ausdrucksformen, mit dem Sprecher als psychologischem Subjekt. Der Terminus „psychologisches Subjekt" mag hier unklar sein, gemeint ist, daß der Satz «amusante, cette histoire» (mit Rhema-Thema-Stellung) statt «cette histoire est amusante» in etwa synonym ist mit «*je* suis amusé par cette histoire» oder «*je* la trouve amusante, cette histoire», d. h. die subjek-

[127] Vgl. H. Frei, *La grammaire des fautes,* S. 271 unter «séquence expressive», wo auch der segmentierte Satz allgemein behandelt wird.
[128] A. Henry, *Etudes de syntaxe expressive,* S. 155 ff.
[129] P. Guiraud, *Syntaxe,* S. 95 ff. («La phrase locutive et la motivation expressive»).

tive Beurteilung des Sachverhaltes ist entscheidend, die Äußerung ist „expressiv“ oder „affektiv“[130].

Für das präponierte Objekt (und Prädikatsnomen) gibt es eine besondere Form der Segmentierung ohne wiederaufnehmendes Pronomen (sog. Relaispronomen), Typ: *Ça, j'aime bien. Ça, je sais pas.* Sie ist zuletzt von J. Pohl[130a] beschrieben worden. Pohl sieht richtig, daß der Typ zusammenhängt mit dem häufigen Ausfall des Pronominalobjekts allgemein, Typ: *Tu connais? Vous avez? Je veux savoir. J'aime bien. On lui donne?* Er unterscheidet allerdings nicht zwischen Segmentierungen mit Ellipse des Relaispronomens und solchen, bei denen ein wiederaufnehmendes Pronomen gar nicht stehen kann, Typ: *Trois francs j'ai payé! Trois heures il est! Arsouille il est!* In ersteren steht in Spitzenstellung das Thema, in letzteren das Rhema, das auch den Satzakzent trägt[130b]. Das Einschieben des Relaispronomens verlagert, da wo es überhaupt möglich ist, Rhema und Akzent unweigerlich auf das Prädikat (*Arsouille, il l'est*)[130c]. Beide Typen, die Pohl der „langue parlée familière ou négligée“ zuweisen möchte, scheinen eher Beispiele für die Eigengesetzlichkeit des code parlé, der sich mit den Mitteln der am code écrit orientierten normativen Grammatik nicht adäquat erfassen läßt[130d]. Die orale Syntax bricht, fast wo sie will und wie sie will, aus dem Korsett der starren Abfolge S+P+O aus.

Erwähnt sei schließlich, daß in der modernen geschriebenen Sprache, vor allem der Presse, eine Art Satzsegmentierung um sich greift, die ihre Wurzeln möglicherweise im code parlé hat. Es handelt sich um das Abtrennen von Satzteilen durch eine starke Pause, graphisch durch den Punkt gekennzeichnet. M. Cohen[131] geht darauf unter dem Stichwort «mots-phrases» ein:

[130] Guiraud unterscheidet insgesamt drei Typen:
Jeanette est gentille («prédicatif»)
Qu'elle est gentille, Jeannette («prédico-locutif»)
Gentille, Jeannette («locutif»).
Zum verblosen Satz generell vgl. L. Tesnière, *Eléments,* S. 177 ff. («La phrase substantivale») und dessen Charakterisierung: «Par son caractère décousu la phrase substantivale convient particulièrement au ton de la conversation.»

[130a] J. Pohl, *Les constructions* about — pronom sujet — verbe. Vgl. auch H. Frei, *Définition.*

[130b] Sie sind Folge eines affektischen Nachdrucks ganz wie oben: *Ils nous ont eus, les bandits.*

[130c] Vgl. J. Pohl, op. cit., S. 514 (Diskussionsbeitrag D. Gaatone).

[130d] Vgl. G. Holtus, M. Pfister, *Code parlé und Code écrit*, S. 84.

[131] M. Cohen, *Toujours des regards*, S. 272 f.

On a critiqué son attitude. Violemment[132].
Les premiers ils ont pris place dans un engin cosmique. Exploit inattendu à cette époque, qui a fait l'admiration du monde entier[133].

L.-C. HARMER[134], der zahlreiche literarische Beispiele zitiert, spricht von einem «procédé de mise en relief des plus économiques»: «Il désarticule la phrase et tend à faire assimiler la langue écrite à la langue parlée, où, comme on sait, la désarticulation et le décousu sont monnaie courante.»

Eine Möglichkeit des code écrit, den Satz zu segmentieren, ist dem code parlé fremd:

Qu'il s'est trompé, je le crois.
S'il l'a vu, je ne *le* sais pas.

«L'usage parlé répugne à placer en tête une subordonnée complément d'objet»[135]. Oral wird die Juxtaposition vorgezogen:

Il s'est trompé, je crois.

oder aber die Verbindung mittels des neuen Morphems («élément-relais») *que:*

Tu t'es gouré, que je te dis[136].

8. Die Präsentative c'est und il y a

Bei der Untersuchung des Corpus d'Argenteuil fiel D. FRANÇOIS ein Faktum besonders auf: der hohe Prozentsatz an Präsentativen des Typs *c'est* [sɛ] und (il) y a [ja]. Von 1781 Verbformen entfallen 300 auf *c'est* und 116 auf *y a*[136a]. Ergänzende Untersuchungen an anderen Corpora bestä-

[132] M. Cohen, op. cit., S. 273.
[133] M. Cohen, op. cit., S. 303.
[134] L.-C. Harmer, *Remarques sur la ponctuation française,* S. 22 ff., bes. S. 24.
[135] A. Sauvageot, *Français écrit, Français parlé,* S. 30.
[136] Zur Ausuferung von *que* in der «langue parlée populaire», namentlich auch zu seiner Funktion als generalisiertem Relativpronomen, vgl. auch G. Gougenheim, *Etudes de grammaire et de vocabulaire français,* S. 77 ff.: «Prépositions et conjonctions de subordination en français», (zuerst in: BSL 56, 1961, S. 86 ff.) und L. Foulet, *La difficulté du relatif en français moderne.* Vgl. auch H. Thun, *Die Präsentation durch* que.
[136a] D. François, *Français parlé,* S. 470, 466, dies., *Les auxiliaires de prédication.*

tigten das Verhältnis und wiesen es als Charakteristikum des code parlé aus[136b]. Unabhängig von sozialer Schicht, Alter und Sprechsituation bilden die Franzosen im code parlé rund 25 % aller Sätze mit *c'est* und *(il) y a*, im code écrit nur 5 %. In Dialogen des Senders France Culture kamen mehr Präsentative vor als im Sprechen wenig gebildeter Erwachsener. Auch in Reden von Giscard d'Estaing und François Mitterrand bleibt der Prozentsatz von *c'est* gleich hoch, während der von *(il) y a* stark absinkt (auf 1/6 bzw. 1/9 von *c'est*, sonst ein Verhältnis zwischen 1/3 und 1/2).

Weitere Zahlen liegen von Binat/Cuxac[136c] und Pfister[136d] vor. Beide arbeiten mit Kindercorpora, wobei allerdings erstere ihre Daten in einer typischen Schulsituation erheben (Unterrichtsdialog). Für das schulsprachliche Corpus sind weniger der Gesamtprozentsatz beider Präsentative (13,6 %) oder das Verhältnis der Präsentative zueinander interessant (49,7 % *c'est*, 46,4 % *(il) y a*) als vielmehr die großen Unterschiede im Gebrauch von *(il) y a*. Bei gleichem Alter (6^e^) steuerte die leistungsmäßig schwächste Klasse allein 44,9 % aller Vorkommen von *(il) y a* bei, die beste nur 2,04 %. Da sich solche Unterschiede bei Erwachsenen nicht zeigen, muß man sie wohl dem Einfluß der Schule zuschreiben, die auf Eliminierung von *(il)y a* drängt. Das wird durch M. Pfisters Auszählung der Corpora E9 und E10 bestätigt. Pfister untersucht nur die Abfolge Präsentativ+belebtes Subjekt+Relativsatz (Typ: *C'est/y a/ voilà le capitaine qui s'réveille*). Die neunjährigen Schüler gebrauchen (*c'est* und *y a* im Verhältnis 1:3, für die Zehnjährigen ist das Verhältnis (wie oben) nahezu ausgeglichen 1:1. Einen hohen Anteil von *c'est* ermittelt schließlich auch S. Allaire[136e] für ihr Corpus politischer Diskussionen im Rundfunk.

Wie erklärt sich die besondere Rolle der Präsentative im gesprochenen Französisch? Offensichtlich kommen sie den spezifischen Anforderungen des code oral entgegen. Da ist zuerst ihre universelle Verwendbarkeit. Das Präsentativ verbindet sich mit beinahe jeder Wortart als Prädikativ zu einem Prädikat, das eines eigenen Subjekts nicht mehr bedarf:

[136b] D. François, *Norme orale et norme écrite*, dies., *Traits spécifiques d'oralité* (die genauen Zahlen dort S. 36 f.).
[136c] C. Binat, D. Cuxac, *Français parlé en population scolaire.*
[136d] M. Pfister, *Trois problèmes morphosyntaxiques*, S. 453—455. Die Rolle von *il y a* geht auch aus den Beispielen von L. Lurçat, *Langage oral et langage écrit* hervor.
[136e] S. Allaire, *La subordination dans le français parlé*, S. 63 ff., 116 ff., *La phrase du français parlé radiophonique*, S. 84 f.

Präsentativ	+	Prädikativ	=	Prädikat
c'est		*loin*		[sɛlwɛ̃]
il y a		*longtemps*		[jalɔ̃tɑ̃]

Als Präsentative kommen neben *c'est* und (*il*) *y* (*en*) *a* [jɑ̃na] in Frage: *voilà, voici, ça fait, vous avez, drôle de, vivement, heureusement que, inutile de* usw.[136f]. Als Prädikative kommen namentlich auch Sätze in Frage, z. B. *c'est qu'il faudra attendre*. Eine Beschränkung besteht für (*il*) *y a*, das sich nicht mit Adjektiven verbinden läßt. Insgesamt erscheint die Präsentation als eine Prädikation, welche die klassische Opposition von Nominal- und Verbalphrase umgeht.

Diese universelle Verwendbarkeit verbindet sich mit den Vorteilen der Segmentierung, vor allem mit deren Möglichkeit der progressiven Formulierung. Dafür ein Beispiel: Nehmen wir an, es soll gesagt werden, daß Pierre morgen kommt. Von Pierre wurde aber noch nicht gesprochen. In dieser Situation enthielte der Satz *Pierre arrivera demain* eine sehr hohe Informationsdichte, gleichsam nur Rhemata. Der Satz mit Präsentativ: *Il y a Pierre qui va arriver demain* verteilt demgegenüber die Information auf zwei Sätze und führt das Rhema *Pierre* mit einem eigenen Rhemasignal ein (*il*) *y a*. Oder, um ein Beispiel aus dem Corpus d'Argenteuil (III, 3) zu nehmen, die Sprecherin G. sagt nicht: *Mon beau-frère a fait un Paris-Nice*, denn von dem Schwager wurde noch nicht gesprochen. Sie signalisiert und präsentiert vielmehr dieses Rhema und sagt: *J'ai eu mon beau-frère, moi, qui a fait un Paris-Nice*.

Mit der Segmentierung verbunden ist die Möglichkeit der *mise en relief*, die dem Bedürfnis des code parlé nach Expressivität entgegenkommt. Wir wollen es am Beispiel des Adjektivs demonstrieren. Ein Satz wie: *Ça a un goût fin* hat den doppelten Fehler der gedrängten Information in der Abfolge *goût fin* (fehlende Progressivität) und der unzureichenden Betonung der entscheidenden Aussage *fin*. Der code parlé löst deshalb das Adjektiv mittels Präsentativ heraus und schließt das Substantiv mit *comme* an: *C'est fin comme goût*, oder (aus dem Corpus d'Argenteuil III,36): *C'était bien, hein, comme villa*. Eine Variante stellt der Typ *Une gare, c'est bruyant. C'est beau, c'est généreux, la France* dar, bei dem *comme* nicht möglich ist[136g].

[136f] Vgl. Rothenberg 1971 u. 1979, Cadiot 1978, Christova 1978, Jeanjean 1979, Giacomi/Véronique 1982, D. François 1984 u. Wehr 1984.

[136g] Zu *comme* vgl. L. Spitzer, *Français populaire*. Eine umfassende Beschreibung dieses Typs fehlt.

Diese Beispiele zeigen deutlich einen weiteren Vorteil der Prädikation durch Präsentativ: die morphologische Neutralisierung der Genus-, ebenso wie der Numerusopposition. *Il y a* kann zwar den Plural des Prädikativs nach sich ziehen, ist aber selbst unveränderlich. Zu diesem Status tendiert auch *c'est*[136h], das obendrein das Genus des Adjektivs neutralisiert. Bei der häufigen Verbindung mit dem Relativsatz werden schließlich durch *qui* wiederum Genus- wie Numerusopposition neutralisiert: *Il y a des femmes.* Elles *dorment* vs *Il y a* des *femmes* qui *dorment.* Die Präsentative sind ein hervorragendes Beispiel für die besondere Ökonomie des code parlé.

9. Die Gliederung der mündlichen Rede (Gliederungssignale)

In einem Aufsatz von A. Sauvageot über die Gliederung vor allem der mündlichen Rede[137] heißt es zusammenfassend:

> Dans la langue parlée, même celle dont se servent les personnes instruites, l'articulation du discours repose désormais sur *les effets de débit* (césure, modulation suspensive et modulation conclusive, niveau mélodique différent[138], répartition des accents d'intensité), sur le recours à des expédients divers: *mots relais* ou *mots balises, interjections*[139], *répétition, parallélisme* et, dans une moindre mesure, sur l'emploi de la phrase complexe (propositions coordonnées, subordonnées).

[136h] Sowohl der Arrêté G. Leygues von 1901 wie der Arrêté R. Haby von 1976 tolerieren den Plural nach *c'est.* Zu stilistischen Unterschieden zwischen *c'est* und *il y a* vgl. R. L. Wagner, *A propos de* c'est. Als Materialsammlung für einen Teilbereich kann dienen S. N. Rosenberg, *Modern French* ce.

[137] A. Sauvageot, *L'articulation du discours.*

[138] Vgl. dazu B. W. Dressler, *Textsyntax*, S. 204: „In mündlichen Texten sind eingeschaltete erzählte direkte Reden zumindest fakultativ durch eine Änderung der Sprechlage bzw. der Intonation gekennzeichnet." Wir werden sehen, daß der Wechsel von Dialog zu Erzählung sehr oft auch durch lexikalisches Material (Gliederungssignale) gekennzeichnet ist.

[139] Auf die Interjektion, obwohl sie in besonderer Weise den code parlé (und den code phonique) kennzeichnet, gehen wir nicht näher ein. Detailliertere Übersichten und (problematische) Klassifikationen findet man u. a. in der *Grammaire Larousse,* S. 434 ff. und bei L. Tesnière, *Eléments,* S. 94 ff. (im Rahmen der «mots-phrases» oder «phrasillons»; die Interjektionen sind als «phrasillons affectifs» eingereiht). Hervorgehoben sei hier nur, daß der graphischen Wiedergabe von Interjektionen, da die suprasegmentalen Merkmale hier eine ebenso große Rolle spielen wie die segmentalen, enge Grenzen gesetzt sind. Bei isoliertem Gebrauch oder ungenügender Abstützung durch den Kontext muß im code graphique die „Bedeutung" einer Interjektion oft paraphrasiert werden:

Was SAUVAGEOT zu den «mots relais ou mots balises» ausführt, ist sehr fragmentarisch: *bon,* dessen Rolle sich oft darin erschöpft, das zu Sagende an das bereits Gesagte anzuschließen («ressouder»); Satzeröffnung mit einem «*alors* de liaison»; Verwendung von *justement* und *naturellement* als «chevilles» usw. Bei M. COHEN[140] findet sich der treffende Vergleich der Gliederungssignale (bei ihm «éléments de remplissage» genannt[141]) mit den Satzzeichen, die ja auch eine Gliederungsfunktion erfüllen: «Dans l'ensemble, ils ponctuent ce qui est dit, moins souvent ce qui est écrit: on peut parler en général de ponctuation du discours». Entscheidend an diesen (und anderen) Aussagen ist, daß das Problem der „Flickwörter" nicht im Satzrahmen behandelt werden kann. Mit *eh bien, alors, enfin* usw., die in keinem spontan gesprochenen Text fehlen, stellt sich ein eminent textlinguistisches Problem. Die traditionellen Grammatiken, die ja kaum die Satzgrenze überschreiten, haben deshalb auch wenig dazu zu sagen. Für den Bereich des Französischen ist der Komplex nun durch die Arbeit von E. GÜLICH[142] ausführlich und auf weiten Strecken bahnbrechend untersucht worden. Von ihr übernehmen wir auch den Terminus „Gliederungssignale".

Die G-Signale werden in dieser Arbeit in 6 Gruppen aufgeteilt:

Eröffnungssignale
Unterbrechungssignale
Schlußsignale } in der Erzählung / im Dialog

Tout le monde (*stupéfait*): «oh!»
Tous (*étonnés*): «oh!»
Tous (*désappointés*): «oh!»

(Alle Beispiele aus Feydeaux, *La dame de chez Maxim*)

Ah! *ce qu'il m'agace avec sa sainteté* (Gide)
Ah! ah! dit Gabriel *avec satisfaction* (Queneau)

In einigen wenigen Fällen werden die „polysemen" Interjektionen graphisch differenziert:

/a/ : ha!, ah!
/e/ : hé!, eh!
/o/ : ho!, ô!, oh!

(Näheres in der *Grammaire Larousse*).

[140] M. Cohen, *Toujours des regards,* S. 304.

[141] Aufgeführt werden z. B. *ah!, te voilà, bon, eh bien.*

[142] Gülich 1970. Vgl. ferner Gorgas 1969, D. François 1974, 332 ff., 477 f., 468, 547 ff., 578 ff., Türk 1975, Darot 1976, Holtus/Pfister 1977, 87 ff., Luzzati 1982, Danjou/Flaux 1983, Delbecque 1983, Gülich/Kotschi 1983, Lüdi 1983, Malandain 1983, Sirdar-Iskandar 1983 u. Hölker 1984, 1985.

Die einzelnen Signalwörter lassen sich dabei in der Regel nicht einer dieser Gruppen eindeutig zuordnen. So fungiert z. B. *alors* als Eröffnungssignal in Erzählung u n d Dialog sowie als Unterbrechungssignal. Dagegen ließe sich, dies der seltenere Fall, *hein* eindeutig als Schlußsignal einstufen. Dennoch sind die sechs Gruppen je durch eine typische Menge von Signalen mit typischen Rangfolgen und Frequenzverhältnissen charakterisiert. Man vgl. z. B. die von E. GÜLICH (S. 41) angegebenen Listen mit Anordnung nach der Frequenz:

E r ö f f n u n g s s i g n a l e

Erzählung	*Dialog*
(et) alors	et
et	mais (enfin)
(et) puis (alors)	(et) alors
mais (enfin)	eh bien
oh, ah	oh, ah
. . . . . .	. . . . . .
. . . . . .	. . . . . .[143]

Keines der aufgeführten Signale ist auf Erzählung oder Dialog beschränkt, aber die Frequenzen und damit die Rangordnung differieren z. T. erheblich: *eh bien* umfaßt z. B. 10,6 % aller Dialog-, aber nur 3,7 % aller Erzählungssignale. Bei *oh, ah* liegen dagegen die Frequenzen eng beieinander, diese Signale wären hinsichtlich Erzählung/Dialog neutral.

Die Listen zeigen ebenfalls, daß man formal die Signale in einfache (*alors, et, puis* . . .) und komplexe (*et alors, et puis, et puis alors* . . .) unterteilen kann, bzw. in einfache und kombinierte. Unter dem Gesichtspunkt der G-Signale als „gefüllte Pausen"[144] entsprechen die einfachen Signale kurzen Pausen, die kombinierten Signale langen Pausen.

Nach E. GÜLICH sind etwa die sehr häufigen Signalwörter *puis* und *alors* von den gleichlautenden Zeitadverbien streng zu unterscheiden[145], wenn sie auch (historisch) daraus hervorgegangen sind. Ihre Bedeutung

143 Vgl. auch N. Delbecque, *Les mots charnières.*

144 Vgl. dazu unten S. 175.

145 Die Frage der Polysemie oder Homonymie wird dabei nicht angeschnitten.

als Satzverknüpfungs- und Textgliederungselemente wäre atemporal, etwa mit „Achtung, ein neuer Satz, eine neue Information" oder dgl. zu umschreiben. Zur Begründung bringt sie einerseits klar temporale, andererseits ebenso klar atemporale Beispiele (S. 26 f.):

temporal: (Adverbien)	On a *d'abord* fait les comptes de l'association, les comptes d'argent bien entendu, on les a fait approuver, on a fait réapprouver des élections, *et puis* on m'a donné la parole.
atemporal: (G-Signale)	Ah! imagine-toi qu'on sortait d'une ... d'un grand magasin, pas? *Et puis* moi, Bernard me lâchait jamais la main, me tenait toujours par la main. *Et puis alors* j'avais plusieurs paquets (...)

Die Beispiele erscheinen allerdings für die These nicht zwingend. Wenn im ersten Fall *et puis* eindeutig temporal ist, so liegt das, wie richtig festgestellt wird, gewiß an der Koppelung mit *d'abord*, das meist temporale Bedeutung hat. Es kommt aber auch noch die verschiedene Tempusgebung hinzu: Passé composé im ersten gegen Imparfait im zweiten Beispiel. Diese Tempora determinieren *et puis* je nachdem auf „(zeitliche) Abfolge der mitgeteilten Vorgänge" oder „Abfolge des Mitteilens". Wenn ein Text übrigens keine klaren Indizien dieser Art enthält, ist die Unterscheidung zwischen temporal und atemporal schwierig, wenn nicht unmöglich, wofür auch das Material bei E. Gülich genügend Beispiele liefert. Es spricht also viel für den Ansatz eines einzigen Monems *puis* mit dem Sem „Abfolge". Die Art der Abfolge wird durch den Kontext festgelegt (oder auch nicht). Auf der Ebene der langue also hätten wir e i n Monem (mit e i n e m Grundwert[146]), auf der Ebene der parole verschiedene „Nutzwerte". Wenn, wie kaum zu bestreiten, *puis* im code parlé überwiegend als G-Signal, im code écrit dagegen fast ausschließlich als Zeitadverb Verwendung findet, so deshalb, weil die codes die Möglichkeiten des Systems verschieden nutzen. Auch das zweite Argument E. Gülichs, der Einsatz „echter Zeitadverbien" (mit oder ohne Koppelung an G-Signale), widerspricht unserer These nicht. *Et puis alors ensuite, et puis après, puis alors après* usw. sind einfach Ketten von „Abfolgeadverb als G-Signal" + „Zeitadverb". Sie könnten zum Teil wohl auch als desambiguierte Abfolgeadverbien aufgefaßt werden. Halten wir aber fest, daß code parlé und code écrit die Möglichkeiten des code général verschieden einsetzen:

[146] Dies der zuletzt wieder häufig, etwa von P. Wunderli verwendete Terminus.

	Langue:
Code général:	*puis* „Abfolge, ...“
	après „Abfolge des Geschehens, ...“
	Parole:
Code écrit:	«et puis ...», «et après ...»
	„Abfolge des Geschehens“
Code parlé:	«et puis ...» „Abfolge der Rede“
	«et après ...» „Abfolge des Geschehens“
	«et puis après ...» „Abfolge der Rede“ + „Abfolge des Geschehens“

Für das übliche Verhalten des code parlé schließen wir uns dann auch dem Urteil von E. GÜLICH (S. 34) an:

> Mit Hilfe der Zeitadverbien [*après, ensuite*] wird der erzählte Zeitraum zeitlich gegliedert. *Puis* und *alors* haben mit dieser zeitlichen Untergliederung nichts zu tun (...). Sie geben nicht die zeitliche Reihenfolge der dargestellten Vorgänge an, sondern die Reihenfolge des Mitteilens[146a]. Sie sind Signale der Sprechfolge oder, um einen Terminus von Hennig Brinkmann zu gebrauchen: Signale für die Sukzession[147].

G-Signale sind in oralen Texten sehr häufig. Ein extremes Beispiel, wenn man will: eine Karikatur, liefert R. QUENEAU in seinen *Exercices de style* mit der «Alors» überschriebenen Variante der Autobus-Geschichte:

> Alors l'autobus est arrivé. Alors j'ai monté dedans. Alors j'ai vu un citoyen qui m'a saisi l'œil. Alors j'ai vu son long cou. Alors (...)

Die 1 : 1-Relation von G-Signalen und Sätzen, ganz abgesehen davon, daß orale Sätze nicht so einfach abzugrenzen sind wie die bei QUENEAU alles in allem doch „geschriebenen“ Sätze, findet man in natürlichen Texten kaum[148], aber die von E. GÜLICH untersuchten Texte (*Français*

[146a] Da die „Reihenfolge des Mitteilens“ als solche bereits durch die Linearität des Sprechvorgangs festgelegt ist, wäre allerdings genauer von der Nichtbeendigung der Mitteilungsreihe zu sprechen.

[147] E. Gülich verweist dann speziell auf H. Brinkmann, *Der Satz und die Rede*, S. 384 (*da, dann, und da, und dann* in der „Alltagssprache“) und auf Ch. C. Fries, *The Structure of English*, S. 250 ff., der in ähnlichen Fällen von „sequence signals“ spricht (Genauer zu verweisen wäre allerdings auf S. 248–250: „Some so-called ‚adverbs‘ as ‚sequence-signals‘“).

[148] Sie würde wohl als pathologisch oder als in höchstem Maße idiosynkratisch betrachtet werden.

fondamental, Radiomitschnitte) erreichen doch nicht selten eine Relation von 1 : 2 und selbst 2 : 3. Dafür nur ein Beispiel (S. 23 f.)[149]:

(24jährige Studentin über ein Rendezvous mit einem Schweden)

(. . .) Il avait un nom invraisemblable, Johansen ou je ne sais quoi. «Tu l'arrêteras à Luxembourg à telle heure.» *Alors* moi, chaque fois que je voyais un type blond qui mesurait plus d'un mètre quatre-vingt cinq, je m'approchais, *puis* je lui disais «Vous êtes suédois?» *Et alors* invariablement c'en était un! Car c'en est plein à la Cité Universitaire. *Alors* il me répondait: «Oui! vous aussi?» J'ai dû me défendre comme une lionne! *Puis enfin* j'ai mis la main dessus, *alors* je lui ai donné les bijoux pour Anièta.

Die G-Signale „eröffnen" hier jeweils einen Satz (Hauptsatz). In komplexen Sätzen kann es geschehen, daß das G-Signal wiederholt wird. E. Gülich sieht darin ein nebensatzeinleitendes und ein hauptsatzeinleitendes Signal (S. 47), während es sich wohl eher um pleonastische Setzung, bedingt durch den interkalierten Nebensatz, handelt:

Alors (comme je n'avais rien derrière moi . . .),
alors j'ai décidé de conquérir un diplôme.

In jedem Fall müssen aber wiederholte (auch verschiedene) G-Signale durch eine finite Verbform getrennt sein:

Et quand c'était le moment d'éplucher les noix,
alors on invitait tous nos voisins, voisins et voisines.

Das Hauptproblem ist die Verteilung der G-Signale im Text. Gibt es Regeln oder Tendenzen, die die Verteilung (1 Signal pro 1–4 finite Verbformen nach dem durchschnittlichen Befund) steuern? Mit dem Terminus *Gliederungs*signal ist eine Regelhaftigkeit im Grunde schon impliziert, E. Gülich stellt zumindest tendenzielle Regeln fest. So werden G-Signale offensichtlich bevorzugt bei Wechsel des grammatikalischen Subjekts gesetzt (S. 38):

(. . .) *alors* ils lui [scil. einem Gefangenen] avaient bandé les yeux, ils l'avaient amené dans un village, *alors* le type savait

[149] Der Text mag gleichzeitig als Beispiel dafür dienen, daß die Grenze zwischen G-Signal und Zeitadverb nicht immer scharf ist. Zu *maintenant* vgl. F. Nef, *Maintenant 1 et maintenant 2*.

> pas où il était, *et puis alors* i l s l'avaient fait rester pendant une semaine (...) *et alors* l e t y p e disait que c'était tout beau. Il avait le droit, quoi, de se promener dans le camp.

Gerade die Tatsache, daß vor Substituten kein G-Signal steht, spricht dafür, daß die G-Signale hier im Grunde Warnsignale, Appelle an die Aufmerksamkeit des Hörers sind: „Achtung! Wechsel des agens, keine Pronominalisierung!" Natürlich zeigt der Text den Subjektwechsel auch ohne die Signale an, aber die Signale markieren ihn zusätzlich.

Die weiterhin festgestellte Tendenz zur Setzung vor wichtiger neuer Information läuft in die gleiche Richtung. Der zitierte Text fährt wie folgt fort:

> *Et puis* il était donc à leur merci: Et puis après ils lui ont bandé les yeux, ils l'ont emmené à deux cent mètres d'un fort, *et puis allez*, hop, ils sont partis, et il est rentré.

Die hervorgehobenen Signale stehen hier nicht vor wechselndem Subjekt, wohl aber vor Höhe- oder Wendepunkten der Erzählung, einmal der Betonung des unangenehmen Aspektes der Gefangenschaft, dann des Abzuges der Bewacher.

Die Eröffnungssignale gliedern einen Erzähltext somit nicht mechanisch in Sätze, sondern in Einheiten, die durch Konstanz des Subjektes oder geringe Bewegung der Handlung zusammengehalten werden. Der Wechsel des Protagonisten oder der Handlungsperspektive begünstigt die Setzung von G-Signalen.

In dialogischen Texten sind die Regeln (oder Tendenzen) prinzipiell nicht anders. Ihre Verschiedenheit ergibt sich aus der besonderen Struktur dieser Texte. So finden sich G-Signale vornehmlich – den G-Signalen bei Subjektwechsel in erzählenden Texten vergleichbar – beim Umschalten von der dritten auf die zweite Person, von der Beredung auf die Anrede (S. 81)[150]:

> il est logique que notre question d'aujourd'hui – porte sur le rinçage – *alors* allez-y Georges – posez la question tout de suite.

Noch deutlicher ist die Setzung bei Sprecherwechsel oder zur Einleitung einer Frage oder Antwort[151]:

[150] Die Gedankenstriche stehen hier für Pausen.
[151] Die Beispiele finden sich bei E. Gülich, op. cit., S. 96, 65, 68.

X: dans quel cas selon vous – l'avortement devrait-il être légal↘ –
Y: *Vous savez* cela c'est extrêmement difficile à euh vous répondre↘[152]

X: *alors* est-ce que tu as les mêmes possibilités↗ – (...)

X: (...) quelles ont été les conclusions de ce colloque↘ –
Y: *eh bien* euh nous avons pu conclure ↗ – (...)[153]

Schließlich wird mit G-Signalen besonders der Einsatz einer direkten (zitierten) Rede innerhalb einer Dialogpartie gekennzeichnet, eine abgeleitete Funktion, denn innerhalb der zitierten Rede signalisiert das «mot de remplissage» natürlich die Redeeröffnung[154]:

Alors il me dit: «*Eh bien!* voilà comment il faut faire (...)»
Elle me dit: «*Mais* c'est affreux!»[155]
Il y en a un qui a dit: «*Tiens,* vous êtes mieux habillé que d'habitude (...)»[156]

Die bisher genannten Faktoren waren durchweg kommunikationstechnischer Art („Die verschiedenen Eröffnungssignale spielen somit eine wichtige Rolle in der mündlichen Erzähltechnik", E. GÜLICH, S. 107), abgesehen vom Fall der Signalisierung einer wichtigen neuen Information.

[152] *Vous savez* hat hier gerade n i c h t den eigentlichen Sinn, denn X. weiß die Antwort natürlich nicht, sondern wird erst aufgeklärt. Zum Typ ⌜tu sais⌝ gehören im weiteren Sinn noch *tu comprends, vous comprenez, écoute, écoutez, remarque, remarquez, tu vois, (vous) voyez, tiens, tenez.* R. Quirk, *Colloquial English*, spricht anläßlich ähnlichem *you know, you see, well* von „intimacy signals" zwischen Sprecher und Hörer.

[153] Dieses *eh bien* soll besonders bei Radiosprechern (in Interviews) weit verbreitet sein. M. Cohen, *Toujours des regards,* S. 308, spricht von deren «ébiénité».

[154] Die Beispiele bei E. Gülich, op. cit., S. 102.

[155] Die adversative Bedeutung von *mais* ist in solchen Fällen ganz oder weitgehend verdunkelt. Das Signal wird quasi zu einem gesprochenen Anführungszeichen: Vous me direz mais vous faites des émissions à la télévision (...) = Vous me direz: «(Mais) vous faites des émissions à la télévision (...).» Im Corpus d'Argenteuil fungieren von 123 *mais* 89 als Gliederungssignale, vgl. D. François, op. cit., S. 551. Vgl. die Analysen von S. Bruxelles u. a., *Mais occupe-toi d'Amélie*, und A. Cadiot u. a., *«Oui mais non mais»*.

[156] Kein accord zwischen *tiens* und folgendem Verb! Eine volkstümliche Variante von *tiens* lautet *quien* oder *quen*, vgl. D. François, op. cit., S. 286 sowie H. D. Bork, *Néo-français*, S. 4.

Es gibt noch andere, kommunikationsinhaltliche Funktionen von G-Signalen, die sich sämtliche in drei Punkten zusammenfassen lassen: Signalisierung eines Themawechsels[157], eines Resümees, eines herausgehobenen Textelementes[158]. Dafür je ein Beispiel[159]:

> allez bon on veut me tuer ↘ – on veut ma mort ↘ bon ↘ – *eh bien* voici une autre lettre d'une amie ↗ – (...)[160]
>
> (Erzählung von einem «cultivateur qui a brûlé»).
>
> (...) y en a qui ont donné du bois (...) et puis y en a qui ont fait une quête pour lui (...) y en a qui ont donné du ... des sacs de ciment, d'autres ont donné du sable, d'autres ont donné du bois, la charpente, du sapin. *Enfin* chacun lui a donné[161].
>
> (...) X., tu la connais, Jean, la fille X. qui tenait l'hôtel à Perpignan – *mais* cette femme, *alors* ... *écoutez,* elle vous ... elle faisait honte[162].

Unterbrechungssignale

Mündliche Rede, besonders dialogische Rede ist der ständigen Möglichkeit der Unterbrechung durch den Gesprächspartner oder infolge anderer Umstände[163] ausgesetzt. Die Spuren der Unterbrechung können nicht, wie im code écrit, getilgt werden. Nach einer Unterbrechung setzt der Sprecher seine Rede sehr häufig mit einem Unterbrechungssignal fort, das man hier vielleicht besser als Wiederanknüpfungssignal bezeichnen würde. Bei E. GÜLICH, S. 165 f., findet sich z. B. ein Text, wo B einem A dauernd ins Wort fällt und A laufend mit *ah, voilà, alors, eh bien* usw. wiederanknüpft. Die Wiederanknüpfung erfolgt darüber hinaus durch Wiederholung bestimmter Angaben („Thema", Zeit, Ort) oder

[157] Geht oft mit Sprecherwechsel zusammen, so daß der kommunikationstechnische und der kommunikationsinhaltliche Gesichtspunkt zusammenfallen können.

[158] In diesem Fall können die G-Signale auch innerhalb eines Satzes stehen.

[159] Nach E. Gülich, op. cit., S. 140, 148, 156.

[160] Vgl. in diesem Beispiel auch den nach *eh bien* aufgehobenen Parallelismus der vorhergehenden Sätze und die Überleitung mit «autre».

[161] Die charakteristischsten «Resümeesignale» sind *enfin* und *bref* sowie *bon* und *voilà, et voilà*. Resümierende und überleitende Funktion fallen oft zusammen. Vgl. M. Cohen, *Toujours des regards,* S. 308.

[162] Charakteristisch ist hier die Häufung von Signalen.

[163] Z. B. durch das Hinzukommen einer neuen Person oder, wie bei den Aufnahmen für das *Français fondamental,* durch den Wechsel des Tonbandes.

eine explizite Formel („Wir waren also an dem Punkt stehengeblieben . . .“):

> (. . .) l'an dernier, j'avais rendez-vous avec un suédois, à Luxembourg. Anièta m'avait envoyé un bouquin . . . (Platte läuft aus) C'est fini? Je te le raconterai après, ça ne fait rien. (Nach Auflegen einer neuen Platte:) *Eh bien* l'an dernier j'avais *donc* rendez-vous avec un suédois (. . .)[164]

Ein Sprecher kann sich auch selbst unterbrechen, indem er etwa eine Parenthese einflicht, seinen Gedankengang oder die Satzkonstruktion ändert. Im letzteren Fall spricht man von syntaktischen Fehlstarts[165]:

> C'était un . . . *oh*! il était trop bien pour rester sur la terre, vous savez (. . .)
>
> Vous me direz mais vous faites des émissions à la télévision ↗ où vous parlez de . . . *oui mais alors là* ↗ – c'est tout de même très différent ↗ –
>
> L: On a pensé d'ailleurs, un moment, qu'il . . . qu'il se remarierait. C'est d'ailleurs la solution la plus . . .
> M: Mais il a trouvé quelqu'un?
> L: Mais justement on a . . . il a . . . *Enfin*, beaucoup de femmes lui ont couru après.

Enfin ist das häufigste Korrektursignal dieser Art, es schließt sozusagen den Fehlstart ab und eröffnet die Korrektur. Andere Korrektursignale sind *non* („Zurücknahme“), *plutôt* („Präzisierung“, „Abänderung“), *c'est-à-dire* („Präzisierung“).

Schlußsignale

Sie sind in ihrem Inventar wie in ihrer Verwendung seltener als die Eröffnungssignale (Verhältnis etwa 1 : 5). In Bezug auf die Dichotomie Erzählung/Dialog sind sie eher neutral (Ausnahme *hein*, das rein dialogisch ist). Manche (*enfin, oui, non, ⌜tu sais⌝*) kommen auch als Eröffnungssignale vor, andere (*quoi, n'est-ce pas, pas, hein*) praktisch nur als Schlußsignale. „Schlußsignal“ ist im übrigen rein formal bestimmbar, diese Signale nehmen immer Endstellung ein[166]:

[164] Beispiel nach E. Gülich, op. cit., S. 171.
[165] Die folgenden Beispiele nach E. Gülich, S. 184, 187. Vgl. für das Deutsche R. Rath, *Kommunikationspraxis*.
[166] Beispiele nach E. Gülich, S. 204, 207, 209, 213.

Oh écoutez ça c'est une question de rapidité de travail *enfin* ↘ –
Ça se prononce comme ça, *oui*[167].
Ça se passe à l'amiable *quoi.*
Alors là, elle a manqué de la plus élémentaire psychologie, *tu sais.*

Eine Gruppe für sich würden nach E. Gülich, S. 216, die Signale am Schluß von Fragesätzen bilden. Tatsächlich entsteht ein Fragesatz aber erst durch den „tag", ohne ihn liegt, auch in der Satzmelodie, ein Aussagesatz vor[168], Inversion ist ausgeschlossen:

C'est pas votre métier qui vous fait ça, non? (↗)

Andere „tags", alle mit (↗), sind *hein, (n'est-ce) pas, 'tu sais'* (vor allem *tu comprends, vous comprenez*)[169].

Insgesamt sind die Schlußsignale wohl deutlicher hörerbezogen als andere Signale. „Der Sprecher, der sie verwendet, zeigt, daß er sich ständig der Anwesenheit des Hörers bewußt ist" (E. Gülich, S. 229). Brinkmann nennt sie deshalb auch „Kontaktwörter", Kurt Tucholsky formuliert den Sachverhalt so: „Der Gesprächspartner ist schwerhörig und etwas schwachsinnig."[170] A. Lindqvist[171] hebt den Appellcharakter von *n'est-ce pas?, ja?, nicht wahr?, gelt?* hervor: „Auf Schritt und Tritt appelliert der Sprechende an seinen Gesprächspartner". M. Cohen[172], dessen nicht sehr elaborierte, aber treffende Bemerkungen wir immer wieder zitieren, dehnt diese Charakterisierung auf die Mehrzahl der Gliederungssignale aus (er nennt sie «ponctuations-tics», unterteilt in «exclamatives et interrogatives»): «Dans les deux cas il s'agit d'une insistance sur ce qui est dit, d'un appel plus ou moins puissant à l'attention de l'auditeur».

167 *Oui* auch nach negiertem Satz: «Ça avait pas changé, *oui.*»

168 M. Cohen, *Toujours des regards,* S. 307, bezeichnet deshalb die „tags" *oui* und *non* zu Recht als «une sorte de point d'interrogation parlé».

169 Die Frage ist hier rein rhetorisch, der Sprecher erwartet keine Antwort «oui» oder «non», sondern appelliert lediglich an die Aufmerksamkeit oder allenfalls an das Einverständnis des Hörers. Vgl. N. Maury, *Forme et fonction de* -hein? (mit Übersetzungsvorschlag *affichette* für *tag*). *Hein* ist keineswegs nur Fragepartikel, vgl. den Typ *Bonne fête, hein!*

170 Verweise bei E. Gülich, op. cit., S. 230 f.

171 A. Lindqvist, *Satzwörter,* S. 53.

172 M. Cohen, *Toujours des regards,* S. 307 f.

Gliederungssignale und prosodische Faktoren

Diese Beziehung ist deshalb wichtig, weil es auch prosodische Gliederungssignale gibt: Pausen, Melodieverläufe, Akzente (Gliederung als e i n e Funktion der suprasegmentalen Elemente[173]). Daß Pausen die Rede gliedern, ist eine Binsenweisheit. Die Notwendigkeit, beim Sprechen Atem zu holen, wird genützt, indem die notwendigen Pausen in Sinneinschnitte gelegt oder redegliedernd verwendet werden. Die so abgesteckten Grenzen können Satzgrenzen sein, aber auch Grenzen kleinerer Einheiten: groupe rythmique, mot phonétique. Ebenso wird durch den Melodieverlauf die Rede gegliedert. So zeigt etwa ↘ das Ende eines Aussagesatzes an, während ↗ die Nichtabgeschlossenheit der Rede ankündigt, sei es, daß der Sprecher selbst noch nicht abgeschlossen hat, sei es, daß er auf eine abgeschlossene Frage (Satzfrage) noch eine Antwort erwartet.

Neben die prosodischen Gliederungssignale Pause und Melodieverlauf treten nun als dritte Gruppe die hier im Mittelpunkt stehenden monemischen Gliederungssignale. In der Regel treten sie kombiniert mit den prosodischen auf, durch die Art der Kombination werden sie oft zusätzlich als Eröffnungssignal oder Schlußsignal determiniert, z. B. G + ↘ + P[174] = „Schlußsignal".

E. Gülich, S. 232 ff., hat die kombinierten Typen im einzelnen untersucht. So ergeben sich für Eröffnungssignale (E) zwei Haupttypen:

a) ↘ + P + E[175] je me suis rendu – dans une salle où des jeunes répétaient une danse folklorique israélienne ↘ – *eh bien* ces jeunes-là ↗ – ils en étaient déjà à leur onzième semaine de stage.
(Das E-Signal *eh bien* „verlängert" hier die Pause, gibt aber auch die Information, die ↘ nicht geben kann, daß die Rede fortgesetzt wird).

173 Wir haben die suprasegmentalen Elemente im Rahmen des code phonique nicht weiter behandelt. Es genüge hier noch der allgemeine Hinweis auf die einführenden Kapitel bei W. Rothe, *Phonologie des Französischen*, S. 36 ff., sowie auf E. Companys, *Les jonctions*, P. R. Léon, *Aspects phonostylistiques*, M. Boudreault, *Rythme et mélodie de la phrase parlée*, J. Klausenburger, *French Prosodics and Phonotactics* und den Forschungsbericht der Deutschen Forschungsgemeinschaft *Gesprochene Sprache*.

174 P für „Pause".

175 Für ↘ auch ↗ oder (selten) →, P kann fehlen („Null"-Pause). Natürlich kann auch E fehlen, ein Fall, der hier nicht interessiert.

b) ↘ + E + P[175] il y en aura un du 4 au 16 juillet ↘ *alors* – tous nos amis que – ce stage intéresse ↗ – (...)
(Das E-Signal als Ankündigung des Redefortganges folgt hier sofort auf ↘. Der Sprecher schafft sich also in gleicher Weise eine verlängerte Pause, sichert sich aber durch sofortige Setzung des E-Signals gegen eine eventuelle Unterbrechung ab).

Varianten dieser beiden Typen unter dem Gesichtspunkt der Pause wären ↘ + P + E + P (überlange „Gesamtpause") und ↘ + E (verkürzte „Gesamtpause").

Die Gliederungssignale können auch in sich gekürzt oder gelängt werden. Man unterscheidet üblicherweise 3–4 Stufen:

gekürzt:	[al͜ɔ], [əl͜ɔ][176]
normal:	[alɔr]
gedehnt:	[alɔ:rə:][177]

Unter dem Gesichtspunkt der Dehnung fallen die Gliederungssignale unter den Komplex der sogenannten „hesitation phenomena" („Überbrückungsphänomene"). Der Sprecher überbrückt sein Zögern durch mehr oder weniger lange Pausen und mehr oder weniger gedehnte Signale. Dient eine Pause, von der physischen Notwendigkeit des Atmens abgesehen, vornehmlich der Gliederung, spricht man von „juncture pause", ist sie Überbrückungsphänomen, von „hesitation pause". Es ist offenkundig, daß auch die „hesitation pause" den code parlé als solchen mitkonstituiert, selbst wenn sie im Einzelfall eine individuelle Schwäche oder einen tic des Sprechers manifestiert. „Hesitation phenomena" sind im Prinzip allgemeine Kennzeichen gesprochener Sprache[178]. Die

[176] ∼ ∼ ∼ für verschliffene Aussprache.
[177] Für Überlängen wird (::) verwendet.
[178] Der Terminus wird im übrigen auch im weiteren Sinn für alle oralen Unsicherheiten verwendet. So analysieren J. Blankenship und Ch. Kay, *Hesitation Phenomena in English Speech*, sieben einzelne Typen anhand eines Corpus (in Klammern die ermittelten Prozentsätze): 1) „Non-lexical intrusive sounds" [= gefüllte Pausen, siehe im folgenden], z. B. [ɛ, æ, r, ə, m] (26,4%), 2) „Sentence Correction" [= korrigierte syntaktische Fehlstarts] (20,8%), 3) „Word Change" [lexikalische Korrekturen] (5,1%), 4) „Repeat" [auch eine Art gefüllte

Pausen selbst werden üblicherweise in zwei Gruppen unterteilt, „silent pauses" und „voiced pauses" (oder „unfilled pauses" und „filled pauses"). Im letzteren Fall wird die Pause mit phonetischem Material ohne Bedeutung gefüllt, vorzugsweise mit Lauten (nicht Phonemen!) von der Art [ə:], [əm], [m], [ən][179]. Die französische Orthographie bzw. graphische Norm gibt diese Laute behelfsmäßig mit *euh, heu, hum, hm* wieder.

Zwischen Gliederungssignalen und „filled pauses" bestehen offenkundig enge Beziehungen. Bei beiden handelt es sich um Füllungen, beide können Kombinationen mit ungefüllten Pausen eingehen und haben wohl im großen und ganzen die gleiche Distribution. Bei ihrem Zusammentreffen können sie geradezu miteinander verfließen:

[alɔ:rə::] = [alɔ:rə::] (alors)
[alɔ:rə] + [ə:] (alors + heu)

Diese Beobachtungen haben denn auch E. Gülich (S. 273 f.), die sich dabei auf Vorgänger berufen kann[180], zu der Feststellung geführt, daß „einerseits die stimmhafte Pause zur Klasse der Eröffnungssignale hinzugezählt werden muß" und daß die Eröffnungssignale letzten Endes nur „als Wörter verkleidete Pausenfüller" sind.

Diese Gleichsetzung scheint uns nicht im vollen Umfang aufrechtzuerhalten. Selbst wenn man von der Gleichheit der Funktionen, Gliederung und Überbrückung, ausgeht, so bleibt doch, daß gefüllte Pausen mit G-Signalen und G-Signale untereinander nicht frei austauschbar sind. E. Gülich stellt zwar immer wieder das Gegenteil fest, die Wahl des Signals sei unerheblich, aber das ist nicht erwiesen. Ein bereits einmal zitiertes Beispiel sei herausgegriffen (S. 171):

Pause] (25,6%), 5) „Stutter" [= „repetition of a unit smaller than a lexical item"] (11,9%), 6) „Omission of part of a word" (7,8%), 7) „Sentence Incompletion" (2,4%). Hinzu kämen noch 8) „non-phonemic lengthening of phonemes", 9) „unfilled pauses" und 10) unsere Gliederungssignale (erwähnt wird der Fall eines Sprechers, der fast jeden Satz mit *and* anschließt).

179 Das gilt nicht nur für das Französische.

180 Ihren Quellen könnte M. Cohen, *Toujours des regards*, S. 299 f., hinzugefügt werden, der von «meubler les silences possibles» spricht und von «les petits coussins articulés mais non pensés entre des parties de phrases, du *euh* bien connu de celui qui ‹cherche ses mots› jusqu'aux *bon* ou *n'est-ce pas* mécaniques».

(...) *tenez*: l'an dernier, j'avais rendez-vous avec un suédois, à Luxembourg. Aniëta m'avait envoyé un bouquin ...
(Unterbrechung)
Eh bien l'an dernier j'avais donc rendez-vous avec un suédois (...)

Die Wahl eines anderen Eröffnungssignals sei „natürlich nicht von Belang". Das ist zu bezweifeln, ein Kommutationstest würde wahrscheinlich negativ verlaufen. Wird mit *tenez* hier nicht an die Aufmerksamkeit, mit *eh bien* an die Erinnerung appelliert (also etwa «appel»/«rappel»), und zwar so, daß die Signale nicht austauschbar sind? Und wenn jemand nach einer Unterbrechung mit *alors* wiederanknüpft (S. 172):

Alors, je parlais donc des répétitions du «Faust» (...)

könnte dann ohne Veränderung der Bedeutung auch *tenez* oder *eh bien* verwendet werden?

Die Schwierigkeit der exakten Beschreibung der Bedeutungsunterschiede ist kein Gegenargument, solange der Sprecher das Gefühl der Verschiedenheit hat und die Signale nicht wahllos verwendet. Auch ist nebensächlich, ob die Unterschiede „symbolbegrifflich" oder „symptomatisch"[181] sind (sofern diese Dichotomie überhaupt haltbar ist), d. h. ob sie begrifflich (mit Semen) oder mit Ausdrucks- bzw. Appellwerten zu beschreiben sind. Noch evidenter ist, daß G-Signale und gefüllte Pausen nicht gleichbedeutend sind. Entsprechend ist die Wahrscheinlichkeit einer gelegentlichen Textsynonymie sehr viel geringer, falls überhaupt gegeben. Das ergibt sich eigentlich schon aus dem ganz verschiedenen Status: G-Signale sind Moneme, gefüllte Pausen nicht[182]. Wenn gefüllten Pausen gelegentlich Bedeutungen zugeschrieben werden, so der «émission nasale à bouche close (quelquefois écrite *mm)*», die je nach Länge und Ton «la négation, le doute, l'interrogation, l'acquiescement» ausdrücken könne[183], so sind diese „Bedeutungen" wiederum außereinzelsprachlich und abgesehen davon bedingt durch suprasegmentale Elemente, deren Lautträger selbst (*mm*) keine Bedeutung hat[184].

[181] Vgl. K. Baldinger, *Synonymie.*
[182] Daher auch ihre prinzipielle Außereinzelsprachlichkeit.
[183] M. Cohen, *Toujours des regards,* S. 305.
[184] Die gefüllten Pausen stehen damit gewissen Interjektionen wie *ah!, oh!, eh!* näher als den G-Signalen. Die letzteren, so wie sie von E. Gülich verstanden werden, wären übrigens in monematische (*alors, tiens* usw.) und nichtmonematische (*ah*!, *oh*!) zu untergliedern.

gefüllte Pause

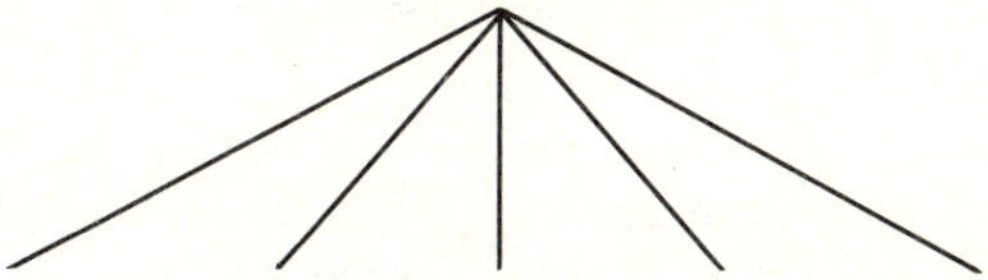

alors eh bien tenez

Läßt man den verschiedenartigen sprachlichen Status außer acht, könnte das Verhältnis von gefüllter Pause und G-Signalen vereinfacht etwa wie in der obigen Graphik dargestellt werden[185].

Die gefüllte Pause hätte den Rang eines Archimonems, jedes G-Signal kann (unter Verlust an „Bedeutung") durch sie ersetzt werden, aber nicht umgekehrt jede gefüllte Pause durch ein- und dasselbe G-Signal[186]. Wenn ausschließlich mit gefüllten Pausen gegliederte orale Texte de facto nicht vorkommen, so liegt das einfach daran, daß der Sprachkompetente seinen Text nicht ausschließlich mit Archimonemen aufbaut. Für die Bezeichnungen der Sitzmöbel (vgl. Anm. 186) gilt nichts anderes.

Die linguistische Relevanz von G-Signalen und „hesitation phenomena"

Wir beschließen dieses Kapitel mit einigen Bemerkungen zur linguistischen Relevanz der „hesitation phenomena" und speziell der G-Signale. Die Frage stellt sich vor allem deshalb, weil die hier angesprochenen Phänomene ja zum großen Teil Fehlleistungen sind, man denke etwa an die syntaktischen Fehlstarts und deren Korrekturen. Sie scheinen somit lediglich den individuellen Sprechakt oder, bei pathologischen Fällen (tics), einen Idiolekt zu betreffen und bräuchten in einer linguistique de la langue nicht berücksichtigt zu werden. N. Ruwet[187] in Anlehnung an Chomsky verfährt so, wenn er orale Züge, deren Unkorrektheit der Sprecher selbst zugibt, wie «fautes d'inattention, lapsus, répétitions, hésitations, phrases inachevées», der Performanz zuweist, obwohl sie in einem Corpus massenhaft auftreten können und tatsächlich jedes orale

[185] Etwas weniger vereinfacht:

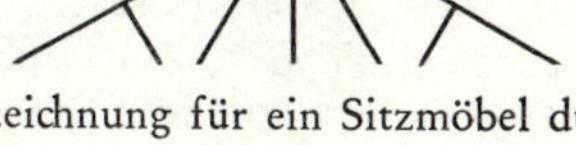

[186] So kann auch jede Bezeichnung für ein Sitzmöbel durch *siège* ersetzt werden, aber nicht umgekehrt.

[187] N. Ruwet, *Introduction,* S. 37.

Corpus charakterisieren[188]. Die G-Signale und „hesitation phenomena" stecken in dieser Aufzählung, aber die Frage ist, ob nicht zumindest die G-Signale der Kompetenz, und zwar der mündlichen Kompetenz[189], zuzuweisen sind. Sie sind Teil des Zeicheninventars einer Sprache, und zur Kompetenz eines Frankophonen gehört zweifellos die Beherrschung von *alors, eh bien, tiens, enfin* usw.[190], somit auch die Fähigkeit, syntaktische oder lexikalische Fehlstarts adäquat zu beheben. Die verschiedenen Korrekturverfahren sind ja in der Tat genauso „geformt" und genormt wie die Signale selbst[191]. Aus einer Reihe von Untersuchungen geht im übrigen hervor, daß die «phénomènes d'hésitation» sowohl von sprachlichen wie von psychologischen Faktoren abhängen:

> Contrairement à ce qu'on pourrait penser, ces hésitations apparaissent selon une distribution non aléatoire qui dépend d'une part d'un facteur linguistique, la quantité d'information du mot précédent et du mot suivant et d'autre part de conditions psychologiques caractéristiques de chaque individu[192].

In manchen Arbeiten werden die typischen oralen „Fehler" auch nicht ausgeschieden, sondern lediglich zurückgestellt, so etwa von E. Roulet[193], mit besonderer Berufung auf M. Postal[194]:

[188] Zu den Frequenzen vgl. E. Gülich, op. cit., S. 10 ff., und die Frequenztabellen des *Français fondamental* in *Élaboration* (bei E. Gülich ausgewertet auf S. 12). Die eindeutigen Signale *hein, quoi* (excl.), *eh bien, n'est-ce pas* belegen die Plätze 97, 101, 108, 183, noch wesentlich weiter vorne stehen *alors, puis, ah, oh, enfin, ben,* die wohl überwiegend Signalfunktion haben, und *et, oui, mais, non,* deren Anteil an der Signalfunktion unklar ist (*Élaboration* trennt nicht nach Funktionen, außer bei *quoi*).

[189] Für den code écrit (die „schriftliche Kompetenz") sind sie irrelevant, da hier die Fehlleistungen zurückgenommen und „unsichtbar" gemacht werden können. E. Gülich, S. 200, formuliert den Unterschied anschaulich: „In der gesprochenen französischen Sprache übernimmt *enfin* [als Korrektursignal] die Funktion des Radierens".

[190] Vgl. z. B. C. Th. Gossen, *Aspects de la mise en relief,* S. 157, zu it. *sai, sapete, sa* und den französischen Entsprechungen.

[191] Genormt, wenngleich außereinzelsprachlich, sind selbst die gefüllten Pausen. Sie stellen sehr wahrscheinlich sprachliche Universalien, und zwar formale wie substantielle, dar.

[192] P. R. Léon, *Aspects phonostylistiques,* S. 70. Vgl. auch die dort angegebene Literatur.

[193] E. Roulet, *Syntaxe de la proposition nucléaire,* hier S. 45.

[194] M. Postal, *Underlying and Superficial Linguistic Structure,* S. 262 „It is obviously impossible to carry out research on the topic of semisentences independently of extensive knowledge of the properties of full sentences" (zit. nach E. Roulet).

> (...) il est difficile, sinon impossible, d'embrasser dans une première étude syntaxique toutes les expressions plus ou moins bien formées d'un corpus de conversations spontanées. Il paraît plus judicieux de commencer par la description des phrases bien formées.

Was ein „wohlgeformter Satz" ist, ist im übrigen Definitionssache. Die Äußerung «Mais justement on a ... il a ... Enfin, beaucoup de femmes lui ont couru après» würde wohl allgemein nicht als wohlgeformt gelten, weil sie nicht dem code écrit entspricht, aber oral gesehen ist sie es bzw. kann sie als solche betrachtet werden. Sie ist zwar korrigiert, aber sie ist „wohlkorrigiert". Nur den Satz «Enfin, beaucoup de femmes lui ont couru après» als wohlgeformt gelten zu lassen, würde nicht weiterhelfen, denn er hängt von den vorausgehenden Fehlstarts ab.

Schwierigkeiten und Unsicherheiten bei der Bewertung oraler Sätze (oder Äußerungen) ergeben sich außerordentlich häufig, nicht nur bei G-Signalen und Fehlstarts. Das Problem wird sich dann in seiner ganzen Tragweite und seiner ganzen Schärfe stellen, wenn man an die Erstellung einer umfassenden oralen Grammatik geht. Sind z. B. die oral ganz geläufigen „falschen" Adverbstellungen vom Typ «Telle est à peu près la réponse unanime» statt «Telle est la réponse à peu près unanime»[195] im Rahmen einer oralen Grammatik Fehler oder zugelassene Varianten?

10. Abtönungspartikeln[196]

Die umfassendste Darstellung neueren Datums zu diesem oralen Phänomen im Bereich des Französischen ist die mit Übersetzungsvergleichen arbeitende Untersuchung von H. Weydt[197]. Ihre hauptsächlichen Ergeb-

[195] Vgl. M. Cohen, *Observations à propos de l'ordre des mots.*

[196] Vgl. jetzt noch Settekorn 1977, Spengler 1980, Moeschler/Spengler 1981, Schemann 1982, *Connecteurs* 1983, Seelbach 1983, Moeschler 1985.

[197] H. Weydt, *Abtönungspartikel.* Vgl. dazu die Kritik von E. Gülich in: RF 84, 1972, S. 208–212 und H. W. Feltkamp in: Neophilologus 56, 1972, S. 231–232. Vgl. jetzt die Bände *Aspekte der Modalpartikeln, Die Partikeln der deutschen Sprache, Partikeln und Deutschunterricht, Partikeln und Interaktion.* Vgl. zum Deutschen ferner Bublitz 1978, Henne 1978 u. Gornik-Gerhardt 1983.

nisse unter dem Gesichtspunkt von code parlé und code écrit sollen hier kurz vorgestellt werden. Abtönungspartikeln sind danach charakteristisch für die Umgangssprache[198], die „ihrem Wesen nach gesprochene Sprache ist" (S. 93). Insbesondere wird darunter das „spontane Gespräch" verstanden. Diatopische und diastratische Faktoren sind von zumindest untergeordneter Bedeutung, nach WEYDT sogar irrelevant: „Partikelreichtum ist unabhängig von der sozialen Stellung des Sprechers und von seiner landschaftlichen Herkunft" (S. 94). Diese Feststellungen werden abgesichert durch Textanalysen sowie durch die Auswertung von Frequenzwörterbüchern und der (spärlich) vorhandenen Forschungsliteratur. Bei A. MALBLANC[199] – er spricht von «les petits adverbes allemands et particules conjonctives tels que *doch, nun, nur, jetzt, noch, schon,* etc.» – wird der Eindruck erweckt, als seien die Partikeln eine deutsche Eigenart, H. WEYDT kann diesen Eindruck jedoch korrigieren. Zwar ist im Schnitt der untersuchten Texte ein Frequenzverhältnis von wenigstens 10 : 1 zugunsten des Deutschen zu beobachten, doch gibt es auch Texte mit einem günstigeren Verhältnis.

Im folgenden bringen wir eine Auswahl französischer Beispiele, die hervorgehobenen Partikeln würden in der geschriebenen Sprache in aller Regel fehlen:

> On verra *bien.* („Das wird sich *ja* zeigen")
> Je suis *bien* François Barda[200].
> Cherchez *donc* un peu encore!
> Regardez *donc*!
> Vous avez *seulement* des témoins? („denn überhaupt")
> Dites-moi si c'est *bien* vous?
> Regardez *un peu* les gens sur toute la terre!
> Bon courage *tout de même* mon vieux! („dann also")
> C'est *déjà* pas mal!

[198] Vgl. das Kapitel „Die Umgangssprache als Haupterscheinungsbereich der Abtönungspartikel", S. 93 ff.

[199] A. Malblanc, *Stylistique comparée,* S. 104 f.

[200] Dieses und die folgenden sechs Beispiele sind allein den Seiten 7—10 des Romans *La Bêlamour* von Daniel Apruz (Paris 1970), die anderen dem Buch von H. Weydt entnommen. Zu *même* vgl. R. Martin, *Sur l'unité du mot* même und J. Cl. Anscombre, *Même le roi de France est sage.* Zu *maintenant* vgl. F. Nef, *Maintenant 1 et maintenant 2.*

(. . .) quoique la vie ne soit pas toujours drôle, ah! non, *par exemple.* („tatsächlich")

Je ne pouvais pas refuser, *peut-être.* („ja schließlich")

Das in der Liste enthaltene Partikelinventar ist nicht unbedingt vollständig, obwohl es über das bei WEYDT gegebene hinausreicht (*seulement, un peu, tout de même* fehlen dort). Aber wenn man WEYDTS Definition übernimmt („unflektierbare Wörtchen, die dazu dienen, die Stellung des Sprechers zum Gesagten zu kennzeichnen", S. 68 und S. 70), so sind wenigstens alle genannten Fälle eindeutig. Sie erfüllen auch die Bedingung, daß sie sich in keiner Weise erfragen lassen und in gleicher Bedeutung nicht die Antwort auf eine Frage bilden können. *Regardez un peu* . . . impliziert z. B. keine Einschränkung des Schauens, sondern eine Einschränkung des Gesagten, hier des Befehls. Der *Dictionnaire du français contemporain* bringt diese „Bedeutung" als «atténue un ordre, une demande (souvent fam.)». Statt «souvent fam.» könnte ebensogut «parlé» eingesetzt werden. Die angegebenen Beispielsätze sind im übrigen insofern schief, als sie sämtlich *donc un peu* enthalten:

Ecoute *donc un peu* ce que l'on dit.
Viens *donc un peu,* si tu l'oses.
Va *donc* voir *un peu* ce que fait ta sœur.

Durch *donc* erhalten die Befehle wieder einen relativen Nachdruck, so daß also zwei Abtönungen zu unterscheiden sind, ähnlich wie im Deutschen: „hör mal", „hör doch mal"[201]. Die Behauptung WEYDTS, daß sich die französische Partikel nicht kombinieren lasse (S. 73), ist damit ebenfalls widerlegt[202].

Überblickt man alle sogenannten Abtönungspartikeln, ergibt sich als gemeinsames Merkmal ihr unmittelbarer Bezug auf das Sprecher-Hörer-Verhältnis (daher auch ihre bevorzugte Verwendung im Dialog). Ihre Bedeutung ist, in BÜHLERschen Termini gesprochen, nicht auf der Ebene der Darstellung, sondern auf der Ebene von Ausdruck und Appell faßbar, sie ist symptomatisch, nicht symbolbegrifflich. Insofern

[201] Dazu (ohne *un peu*) natürlich «écoute donc . . .» („hör doch . . .") usw.

[202] *Seulement* in ähnlicher Funktion wie *un peu* wird vom *DFC* nicht aufgeführt, jedoch im *Petit Robert* mit der Kennzeichnung «vieux ou régional», z. B. «Allez-y seulement (. . .)». Das bei Weydt ebenfalls fehlende *tout de même* führen beide Wörterbücher: «souligne une expression exclamative» (*DFC*).

unterscheiden sie sich nicht von den sogenannten Gliederungssignalen, denn auch deren Bedeutung ist – vom kommunikationstechnischen Aspekt abgesehen – symptomatisch. Der Unterschied zwischen den beiden Kategorien liegt aber nicht nur in ihrem kommunikationstechnisch oder textlinguistisch verschiedenen Status (Abtönungspartikeln haben nicht die von E. Gülich beschriebenen textgliedernden Funktionen)[203]. Er könnte auch rein inhaltlich festgelegt werden. Gliederungssignale hätten danach primär Appellfunktion, Abtönungspartikeln Ausdrucksfunktion. Aus dieser Differenzierung innerhalb des symptomatischen Bereichs ergibt sich im übrigen die spezifisch textlinguistische Rolle der Gliederungssignale: die Gliederung ist hörerorientiert, die Signale appellieren an den Hörer und lenken seine Aufmerksamkeit auf die Gliederung des Textes. So werden etwa „Eröffnung", „Fortsetzung", „Ende", „Einschnitt", „Themawechsel", „Resümee" usw. signalisiert bzw. angekündigt.

Mit dem Vorschlag einer grundsätzlichen Trennung in Ausdrucks- und Appellsignale soll nicht geleugnet werden, daß sich die Textbedeutungen verschiedenartiger Signale im Einzelfall sehr eng berühren können. Das wird vor allem dann der Fall sein, wenn Sem-Identität gegeben ist. Es verhält sich ja nicht so, daß die einzelnen Signale mit „Ausdruck" oder „Appell" in ihrem Grundwert ausreichend beschrieben wären. Signale der gleichen Gruppe sind untereinander nicht synonym, daher nicht beliebig austauschbar, sie sind also durch zusätzliche semantische Merkmale charakterisiert. Das gleiche zusätzliche semantische Merkmal kann sich aber auch bei verschiedenen Signaltypen finden. Ein Beispiel aus dem Deutschen soll das illustrieren.

Die Abtönungspartikeln in den folgenden Sätzen sind nicht synonym[204]:

(1) Das ist *aber* teúer!
(2) Das ist *doch* teúer!
(3) Das ist *ja* teúer!
(4) Das ist *vielleicht* teúer!
(5) Das ist *eben* teúer!

Klar ist die Grenze zwischen (1) – (4) („Überraschung") und (5) („Resignation"), aber auch (1) – (4) sind wohl durch Nuancen unterschie-

[203] Damit soll die auch textkonstitutive Rolle der Abtönungspartikeln nicht bestritten werden. Sie dienen jedoch eher der Verknüpfung als der Gliederung.
[204] Prosodische Varianten werden zur Vereinfachung ausgeklammert.

den[205]. Die spezifische Bedeutung von (1) gegenüber (5) ist auf jeden Fall durch das Sem „Gegensatz“ (oder „Abgrenzung“) von *aber* bedingt, das ebenso in *aber* als Konjunktion vorliegt: „Dies ist billig, *aber* das ist teuer“. Es liegt auch bei *aber* als Gliederungssignal vor:

(1a) *Aber* das ist teuer!

(1) und (1a) sind damit fast synonym, aber eben nur fast. Sie haben u. E. nicht den gleichen symptomatischen oder, wie H. Weydt sagen würde, „intentionalen“ Wert. In (1) dominiert ganz deutlich die Ausdrucksfunktion (der Sprecher bringt seine Überraschung, die Enttäuschung seiner Erwartung zum Ausdruck), der Appell an den Hörer, sich dieser Enttäuschung anzuschließen, ist sekundär. In (1a) verhält es sich umgekehrt: Primär ist die Aufforderung an den Hörer, die unerwartete Sachlage überrascht oder enttäuscht zur Kenntnis zu nehmen, die eigene Überraschung ist darin impliziert. In Satz (2) mag der Appell an das Einverständnis des Hörers ausgeprägter sein, doch meinen wir auch hier, daß die Klassifizierung als Ausdruckssignal aufrechtzuerhalten ist.

Wie verhält es sich im Französischen? (1) und (1a) haben nur eine Entsprechung: «Mais, c'est cher!». Abtönungspartikel (Ausdruckssignal) oder Gliederungssignal (Appellsignal)? H. Weydt schlägt solche Sätze zu den Abtönungspartikeln[206] (S. 73), die bei ihm Ausdruck und Appell umfassen, freilich ohne die Konsequenz daraus zu ziehen, daß dann auch *eh bien, alors* usw. zu berücksichtigen wären, was sein Inventar französischer Partikeln erheblich erweitern würde. Daß *mais* im Französischen in Anfangsstellung steht und durch „Komma“ (d. h. durch Pause) abgetrennt ist, gilt als Besonderheit eben der französischen Abtönungspartikeln. Wir sind der Meinung, daß auch im Französischen zu trennen ist, gerade wegen des verschiedenartigen syntaktischen Verhaltens. Durch Pause abgetrenntes *mais* in Eröffnungsstellung ist nicht Abtönungspartikel, sondern Gliederungssignal, eine Abtönungspartikel *mais* gibt es nicht: **C'est mais cher*. Die „Lücke“ wird, im Sprachvergleich gesehen, durch das Gliederungssignal mit abgedeckt, aber die genaue Entsprechung zu den deutschen Sprachmitteln ist damit nicht ge-

[205] Wir wollen darauf, da für unsere Belange irrelevant, nicht weiter eingehen. Versuche zur Differenzierung anhand ähnlicher Sätze finden sich bei H. Weydt, op. cit., passim, vgl. bes. S. 30 f.

[206] Mit „Gliederungssignal“ oder einem ähnlichen Begriff arbeitet er nicht.

geben. Das Französische ist eine relativ partikelarme Sprache, aber nicht so arm, wie es nach der Darstellung WEYDTS aussieht, wenn die Gliederungssignale mit einbezogen werden.

Als Oberbegriff für Ausdrucks- und Appellsignale wäre an „Partnersignale" oder „Kontaktsignale" zu denken. Es käme darin zum Ausdruck, daß alle in Frage stehenden Partikeln partnerbezogen sind, dem Kontakt zwischen den Gesprächspartnern dienen[207]. Für die rein sachbezogene Darstellung sind sie entbehrlich, ihre Seltenheit außerhalb der Dialogsituation und damit auch im code écrit beweist es. Die geschriebene Sprache verzichtet auf sie, soweit sie redundant sind (man denke an die Gliederungssignale), oder bevorzugt, soweit sie Haltungen, (Vor)-urteile und Gefühle des Sprechers zum Ausdruck bringen, die explizite Darstellung: „Die Deutschen sind fleißig, das ist bekannt" statt „Die Deutschen sind eben fleißig", „Ich glaube, das Wetter wird schlechter" statt „Das Wetter wird wohl schlechter", „Ich bin überrascht, daß das Bild so teuer ist" statt „Das Bild ist aber teuer". In echten Dialogen wären Redundanzverminderung und Explizitierung dieser Art unnatürlich, der Verzicht auf Abtönung geradezu abweisend. Die in der Literatur immer wiederkehrenden (Ab)qualifizierungen der Kontaktsignale als „Füllsel", „Flickwörter", «mots de remplissage», «clichés» werden deshalb dem code parlé nicht gerecht, sie entstammen einer einseitig am code écrit orientierten Sehweise. Selbst aufgeschlossene Beobachter wie H. BAUCHE unterliegen, gerade an diesem Punkt, dem Diktat der schriftsprachlichen Norm. Das Kapitel «Locutions diverses. Clichés», in dem etwa *vous savez, n'est-ce pas?, eh bien, mon Dieu, voyons, par exemple, comme on dit, comme ça* und noch Heterogeneres versammelt ist, wird wie folgt eingeleitet:

> Dans chaque langage il existe un certain nombre de locutions, plus ou moins explétives, qui, assez inutilement, émaillent la phrase (...)[208].

[207] „Kontakt" ist hier im weiteren Sinn zu verstehen. Es würde dazu auch die Bezugnahme auf gemeinsame Vorinformation oder auf die gemeinsame Gesprächssituation gehören. Vgl. auch die Analyse „kontaktbezogener Parenthesen" durch K. Bayer, *Verteilung und Funktion der sogenannten Parenthese.*

[208] H. Bauche, *Le langage populaire*, S. 134. Material dieser Art wird gesammelt von V. Lutz, *Observations*, M. Thérond, *Du tac au tac*, und N. Danjou-Flaux, *Les marques de satisfaction et d'insatisfaction.*

Ich meine auch, daß M. Grevisse[209] dem neueren hier einschlägigen tic der Radiosprecher, in zahlreiche ihrer Ansagen *bien sûr* einzusetzen, nicht gerecht wird:

> Voici, *bien sûr*, une des plus belles chansons de la saison.
> On n'a pas manqué de reparler, *bien sûr*, du problème africain.

Mit «une banale superfluité» und «une vaine formule de remplissage» ist zu wenig gesagt, zumal er einräumt, daß die Bedeutung zwischen, etwas vereinfacht gesagt, „sicherlich" und „natürlich" schwankt. Ist dieses *bien sûr* für den Ansager nicht vor allem ein Mittel, den Kontakt mit seinen anonymen, zwangsläufig passiven Hörern wenigstens vorzutäuschen, da er schon nicht herzustellen ist, also eine Art Kontaktsignal? Der übertriebene Gebrauch von *bien sûr* soll damit nicht verteidigt werden, aber auch andere Kontaktsignale sind ja gegen Mißbrauch nicht gefeit.

11. Divergenzen im Lexikon

Es wurde eingangs darauf hingewiesen, daß eine modellhafte Darstellung von code parlé und code écrit als sich schneidende Mengen innerhalb des code général, selbst oder gerade wenn die Schnittmenge den code général weitgehend abdeckt, für eine adäquate Beschreibung mündlicher und geschriebener Texte und damit der beiden codes nicht ausreicht. Die codes sind nicht nur qualitativ, sondern auch quantitativ charakterisiert. Für das Lexikon gilt das in ganz besonderem Maße. Man kann davon ausgehen, daß die Auswertung endloser (in der Praxis sehr großer) Corpora für die beiden codes gleich große Lexeminventare ergeben würde, denn es gibt kaum ein Wort, das strikt an einen der beiden codes gebunden wäre, aber die Eigenart der codes wäre damit nicht getroffen:

> Théoriquement, lorsqu'il s'agit d'un inventaire, et dans nos langues de culture tout au moins, tout mot susceptible d'être dit peut s'écrire et inversement[210]; mais les choses ne se passent pas ainsi *effectivement*, au niveau du fonctionnement dans le discours. Malheureusement, ces rapports de structure sont encore fort mal connus[211].

[209] M. Grevisse, *Problèmes de langage* 3, S. 282—284. Siehe auch R. Le Bidois in: *Le Monde*, 2. 10. 1963, S. 10.
[210] Diese Feststellung gilt sowohl für phonique/graphique als auch parlé/écrit.
[211] P. Rivenc, *Lexique et langue parlée*, S. 30.

Was ändert sich nun genau auf der Ebene des «discours»? Inwiefern könnten gesprochene und geschriebene Texte spezifische Züge aufweisen? Geht man von der Tatsache aus, daß geschriebene Sprache aufgrund ihrer besonderen Realisierungsbedingungen (und auch aus thematischen Gründen) stärker vorgeplant und durchorganisiert, daher in höherem Maße differenziert ist, das Lexikoninventar der Sprache also besser ausnützen kann als gesprochene Sprache, müßten sich für die beiden codes verschiedene type-token-Relationen ergeben[212]. Bei gleicher Textlänge, also bei einer konstanten Zahl von Vorkommen (tokens) sollte ein geschriebener Text in der Regel mehr verschiedene lexikalische Einheiten (types) aufweisen als ein gesprochener. Bei hinlänglich großen Vergleichscorpora, wo dann auch durch spezifische Thematik bedingte Abweichungen neutralisiert werden, müßte die geschriebene type-token-Relation in jedem Falle höher sein. Diese Annahme wird durch Frequenzwörterbücher bestätigt, selbst wenn die Bedingung der gleichen token-Zahl und des gleichen Zählverfahrens nicht gegeben ist[213]:

	tokens	types
Français fondamental (gesprochen)	312000	7995
Henmon	ca. 400000	ca. 9000
Aristizabal	461000	12038
Vander Beke	1148000	19253[214]

[212] Ch. Muller, *Initiation,* verwendet für *type vocable* oder *unité de lexique,* für *token mot* oder *unité de texte.* Im Deutschen wären etwa *Einheit* versus *Vorkommen* zu verwenden, wir bleiben hier bei den weitverbreiteten englischen Termini.

[213] Zu den Zahlen vgl. *Élaboration,* S. 69, 33 ff. Dort auch die entsprechenden bibliographischen Angaben. An neueren Auszählungen des code écrit liegen vor: *Dictionnaire des fréquences. Table des fréquences décroissantes,* B. Endres-Niggemeyer, *Das Lexikon französischer Massenliteratur,* E. Brunet, *Le vocabulaire français* u. G. Engwall, *Vocabulaire du roman français.*

[214] Zum Vergleich die ungefähren Zahlen der types in einigen Wörterbüchern: *Dictionnaire du français contemporain:* 25 000, *Dictionnaire de l'Académie* (1878): 30 000, *Petit Larousse*: 50 000, *Grand Larousse Encyclopédique*: 200 000. Beim Vergleich der Zahlen für types und tokens ist natürlich zu bedenken, daß die types nicht proportional mit den tokens, sondern „with steadily decreasing speed" zunehmen. Näheres dazu bei G. Herdan, *Advanced Theory,* S. 76 f.

Die Hypothese kann noch auf andere Weise verifiziert werden. Wenn orale Texte relativ weniger types enthalten, dann müssen die einzelnen types relativ häufiger vorkommen und eine bestimmte Zahl von types muß einen höheren Prozentsatz von tokens abdecken als in geschriebenen Texten. Die errechneten Zahlen sind hier nun ganz eindeutig. Anhand englischer Texte hat G. HERDAN[215] festgestellt, daß die Hälfte der tokens „geschrieben" durch 67, oral bereits durch 32 types abgedeckt wird. Die Durchschnittsfrequenz der 50% eines Textes von N tokens abdeckenden types ist also

$$\text{„geschrieben"} \quad \frac{50 \cdot N}{67 \cdot 100}, \qquad \text{„gesprochen"} \quad \frac{50 \cdot N}{32 \cdot 100}$$

Im *Français Fondamental* werden 50 % des Corpus durch die 37 häufigsten Wörter abgedeckt, die Abweichung von den Verhältnissen im Englischen ist also relativ gering[216]. Die Abweichung ist noch geringer für geschriebenes Französisch, wo die Hälfte der tokens auf etwa 69 types entfällt[217]. Auch das geschriebene Deutsch dürfte sich von dieser Zahl nicht wesentlich entfernen, denn die entsprechenden 100 „Wortformen" des Häufigkeitswörterbuches von KAEDING[218] sind auf etwa 70 types reduzierbar.

Werfen wir nun einen kurzen Blick auf die unterschiedliche Progression von types und tokens im *Français fondamental*[219]:

types		*tokens*
30		46,01 %
50		56,02 %
100	ca.	67,5 %
200		76,55 %
500	ca.	85,7 %
1000	ca.	91,2 %
2000	ca.	95,8 %

[215] G. Herdan, op. cit., S. 74 f.

[216] Die Durchschnittsfrequenz der 37 häufigsten Wörter wäre demnach $\frac{50 \cdot 312\,000}{37 \cdot 100} = 4216$. Tatsächlich schwanken die Frequenzen zwischen 14 083 und 1 536.

[217] Vgl. A. Juilland u. a., *Frequency Dictionary of French Words*, S. XXX, mit Bezug auf V. A. C. Henmon, *French Word Book* (1924). Das *Frequency Dictionary* selbst enthält leider keine einschlägigen Daten.

[218] Vgl. H. Meier, *Deutsche Sprachstatistik*, bes. S. 53.

[219] Vgl. *Élaboration*, S. 127 ff.

Um die letzten Prozente der tokens auszuschöpfen, bedarf es dann schon eines umfangreichen Einsatzes von types. Der Sprung von 96% auf 97% erfordert weitere 500 und die letzten 3% gar 5500 zusätzliche types, was bedeutet, daß eine große Zahl von Wörtern nur ein-, zwei- oder dreimal und damit – im Rahmen des Corpus – mehr oder weniger zufällig vorkommt (im einzelnen: nur einmal 2700 Wörter, zweimal 1170, dreimal 694). Freilich sind es gerade diese Wörter, die die meiste Information bringen, denn die Information (und auch der Bedeutungsinhalt) nimmt ja mit sinkender Frequenz zu. Die häufigsten Wörter haben zwar einen großen Bedeutungsumfang, aber einen geringen Bedeutungsinhalt. Es wäre deshalb völlig irrig zu meinen, daß man mit wenigen Wörtern, die x% der Vorkommen abdecken, auch x% eines Textes verstehen könnte. Wäre dem so, würde man mit den 10 häufigsten Wörtern *être, de, je, il, ce, la* (Art.), *pas, à, et*, die im *Français fondamental* mehr als 25% aller Vorkommen ausmachen, 25% eines beliebigen Textes verstehen, was offensichtlich nicht zutrifft.

Bezüglich der Markierung einzelner Lexeme läßt sich aus den dargelegten Zahlenverhältnissen nur so viel ableiten, daß beachtliche Teile des Lexikons offenbar viel rascher und viel intensiver schriftlich als mündlich realisiert werden, mithin die Markierung «écrit» erhalten könnten, die immer nur als relative Markierung zu verstehen ist. Darunter fallen ganz offensichtlich die insgesamt seltenen Wörter und dann ein Ausschnitt des Wortschatzes, der vereinfacht als «cultivé» umschrieben werden könnte. An diesem Faktum – und es ist ein Faktum – ändern die zahlreichen Stimmen nichts, die auf die Annäherung von gesprochener und geschriebener Sprache in neuerer Zeit verweisen oder sich zum «écrire comme on parle» bekennen[220]. Die gleiche type-token-Relation für geschriebene und gesprochene Texte größeren Umfangs, geschweige denn für umfangreiche Corpora, ist bislang nicht nachgewiesen und wohl überhaupt nicht nachweisbar, da sie in den großen Kultursprachen nicht zu erreichen ist. Für den code parlé würden die Zahlenverhältnisse umgekehrt nur so viel hergeben, daß häufige Wörter der Sprache hier offenbar besonders häufig sind[221]. Eine Charakterisierung dieser

[220] Vgl. dazu H. Mitterand, *Les mots français*, S. 96 f. und P. Rivenc, *Lexique et langue parlée*, S. 27.

[221] So sind *être, avoir, faire, dire, aller* nach den Zahlen von *Elaboration* und Vander Beke in gesprochener Sprache 2—3mal häufiger als in geschriebener, auf *être* etwa entfallen von 10 000 tokens respektive 451 und 206. In solchen Zahlen spiegelt sich gleichzeitig die vereinfachte Syntax und der unumgängliche partielle Verzicht auf das «mot propre» in spontaner gesprochener Sprache.

Wörter als «parlé» wäre aber deshalb noch nicht gerechtfertigt. Die Verhältnisse seien an den Synonymen *quand* und *lorsque* illustriert. Die Sprachkompetenz eines jeden Franzosen umfaßt sicherlich auch die relative Seltenheit von *lorsque*. Daraus ergäbe sich rein statistisch als wahrscheinliche Verteilung, daß *lorsque* als seltenes Wort dem code écrit zuzurechnen ist[222], während *quand*, trotz seines relativen Übergewichts im code parlé, wegen seiner hohen Frequenz nicht auf einen code hin determiniert ist. Die Hypothese wird hier durch Frequenzzahlen aus den beiden codes bestätigt, und zwar auf sehr eindeutige Weise:

	Français fondamental	Vander Beke
quand : lorsque	964 : 43	1116 : 395
	(22,4 : 1)	(2,8 : 1)

Quand ist auch im code écrit noch häufiger als *lorsque*, deshalb nicht (oder nur indirekt) als «parlé» zu markieren.

Nun gilt aber die als wahrscheinlich so zugrundegelegte Verteilung nicht immer. Die Frequenzen zweier Synonyme können im code écrit auch umschlagen, das häufigste Wort bleibt nicht das gleiche. Das folgende Beispiel illustriert diese und kombiniert damit auch die erste Möglichkeit:

	Français fondamental	Vander Beke
casser: briser : rompre[223]	30 : 3 : 2	62 : 75 : 40
	(15 : 1,5 : 1)	(1,5 : 1,9 : 1)

Briser und *rompre* können hier wieder, jedenfalls insoweit sie mit *casser* austauschbar sind, das Merkmal «écrit» erhalten, die deutlich höheren Frequenzen reichen dafür aus. Der orale Ausschlag von *casser*

[222] Nicht im Sinne einer absoluten, sondern relativen Zuweisung. Vgl. die Auszählungen bei J. Chétrit, *Syntaxe de la phrase complexe*, L. Olsson, *Etude sur l'emploi des temps*, S. Allaire, *La subordination dans le français parlé*, D. François, *Français parlé* (zusammengestellt in: IRAL 18, 1980, Rez. Chétrit).

[223] Die streckenweise Nichtsynonymie der drei Wörter bleibt unberücksichtigt. Unsere Demonstration wird dadurch nicht wesentlich beeinträchtigt, da die drei Lexeme in vielen Kontexten austauschbar sind. Es ist nicht anzunehmen, daß die wesentlich höheren Frequenzen von *briser* und *rompre* im code écrit nur oder auch nur im größeren Umfang durch Kontextverschiedenheit bedingt sind. Für die Verben des Français Fondamental liegt jetzt eine semantisch-syntaktische Zählung vor durch W. Strack, *Das Verb im gesprochenen Französisch*, z. B. für *casser*: — *qc* (18), *se* — *qc* (3), *se* — (2), — itr. (2) — *les pieds à qn* (2), — *les reins à qn* (1), — *la croûte* (1).

ist größer als im Falle *quand*, vor allem auch was die Stellung als „leader-word" betrifft, dennoch wäre die uneingeschränkte Markierung «parlé» nicht zu rechtfertigen, sie ist zu schwach ausgeprägt[224].

Die Markierungen aufgrund reiner Frequenzlisten werden sehr viel deutlicher, wenn die Frequenzen absolut sehr hoch sind und dennoch deutlich auseinanderliegen. Ein Verhältnis zugunsten des code parlé von 70 : 1 für *gosse* oder 20 : 1 für *ça* ist nicht mehr damit zu erklären, daß gesprochene Sprache eben weniger differenziert und daher „kumuliert". Hier zeigen allein schon die Zahlen eine sehr starke code-Bezogenheit an. Es wird eine Zukunftsaufgabe von Lexikologie und Lexikographie sein müssen, die Statistik für die code-Zuweisung und Registermarkierung heranzuziehen. Die bisherige Praxis der Markierung (meist «familier», «populaire», «vulgaire», «littéraire» usw., selten «écrit» / «parlé») ist unbefriedigend. Sie wird weithin unsystematisch und intuitiv vorgenommen und erreicht deshalb einen zu geringen Teil des Wortschatzes, die mehr oder weniger klaren Fälle[225].

Eine prinzipielle und die Praxis außerordentlich belastende Schwierigkeit bei der Wortmarkierung ist die Trennung von codes und Varianten anderer Art, den sogenannten «registres» oder «niveaux» (diastratische und diaphasische, weniger diatopische Differenzierungen). Auch in ein strikt orales (z. B. *Français fondamental*) oder geschriebenes Corpus gehen solche Registerunterschiede, vor allem diastratische, ein. Es ist denkbar, von diesen zu abstrahieren und nur das code-Spezifische zu berücksichtigen, doch setzt das die klare Trennung und Trennbarkeit von code und Register voraus, z. B. «parlé» und «familier». Die französische Lexikologie und Lexikographie arbeitet bisher mit undefinierten Begriffen und ohne einheitliches System. Die Wörterbücher, auch die neuesten, beweisen es immer wieder, in der lexikologischen Literatur sieht es nicht anders aus. Die folgende Klassifizierung in einem neuen Standardwerk bietet ein gutes Beispiel dafür, sie beruht überdies auf keinem breiteren Konsensus und ist für die Praxis kaum geeignet:

[224] Für die praktische Lexikographie wären immerhin eingeschränkte Markierungen denkbar und sicher wünschenswert. Z. B. „oral häufiger", „oral viel häufiger", „oral sehr viel häufiger", „oral bevorzugt statt ..." usw.

[225] Zu den divergierenden diastratischen Bewertungen der Wörterbücher, dies auch eine Folge der vagen Termini, vgl. P. Gilbert, *Différenciations lexicales*, S. 46. Für 70 untersuchte Wörter in 6 repräsentativen Wörterbüchern gab es nur 8 identische Bewertungen!

> Dans l'état actuel du langage, on peut considérer qu'il y a une dichotomie essentielle, qui prime les autres: le langage familier employé par tous dans les relations ordinaires entre égaux (langage parlé, écrit, littéraire) et le langage officiel employé dans les relations officielles ou hiérarchiques[226].

Ganz außergewöhnlich ist die Verwendung von «langage familier», übrigens in völliger Nichtübereinstimmung mit den anschließenden Beispielen, unterteilt in solche, die auch von der «bourgeoisie» gebraucht würden *(bidule, connerie, emmerdant, foutre, fric, rouspétance, sympa)*, und solche, bei denen das zweifelhaft wäre *(boumer, cuistance, falzar, mirette, mec, mollard, tire-jus)*. Der Kommentar, daß diese Wörter nicht in den «échanges officiels ou hiérarchiques» gebraucht und im Schulunterricht geächtet («proscrit») würden, ist trivial. Entscheidend ist doch wohl, daß sie auch im «langage écrit» und erst recht im «langage littéraire» fehlen, außer als Kopien der familiären oder gesprochenen Sprache.

„Familiär" (im üblichen Wortverstand) oder „gesprochen", das ist nun die entscheidende Frage. Wenn „familiär" eine diastratische Schicht unterhalb der diastratisch nicht markierten Norm bezeichnet, dann gilt sicher, daß familiäre Sprache eine Teilmenge der gesprochenen Sprache ist. Aber auch andere Register („populär", „vulgär") wären solche Teilmengen, bei «cultivé» müßte wenigstens und könnte nur ein Teil unter «parlé» subsumiert werden. Analog wäre für den code écrit zu verfahren. Damit ist eine Inbeziehungsetzung der codes und Register zu erreichen, wie sie bereits oben (S. 35 ff.) versucht wurde: Der code parlé hat zweifellos eine größere Affinität zu den „unteren", der code écrit zu den „oberen" Registern. Die codes sind damit jedoch nicht ausreichend beschrieben. In der Mitte der Registerskala finden sich Lexeme, die diastratisch schwach oder überhaupt nicht, wohl aber in bezug auf den code markiert sind, z. B. *lorsque, rompre, briser*. Gerade in diesem Mittelbereich gewinnt die code-Differenzierung ihre größte praktische Bedeutung. Es interessieren dabei namentlich die Fälle, in denen eine (schwache) diastratische Markierung in e i n e m der codes aufgehoben wird:

[226] J. Rey-Debove, *Etude linguistique et sémiotique des dictionnaires français contemporains*, S. 93. Bezeichnend für die augenblickliche Situation ist ferner, daß in diesem Buch auf den Unterschied zwischen «langage parlé» und «langage écrit» überhaupt nicht eingegangen wird.

	«parlé»	«écrit»
être déboussolé	–	familier
être désorienté	soigné	–

Es zeigt sich nun auch, wie die codes und Register auf präzisere und doch generelle Weise zueinander in Beziehung gesetzt werden können: der code parlé verschiebt die „unteren“, der code écrit die „oberen“ diastratischen Markierungen zur Mitte hin. An einer Serie von Wörtern sei es illustriert[227]:

	«parlé»	«écrit»
«littéraire»	besogne	(hymen[228])
«soigné»	désorienté	besogne
«courant»	déboussolé	désorienté
«familier»	bouffer	déboussolé
«populaire»	(mollard[229])	bouffer

In der Mitte, also unter «courant», gibt es selbstverständlich zahlreiche Fälle, bei denen keine Verschiebung stattfindet (z. B. *bon, heureux, avoir, être . . .*), also weder eine Registermarkierung («courant» unmarkiert) noch eine code-Markierung möglich ist. Damit ergeben sich drei Hauptgruppen:

I	nicht markiert:	bon, heureux
II	code-markiert[230]:	déboussolé, désorienté
III	registermarkiert[231]:	besogne, bouffer

Für die lexikographische Praxis könnte die Markierung etwa so systematisiert werden: Man benützt nur diastratische Termini und definiert «familier»[232] als gesprochen neutral, «soigné»[232] als geschrieben neutral.

[227] Wir verwenden dabei die oben S. 35 erwähnte Fünfergliederung im Anschluß an C. Stourdzé, *Les niveaux de langue*. Vgl. dazu auch noch P. Imbs, *Les niveaux de langue dans le dictionnaire*. Für eine Erweiterung dieses Modells vgl. F. J. Hausmann, *Gesprochenes und geschriebenes Französisch*, S. 31 f., ders., *Soziolekte und Register* und E. Zöfgen, *Strukturelle Sprachwissenschaft*, S. 104.

[228] In der Spalte «parlé» um eine Stufe höher zu rücken. Die Bezeichnung dieser Stufe ist an sich gleichgültig, man könnte an «très littéraire» denken.

[229] In der Spalte «écrit» um eine Stufe tiefer zu rücken. Benennung dieser Stufe mit «très populaire» oder «vulgaire».

[230] Die Registermarkierung (e i n e n code betreffend) ist impliziert.

[231] Die code-Markierung in einem allgemeineren und relativen Sinn ist impliziert (z. B. „eher gesprochen“).

[232] Es könnten dafür selbstverständlich andere Termini geprägt werden, aber die vorliegenden bieten sich am ehesten an.

Oder aber man bezieht die code-Markierungen «parlé» und «écrit» ein und hätte diese dann festzulegen als „nur gesprochen neutral, geschrieben familiär“ bzw. „nur geschrieben neutral, gesprochen gepflegt“.

Bisher verfahren die Wörterbücher nicht so, aber was mit «familier» gekennzeichnet wird, gehört zum Großteil in die vorgeschlagene Rubrik «parlé», d. h. die Markierung erfolgt stillschweigend unter dem Gesichtspunkt des «code écrit». Entsprechend sind Qualifizierungen wie «populaire», «vulgaire» schriftsprachlich fixiert und für den code parlé umzustellen auf «familier», «populaire». Daß dem so ist, zeigt nicht nur die Beobachtung des Sprachgebrauchs, auch die Wörterbücher deuten es wenigstens an[233]. So verwendet der *Dictionnaire du français contemporain* eine Markierung «langue écrite», aber nicht das Pendant «langue parlée». Man darf annehmen, daß als solches (in welchem Umfang?) «familier» fungiert, zumal dieses im Wörterbuch in dieser Richtung definiert wird: «se dit d'un mot ou d'une tournure caractéristique de la langue de la conversation». In den Larousse-Wörterbüchern werden *familier* und *conversation* durchgängig zur gegenseitigen Definition verwendet. Der *Petit Robert* gibt in seinem ersten Teil der Definition von «familier» eine Auslegung, die unserem Vorschlag für den Gebrauch von «parlé» fast genau entspricht:

> «qu'on emploie naturellement en tous milieux dans la conversation courante»

Die Fortsetzung verwässert dann allerdings den Terminus und birgt die Gefahr seiner Verschiebung[234]:

> «et même par écrit, mais qu'on évite dans les relations avec des supérieurs, les relations officielles[235] et les ouvrages qui se veulent sérieux.»

[233] Zu den terminologischen Konfusionen und Inkonsequenzen vgl. P. Gilbert, *Différenciations lexicales.*

[234] Vgl. das Zitat aus J. Rey-Debove oben S. 191.

[235] Es soll nicht bestritten werden, daß in solchen Beziehungen der „familiäre“ (= „gesprochene“) Wortschatz vermieden wird, doch braucht man deshalb nicht den Terminus «familier» (oder «parlé») umzudefinieren. Es gilt dann einfach als Bedingung (oder Norm), daß im offiziellen Verkehr und beim Umgang mit Vorgesetzten die so markierten Wörter zugunsten von unmarkierten (oder „höher“ markierten) vermieden werden. Um bei dem im *Petit Robert* selbst gebrachten Beispiel zu bleiben: *boulette* («fam.» bzw. «parlé») statt *bévue* («courant» = neutral) würde dann ausfallen.

Richtig gesehen, aber nicht klar formuliert wird die enge Beziehung zwischen «familier» und «parlé» und die daraus resultierende Relativität von «familier», «populaire» etc. auch von M. COHEN[236]:

> Le terme le plus employé dans les dictionnaires pour ce qui appartient à la conversation [= «code parlé»], mais n'est pas admis dans le style écrit (surtout pour les examens), c'est *familier.*

Er führt das an den Beispielen *bouquin, rigoler* u. a. aus, die in den Wörterbüchern (und von manchen Sprechern!) als «familier», «populaire» oder gar «argotique» klassifiziert werden, während sie in Wirklichkeit doch «d'usage courant à la table de famille» seien.

> Sans doute certains des termes de ce registre sont-ils plus fréquents à la table de l'ouvrier qu'à celle du professeur ou de l'industriel (ainsi *boulot* pour *travail*), mais il est absurde de les dénommer populaires (ce qui risque de les faire exclure de certains dictionnaires timidement rigoristes) alors qu'ils sont couramment employés dans les milieux bourgeois.

und

> Et est-ce que beaucoup de mots qualifiés *pop.* ne servent pas à la bourgeoisie — sans épithète — quand elle se détend et ne se crispe pas dans un langage guindé?

Unglücklich ist jedoch, daß COHEN für diesen „familiären" („gesprochenen") Wortschatz den Terminus *argot familier* einführt, der wiederum Verwirrung stiften muß. Daran ändert auch nichts die nuancierte und treffende Begründung[237].

Es ginge jetzt noch darum, das oben skizzierte Schema (S. 192) an Teilen des französischen Wortschatzes zu erproben. Aus verständlichen Gründen ist das nicht möglich, kein Wörterbuch und keine uns bekannte Monographie bietet dafür verläßliches Material. Vorbedingung

[236] M. Cohen, *Toujours des regards*, S. 286 ff. Vgl. auch ders., C'est rigolo *n'est pas populaire.*

[237] «Pourquoi *familier?* Parce qu'on le dit couramment, sans être ni grossier ni volontairement choquant, mais qu'on ne l'écrirait pas dans une composition de français, crainte d'un soulignage du correcteur. Pourquoi *argot*? C'est qu' [...] il s'agit d'un substitut au terme neutre ordinairement reçu, employé avec une nuance pas très bien définissable, un sourire plus ou moins dessiné» (op. cit., S. 295). Was hier mit «nuance...» und «sourire...» angedeutet wird, kann generalisiert sehr gut durch die Markierung «parlé» (oder «familier») gegenüber „neutral" gekennzeichnet werden. Cohen hat seine Theorie verwirklicht im *Dictionnaire du français vivant.*

wäre, nachdem die Stufung des Schemas festgelegt worden ist – die Zahl und erst recht die Benennung der diastratischen Positionen ist ein empirisches Problem, nur „neutral", «parlé», «écrit» sind vorgegeben –, daß die Einstufung der einzelnen Wörter verifizierbar ist, d. h. auf der Basis geeigneter Corpora und/oder Tests erfolgt. Die rein intuitive, auf die Sprachkompetenz eines Einzelnen oder einiger Weniger gegründete Einstufung reicht nach aller Erfahrung nicht aus. Der zu erwartende Fall, daß weder Auszählungen noch Befragungen eindeutige Ergebnisse erbringen, ist kein entscheidender Einwand. Man kann dann wenigstens den Grad des Konsensus feststellen, gegebenenfalls weitere Zwischenstufen einführen und andere Parameter heranziehen.

Was natürlich vorliegt, ist intuitiv bewertetes Material, mit oder ohne Konsensus der Bewerter. Aus dem hier vornehmlich interessierenden Bereich von «parlé» (bzw. «familier») wurden bereits einige Beispiele zitiert, etwa *bouquin*. Es ist neben *déveine* das einzige von 70 Wörtern, das nach den Recherchen GILBERTS in sechs ausgewerteten Wörterbüchern[238] einheitlich als «familier» bewertet wird. Im *Français fondamental* hat es die beachtliche Frequenz 33 (gegenüber *livre* 60), während es bei VANDER BEKE (literarisches Corpus!) nicht erfaßt ist. Es scheint mithin ein ernsthafter Kandidat für «parlé» (gegenüber „neutralem" *livre*[239]) zu sein. Abzulehnen und falsch ist auf jeden Fall die Qualifikation «vulgaire» der Kommission für das *Français fondamental*[240]. An Beispielen für das von ihm so genannte «argot familier» bringt M. COHEN (a. a. O.):

> J'avais envie de me dégourdir les jambes; je suis venu à *pattes*.
> Elle a la *frimousse* toute barbouillée[241].

[238] *Grand Larousse Encyclopédique, Larousse en trois volumes, Petit Larousse* (1968), *Robert, Petit Robert, Dictionnaire du français contemporain.* Als erstes eigentliches Wörterbuch des code parlé darf gelten M. Martins-Baltar, *Actes de parole* (vgl. dazu F. J. Hausmann, *Neue Wörterbücher für den Französischunterricht*). Vgl. auch P. Roland, *Skidiz.*

[239] Durch das synonymische Verhältnis im gleichen code ist natürlich auch innerhalb der gesprochenen Sprache noch eine indirekte Markierung von *bouquin* gegeben. Sie wird wesentlich durch das Frequenzverhältnis der beiden Synonyme bestimmt. «Parlé» und «neutre» haben also innerhalb des code parlé keineswegs den gleichen Stellenwert.

[240] Siehe *Elaboration*, S. 121.

[241] Hier wäre das Verhältnis zu *figure* und *visage* genauer abzuklären. Von bestimmten Kontexten abgesehen scheint *figure* im gesprochenen, *visage* im geschriebenen Französisch häufiger zu sein, während *frimousse* vor allem noch das Kindergesicht bezeichnet (*DFC*: «figure d'un enfant ou d'une jeune fille»).

Quel est ce *type* qui était avec toi?
Zut! Quelle *tuile!*
Je n'ai pas envie de *trimballer*[242] ça toute la sainte journée.
Qu'est-ce que tu as *fabriqué* pour *t'amener*[243] à cette heure?
Tu as encore *trafiqué* quelque chose avec ton *copain*[244].
J'ai loupé mon *truc*[245]; ça va faire du *boulot*[246].
As-tu remarqué? Le *tonton,* il se *déplume.*
J'ai eu de la *veine,* j'ai eu le train de 8h 47.
Veinard! tu as choisi le bon numéro.

Bei der Durchmusterung des Lexikons lassen sich auch intuitiv Grenzfälle entdecken. Manche ursprünglich familiären oder populären Wörter haben jede Markierung, auch die differenzierte code-Markierung verloren oder sind nahe dabei. *Bagarre* und *bagarrer* wären hier noch besonders zu nennen[247]. Andere sind auf dem Weg, ihre „populäre" Markierung zu verlieren und werden somit innerhalb des code parlé neutral, so z. B. *des fois* neben und statt *quelquefois.* Diese Entwicklung ist normal, der Verlust niederer Konnotationen ist ein in der Geschichte des Französischen (und anderer Sprachen) ständig zu beobachtender Vorgang[248].

[242] *DFC* schreibt *trimbaler, Petit Robert* hat beide Graphien. Graphische Varianten sind u. a. kennzeichnend für Wörter des code parlé und vulgäre Wörter, deren Verschriftlichung jüngeren Datums ist. Vgl. dazu N. Catach u. a., *Orthographe et lexicographie,* S. 87 f.
[243] Dies wahrscheinlich noch nicht als «parlé» («familier») zu betrachten.
[244] Im *Français fondamental* Frequenz 63 gegenüber *camarade* 52, *ami(e)* 112, dennoch für den Grundwortschatz nicht berücksichtigt. Die Bevorzugung von *camarade* ist nur unter dem Gesichtspunkt des code écrit zu rechtfertigen, nicht etwa deshalb, weil *copain* besonders «familier» oder gar «populaire» wäre.
[245] Typisch orales Wort, ebenso wie *machin.* Es ist eine Art Leerformel für ein Substantiv, das dem Sprecher nicht einfällt, das er nicht genau kennt u. dgl. Eines der wenigen Wörter, das in geschriebener Sprache, soweit sie nicht gesprochene kopiert, so gut wie nie vorkommen dürfte.
[246] Wohl noch eher als «populaire» zu klassifizieren.
[247] Vgl. dazu J. Chaurand, *Histoire de la langue française,* S. 117.
[248] Zum gesamten Kapitel vgl. jetzt noch die ausgezeichnete Darstellung bei Stefenelli 1981, 241 ff., sowie Rück 1979, 1980, Al 1980, Corbin 1980a u. b, Steegmüller 1981, Thiele-Knobloch 1981, Hausmann 1982, Klinkenberg 1982, Radtke 1982 u. Valdman 1982.

VII. Ausblick

Bereits eingangs wurde betont, daß Vollständigkeit in diesem Buch nicht angestrebt werden kann. Die große zusammenfassende Gegenüberstellung aller Charakteristika des gesprochenen im Vergleich zum geschriebenen Französisch ist vorerst nicht realisierbar[1]. Noch wissen wir zu wenig über die Phonetik und Phonologie, die Morphologie, Syntax und Lexikologie der authentischen Sprechsprache, um fundiert Bilanz ziehen zu können. Zudem hat der Vergleich der wenigen existierenden Corpora gezeigt, daß diese Bilanz sehr differenziert ausfallen muß, je nach dem Typ der gesprochenen oder geschriebenen Sprache, der untersucht wird.

Doch selbst unter den bekannten Erscheinungen konnten nicht alle behandelt werden. Dazu gehören z. B. die Morphologie von *qui* (Typ: *c'est lui qu'a fait ça*[2]), Formen des Konditionalsatzes, z. B. der Typ: *Il l' aurait fait, je l'aurais pas cru*[3], der zwar regionas eingeschränkte aber doch weit verbreitete Satztyp *C'est pour moi manger*[4], Formen der Imperativverneinung, Typ: *donne-lui pas!*, Formen der indirekten Frage, Typ: *Je veux savoir qu'est-ce que tu fais* (statt *ce que tu fais*), der ethische Dativ Typ *Paul te vous lui a donné une de ces gifles!*[5], die ungeklärte Rolle des Partizip präsens (écrit-markiert oder nicht?)[6] und viele andere[7].

[1] Vgl. die sehr unvollständige Sammlung durch H. Bonnard, *Le français parlé.*

[2] Vgl. Guiraud 1966, Calan 1972, Maury 1975, 249, Soltischi 1975/76, Hudelot 1977, Porter 1977, Tranel 1978, Deulofeu 1981, Léard 1982, Giacomo 1983.

[3] Vgl. G. Hellberg, *Le système*, S. 80 f.

[4] Vgl. H. Bourcelot, *La syntaxe*, S. 366, 369 f., K. Hunnius, *Archaische Züge*, S. 153, D. François, *Français parlé*, S. 423, 512, A. Doppagne, *Trois aspects*, S. 173—175.

[5] Vgl. Chr. Leclère, *Datifs syntaxiques*, W. A. Bennett, *Clitics.*

[6] Vgl. Schmidt-Knäbel 1971 und Halmöy 1982. Im Corpus d'Argenteuil kommen adverbiale und attributive participes présents vor, vgl. D. François, op. cit., S. 514.

[7] Vgl. noch etwa Noailly-Le Bihan 1982 zur Präpositionalisierung der Substantive *côté, question* u. a., oder Kupfermann 1980 zum Typ *une place de libre*, sowie nicht zuletzt den gesamten Bereich der Intonationsforschung, vor allem vertreten durch die zahlreichen Arbeiten von Wunderli 1978 bis 1983.

Manch anderer lohnender Aspekt konnte nicht erörtert werden. Da ist z. B. die Rolle des code parlé in der Literatur[8]. Oft nur mit literarischen Quellen zu bearbeiten ist sodann die Frage der Diachronie des gesprochenen Französisch. Wie schnell verändert sich der Sprechwortschatz[9], wie schnell die unkontrollierte Aussprache[10], wie schnell oder wie langsam das ganze Arsenal der morphosyntaktischen Erscheinungen des code parlé[11]? Ist das gesprochene Französisch (und welches?) konservativer als das geschriebene oder ist es progressiver[12]?

Schließlich bleibt die Didaktik der gesprochenen Fremdsprache ein ungelöstes Problem. Wie kann der Unterricht des Französischen als Fremdsprache so verbessert werden, daß trotz aller notwendigen didaktischen Selektion der zum ersten Mal mit dem authentischen Französisch in lebendiger Situation konfrontierte Schüler das in der Schule Gelernte auch wiederfindet[13]?

[8] Vgl. Antoine 1965, sowie Holtus 1972, Langenbacher 1981, Steegmüller 1981, Juilland 1980, Montaut 1982.

[9] Vgl. zum 19. und 20. Jh. J.-R. Klein, *Le vocabulaire* und Stefenelli, *Geschichte.*

[10] Vgl. Ch. Thurot, *La prononciation*, V. Buben, *Influence*, H. Walter, *La dynamique.*

[11] Vgl. die Handbücher G. Price, *Present*, K. Togeby, *Précis* und M. Harris, *The evolution.*

[12] Vgl. die kontrovers geführte intensive Diskussion zwischen Bork 1975, 1978, Hausmann 1975, 1979, 1980, Hunnius 1975, 1976, 1977, 1981, Thun 1976, H. Meier 1977, Ashby 1977, 1982, Baader 1978, Greive 1978, 1984, Steinmeyer 1979, Ernst 1980, 1985, Kaiser 1980, 1982, Müller 1980, 1982, Schmitt 1980, Langenbacher 1981, Mair 1982, Finke 1983, Schlieben-Lange 1983, Schweickard 1983, Koch/Oesterreicher 1985.

[13] Vgl. Götz 1975, Bufe 1977, Jonas 1977, Schumann 1977, Hausmann 1979, Kramer 1979, Meißner 1980, 1982, Walling 1980, Weijenberg 1980, Noreiko 1981.

Abkürzungsverzeichnis

ASNSL	Archiv für das Studium der neueren Sprachen und Literaturen, Berlin.
BCA	Bulletin du Centre d'Analyse du discours. Lille.
BRP	Beiträge zur romanischen Philologie. Berlin.
BSL	Bulletin de la Société de Linguistique de Paris. Paris.
CILL	Cahiers de l'Institut de linguistique de Louvain. Louvain.
CILPhR	Congrès international de linguistique et de philologie romanes.
CLF	Cahiers de linguistique française. Genf.
DA	Dissertation Abstracts.
ELA	Etudes de linguistique appliquée. Paris.
E9, E10	Enquête sur le langage de l'enfant français.
FdM	Le Français dans le Monde. Paris.
Fh	Französisch heute. Frankfurt a. M.
FL	Folia Linguistica. Den Haag.
FM	Le Français Moderne. Paris.
FR	The French Review. Baltimore.
GRM	Germanisch-Romanische Monatsschrift. Heidelberg.
LB	Linguistische Berichte. Braunschweig.
LF	Langue française. Paris.
LI	Lingvisticae Investigationes. Amsterdam.
LS	Langage et société. Paris.
LuD	Linguistik und Didaktik. München.
NM	Neusprachliche Mitteilungen. Berlin.
NS	Die Neueren Sprachen. Frankfurt a. M.
Praxis	Praxis des neusprachlichen Unterrichts. Dortmund.
RF	Romanische Forschungen. Frankfurt a. M.
RFB	Rapports — Het Franse Boek. Badhoevedorp.
RFP	Recherches sur le français parlé. Aix-en-Provence.
RJb	Romanistisches Jahrbuch. Berlin.
RLaR	Revue des langues romanes. Montpellier.
RLiR	Revue de Linguistique Romane. Lyon, Paris.
StN	Studia neophilologica. Uppsala.
TL	Travaux de linguistique. Gent.
TraLiLi	Travaux de Linguistique et de Littérature. Strasbourg.
VR	Vox Romanica. Bern.
ZDL	Zeitschrift für Dialektologie und Linguistik. Wiesbaden.
ZF	Zielsprache Französisch. München.
ZFSL	Zeitschrift für Französische Sprache und Literatur. Wiesbaden.
ZRP	Zeitschrift für Romanische Philologie. Tübingen.

Bibliographie

ABEL, F.: *Die Behandlung des Teilungsartikels in zwei verbreiteten Lehrwerken für den Französischunterricht in Deutschland,* in: *Sprache in Unterricht und Forschung. Schwerpunkt Romanistik,* hg. v. R. BAUM u. a., Tübingen 1979, 49-75.

ABERCROMBIE, D.: *Conversation and Spoken Prose,* in: D. Abercrombie, *Studies in Phonetics and Linguistics.* London 1965, 1—9.

Actes de langage et structure de la conversation, in: CLF 1, 1980.

ÅGREN, J.: *Étude sur quelques liaisons facultatives dans le français de conversation radiophonique. Fréquences et facteurs.* Uppsala 1973.

AKINNASO, F. N.: *On the differences between spoken and written language,* in: Language and Speech 25, 1982, 97-126.

AL, B. P. F.: *Sur la richesse lexicale du Corpus d'Orléans. Contribution à l'analyse sociolinguistique d'un vocabulaire oral,* in: *Mélanges B. Siertsema,* Amsterdam 1980, 315-321.

ALARCOS LLORACH, E.: *Les représentations graphiques du langage,* in: *Le langage.* Paris 1968, 513-568.

ALBRECHT, J.: *Les équivalents de all.* eigentlich *dans les dictionnaires bilingues et dans la réalité de l'usage,* in: Cahiers de lexicologie 28, 1976, 60-73. (dtsch. in: *Aspekte der Modalpartikeln,* 1977, 19-37).

ALLAIRE, S.: *La subordination dans le français parlé devant les micros de la Radiodiffusion. Etude d'un corpus.* Paris 1973.

—: *La phrase du français radiophonique,* in: LF 28, 1975, 79-90.

ALLHOFF, D.-W.: *Verständlichkeit gesprochener Sprache. Zum Stand der Forschung,* in: Sprechen, Okt. 1984, 16—30.

ALMELA PÉREZ, R.: *Apuntes gramaticales sobre la interjección.* Murcia 1982.

ALTENBERG, B.: *Causal Linking in Spoken and Written English,* in: Studia Linguistica 38, 1984, 20-69.

ALTHAUS, H. P., HENNE, H.: *Sozialkompetenz und Sozialperformanz. Thesen zur Sozialkommunikation,* in: ZDL, 38, 1971, 1-15.

ALTMANN, H.: *Formen der „Herausstellung" im Deutschen,* Tübingen 1981.

AMMON, U.: *Probleme der Soziolinguistik.* Tübingen ² 1977.

L'analyse de conversations authentiques. Hg. v. E. ROULET, in: ELA 44, 1981.

ANDERSON, S. R.: *The analysis of French shwa,* in: Language 58, 1982, 534-573.

ANDRÉINI, L.: *Le verlan. Petit dictionnaire illustré.* Paris 1985.

Angewandte Sprachwissenschaft. Grundfragen. Bereiche. Methoden. Hg. v. G. PEUSER u. ST. WINTER. Bonn 1981.

ANIS, J.: *Ecrit/oral: discordances, autonomies, transpositions,* in: ELA 42, 1981, 7-22.

Ansätze zu einer pragmatischen Sprachgeschichte. Hg. v. H. SITTA. Tübingen 1980.

ANSCOMBRE, J. CL.: Même le roi de France est sage. *Un essai de description sémantique,* in: Communications 20, 1973, 40-82.

ANTOINE, G.: *La langue parlée et ses transpositions littéraires dans le français contemporain,* in: *Actes du Xe CILPhR,* T. II, Paris, 1965, 443-451.

ANTOS, G.: *Grundlagen einer Theorie des Formulierens. Textherstellung in geschriebener und gesprochener Sprache,* Tübingen 1982.

Arbeiten zur Konversationsanalyse. Hg. v. J. DITTMANN. Tübingen 1979.

ARCAINI, E.: *Principi di linguistica applicata.* Bologna 1967.

ARRIVÉ, M.: *Les formes des déterminants et des substituts,* in: FdM 57, 1968, 34-37.

ASHBY, W. J.: Il parle *or* iparl? *Prefixed inflection in French,* in: Semasia 1, 1974, 83-93.

—: *The loss of the negative morpheme* ne *in Parisian French,* in: Lingua 39, 1976, 119-137.

—: *Clitic Inflection in French.* Amsterdam 1977.

—: *Interrogative forms in Parisian French,* in: Semasia 4, 1977, 35-52.

—: *Prefixed conjugation in Parisian French,* in: *Studies in Italic and Romance linguistics honoring Ernst Pulgram.* Hg. von H. IZZO, Lisse 1980, 195-207.

—: *The loss of the negative particle* ne *in French. A syntactic change in progress,* in: Language 57, 1981, 674-687.

—: *French liaison as a sociolinguistic phenomenon,* in: *Linguistic Symposium on Romance Languages* 9, Washington 1981, 46-57.

—: *The Drift of French Syntax,* in: Lingua 57, 1982, 29-46.

—: *Rez.* Harris 1978, in: Language 59, 1983, 414-420.

Aspekte der heutigen französischen Sprache. In: ZF 13, 1983, 105-129.

Aspekte der Modalpartikeln. Studien zur deutschen Abtönung. Hg. v. H. WEYDT. Tübingen 1977.

AUCHLIN, A.: *Réflexions sur les marqueurs de structuration de la conversation,* in: ELA 44, 1981, 88-103.

—: Mais heu pis bon, ben alors voilà, quoi! *Marqueurs de structuration de la conversation et complétude,* in: CLF 2, 1981, 141-159.

AUVIGNE, M. A., MONTE, M.: *Recherches sur la syntaxe en milieu sous-prolétaire,* in: LS 19, 1982, 23-66.

BAADER, H.: *Die Diener und der Parvenü: Bemerkungen über die soziolinguistische Irrelevanz der Komödien Marivaux',* in: *Studia neolatina.* Festschrift für P.M. Schon. Aachen 1978, 1-17.

BALDINGER, K.: *Post- und Prädeterminierung im Französischen,* in: *Festschrift W. v. Wartburg.* Hg. v. K. Baldinger. Tübingen 1968, I, 87-106.

—: *Zum Wortschatz von Céline,* in: ZRP 100, 1984, 144-150.

BALLY, CH.: *Linguistique générale et linguistique française.* Bern ⁴1965.

—: *Traité de stylistique française.* Genf, Paris ³1951 (nouveau tirage).

BARRERA-VIDAL, A.: *L'imparfait et le passé composé,* in: LB 6, 1970, 35-51.

—: *Quelques remarques à propos des tours* «de belles fleurs» *et* «des belles fleurs», in: ZF 1972, 4, 21-28.

—: *Quelques observations sur le système de la négation en français parlé,* in: NM 28, 1975, 72-79.

—: *Vers une mini-réforme de l'orthographe?,* in: Praxis 25, 1978, 187-191.

—: *Faut-il enseigner l'accord du participe passé avec «avoir»?,* in: Praxis 26, 1979, 67-74.

—: *Stocken, Wiederholen, Stottern und Neologismenbildung im Französischen: Zur Sprachpathologie der didaktischen Kommunikation,* in: *Angewandte Sprachwissenschaft,* 1981, 407-423.

BARNICKEL, K.-D.: *Sprachliche Varianten des Englischen — nationale, regionale und soziale Varianten.* München 1982.

BARTH, E.: *Die funktionale Differenzierung der Sprache,* in: NS 69, 1970, 186-191.

BAT-ZEEF SHYLDKROT, H.: *A propos de la forme passive „se voir + Vinf",* in: FL 15, 1981, 387-407.

—: *La concurrence entre la proposition conjonctive et* voir + *la proposition infinitive,* in: FR 58, 1984, 202-214.

BAUCHE, H.: *Le langage populaire.* Paris [4]1951.

BAUM, R.: *Linguistik der Schriftsprache und Linguistik der gesprochenen Sprache,* in: *Kongreßberichte der 7. Jahrestagung der Gesellschaft für Angewandte Linguistik GAL e. V.,* Bd. 3, Stuttgart 1977, 157-168.

—: *Prolegomena zu einer Grammatik des gesprochenen Französisch,* in: NS 77, 1978, 109-126.

BAYER, K.: *Verteilung und Funktion der sogenannten Parenthese in Texten gesprochener Sprache,* in: Deutsche Sprache 1, 1973, 64-115.

BEAUCHEMIN, N., MARTEL, P.: *Echantillon de textes libres,* II-VI, Sherbrooke 1975-1981.

—: *Vocabulaire fondamental du québécois parlé. Index de fréquence.* Université de Sherbrooke. Faculté des Arts 1979.

BEAUJOT, J.-P.: *Quand* passé surcomposé *et* passé antérieur *sont de parfaits synonymes,* in: BCA 4, 1980, 81-122.

BEAUVAIS, R.: *Le français kiskose.* Paris 1975.

BEHNSTEDT, P.: Viens-tu? Est-ce que tu viens? Tu viens? *Formen und Strukturen des direkten Fragesatzes im Französischen.* Tübingen 1973.

Beiträge zur Linguistik des Französischen. Hg. v. Th. KOTSCHI. Tübingen 1981.

BELASCO, S.: *Derived and Modified Nouns in French Slang,* in: Lingua 48, 1979, 177-192.

BENNETT, W. A.: *Clitics in French,* in: Linguistics 156, 1975, 5-22.

—: *Langage populaire and language drift,* in: Neophilologus 64, 1980, 321-332.

BERCHEM, TH.: *Zwischen Regel und Willkür. Zum Problem der Behandlung des* e instable *im zeitgenössischen Französisch,* in: *Sprache und Mensch in der Romania.* H. KUEN zum 80. Geburtstag, Wiesbaden 1979, 1-13.

BERENS, F.-J. u. a.: *Projekt Dialogstrukturen.* München 1976.

BERLIN, A.: *Le français vagabond. Dictionnaire d'argot-français/français-argot.* Paris 1983.

BERRUTO, G.: *L'italiano popolare e la simplificazione linguistica,* in: VR 42, 1983, 44-79.

BERTHELON, C.: *L'expression du haut degré en français contemporain. Essai de syntaxe affective.* Winterthur 1955.

BESSE, H.: *La phrase segmentée.* Saint-Cloud (CREDIF) o. J.

BETTEN, A.: *Ellipsen, Anakoluthe und Parenthesen,* in: Deutsche Sprache 4, 1976, 207-230.

—: *Erforschung gesprochener deutscher Standardsprache,* in: Deutsche Sprache 5, 1977, 335-361; 6, 1978, 12-44.

BIGGS, P., DALWOOD, M.: *Les Orléanais ont la parole. Lehrerheft.* München 1978.

BILGER, M.: *Contribution à l'analyse en grille,* in: RFP 4, 1982, 195-215.

BINAT, C., CUXAC, D.: *Français parlé en population scolaire. Les présentatifs,* in: Grammatica II. Annales publiées par l'Université de Toulouse-Le Mirail N. S. 9, 1973, 5, 103-107.

BLANC, M., BIGGS, P.: *L'enquête socio-linguistique sur le français parlé à Orléans,* in: FdM 85, 1971, 16-25.

BLANCHE-BENVENISTE, C.: *La complémentation verbale: valence, rection et associés,* in: RFP 3, 1981, 57-98.

—: *L'importance du français parlé pour la description du français tout court,* in: RFP 5, 1983, 23-45.

—, CHERVEL, A.: *L'orthographe.* Paris 1969, [3]1978.

—, VAN DEN EYNDE, K.: *A quoi se réduit ce qu'on appelle* «Passif» *en français,* in: Leuvense Bijdragen 67, 1978, 147-161.

— u. a.: *Des grilles pour le français parlé,* in: RFP 2, 1979, 163-206.

BLANKENSHIP, J.: *A Linguistic Analysis of Oral and Written Style,* in: The Quarterly Journal of Modern Speech 48, 1962, 419-422.

—, KAY, CH.: *Hesitation Phenomena in English Speech: A Study in Distribution,* in: Word 20, 1964, 360-372.

BLETON, P.: *La surcomposition dans le verbe français,* in: Canadian Journal of Linguistics 27, 1982, 31-40.

BLINKENBERG, A.: *Le problème de l'accord en français moderne.* Kopenhagen 1950.

BLOCK, G. u. a.: *Norm-Sprachniveau-Toleranz. Einige Bemerkungen zu den „tolérances grammaticales ou orthographiques",* in: Bielefelder Beiträge zur Sprachlehrforschung 10, 1981, 3-42.

BLONDEL, M.: *Sensibilisation des étudiants à la diversité des français,* in: FdM 121, 1976, 36-55.

BLUMENTHAL, P.: *La syntaxe du message. Application au français moderne,* Tübingen 1980.

—: *Eine Grammatik des Dialogs am Beispiel des Französischen,* in: ZFSL 91, 1981, 97-132.

BOCHMANN, K.: *Le langage populaire: une catégorie sociolinguistique de la linguistique romane?,* in: BRP 19, 1980, 309-313.

BOER, M. G. DE: *Accent, emphase et topicalisation en français,* in: RFB 41, 1971, 140-152.

BÖRJESON, J.: *La fréquence du subjonctif dans les subordonnées complétives introduites par* que, in: StN 38, 1966, 3-64.

BÖRNER, W.: *Die französische Orthographie.* Tübingen 1977.

BOGUSZEWSKA-CZELEJ, D.: *Examen théorique de la segmentation,* in: Studia Romanica Posnaniensia 6, 1980, 15-25.

—: *Les éléments de rupture dans la phrase célinienne,* in: Studia Romanica Posnaniensia 7, 1980, 55-60.

BOLINGER, D.: *Visual Morphemes,* in: Language 22, 1946, 333-340.

BONIN, TH. M.: *The Role of Colloquial French in Communication and Implications for Language Instruction,* in: Modern Language Journal 62, 1978, 90-102.

BONNARD, H.: *Le français parlé,* in: *Grand Larousse de la langue française,* Bd. 5, Paris 1976, 3983-3987.

BONNET, C./TAMINE, J.: *Les noms construits par les enfants: description d'un corpus,* in: Langages 66, 1982, 67-102.

BOREL, B.: *Grilles — configurations. „L'acné"*, in: RFP 3, 1981, 245-253.

BORK, H. D.: «Néo-français» = *Français avancé?*, in: RF 87, 1975, 1-40.

—: *Aspects de la langue du paysan dans la littérature française,* in: *Onze études sur l'esprit de la satire.* Hg. v. H. BAADER, Tübingen, Paris 1978, 179-196.

BOSSONG, G.: *Séquence et visée. L'expression positionnelle du thème et du rhème en français parlé,* in: FL 15, 1981, 237-257.

BOUDREAULT, M.: *Rythme et mélodie de la phrase parlée en France et au Québec.* Québec, Paris 1968.

BOUGAIEFF, A., CARDINAL, P.: *La chute du /l/ dans le français populaire du Québec,* in: *La Linguistique* 16-II, 1980, 91-102.

BOURCELOT, H.: *La syntaxe des parlers modernes de la Champagne et de la Brie,* in: *Les dialectes de France au Moyen Age et aujourd'hui.* Paris 1972, 361-372.

BOURQUIN, G.: *Niveaux, aspects et registres de langage,* in: Linguistics 13, 1965, 5-15.

BOWERS, D.: *Umgangssprache = Alltagssprache?*, in: Muttersprache 92, 1982, 1-4.

BRAUN, TH. E. D., STEINER, R. J.: *Two neglected tenses in contemporary textbooks: the passé antérieur and the passé surcomposé,* in: FR 49, 1975/1976, 736-742.

BRESSON, D. u. a.: *Zur gesprochenen deutschen Umgangssprache* I, Tübingen 1982.

BRINKMANN, H.: *Der Satz und die Rede,* in: Wirkendes Wort 16, 1966, 376-390.

BRONS-ALBERT, R.: *Gesprochenes Standarddeutsch. Telefondialoge,* Tübingen 1984.

BRUNET, E.: *Le vocabulaire français de 1789 à nos jours.* Paris 1981.

BRUNET, J.-P.: *La suffixation parasitaire en „o" dans le français populaire,* in: Meta 25, 1980, 347-353.

BRUXELLES, S. u. a.: *Mais occupe-toi d'Amélie,* in: Actes de la recherche en sciences sociales 6, 1976, 47-62.

—: Décidément: *la classification dissimulée,* in: Journal of Pragmatics 3, 1979, 127-149.

BRYANT, W. H.: *Demythifying French Grammar,* in: FR 58, 1984, 19-25.

BUBEN, V.: *Influence de l'orthographe sur la prononciation du français.* Bratislava 1935.

BUBLITZ, W.: *Ausdrucksweisen der Sprechereinstellung im Deutschen und Englischen.* Tübingen 1978.

BUFE, W.: *Gesprochenes Französisch,* in: NS 76, 1977, 177-195.

— u. a. : *Le français chez les Français. Materialien zum Hörverstehen Französisch. Hörtexte.* Bonn, Frankfurt 1980.

BURDIN, CH.: *Le français moderne tel qu'on le parle.* Paris 1981.

BUREAU, C.: *Théorie de l'analyse syntaxique de l'oral: le cas des «arrêts et retours»*, in: *Cinq études sur la langue orale d'enfants et d'adolescents québécois.* Hamburg 1985.

BURGER, H.: *Interjektionen,* in: *Ansätze,* 1980, 53-69.

BURNER, S.: *Influence du thème sur la production du discours oral,* in: Verbum 3, 1980, 37-54.

BURNEY, P.: *L' orthographe*, Paris [5]1970.

BURR, I.: *Das Lob des* ‚on'. *Zum ironischen Encomium grammatikalischer Phänomene im Französischen,* in: RF 91, 1979, 1-23.

CADIOT, A. u. a.: «Oui mais non mais» *ou: Il y a dialogue et dialogue,* LF 42, 1979, 94-102.

CADIOT, P.: *Où t'as ta femme?,* in: Semantikos 2, 1978, 1-20.

CALAN, E. DE: *Etude sur le relatif français,* in: La Linguistique 8-II, 1972, 137-143.

CALVÉ, P. J.: *Dislocation in French. A Functional Study.* Ph. D. Diss. Georgetown Univ. 1978.

—: *Un trait du français parlé authentique: La dislocation,* in: Canadian Modern Language Review 39, 1983, 779-793.

CAMPROUX, CH.: *Télescopage morpho-syntaxique?,* FM 35, 1967, 161-183.

CAPELLE, G.: *Les phonèmes du français et leurs réalisations,* in: FdM 56, 9-14.

CARADEC, F.: *Dictionnaire du français argotique et populaire.* Paris 1977.

CARADEC, R., SAADA, G.: *Définition de la classe syntaxique d'une forme lexicale à partir de sa terminaison graphique,* in: LI 6, 1982, 271-281.

CAROLI, F.: *Pragmatische Aspekte syntaktischer Variation in der gesprochenen Sprache.* Göppingen 1977.

CARROLL, S.: *The parenthetical nature of French dislocations,* in: *Proceedings of the Tenth Anniversary of Romance Linguistics,* ed. H. Contreras. Seattle 1981.

CATACH, N.: *L'Orthographe.* Paris 1978.

—: *L'orthographe française. Traité théorique et pratique avec des travaux d'application et leurs corrigés.* Paris 1980.

—: *Orthographe et lexicographie. Les mots composés.* Paris 1981.

—: *La phonétisation automatique du français.* Paris 1984.

—, GOLFAND, J., DENUX, R.: *Orthographe et lexicographie.* Paris 1971.

CELLARD, J.: *Ça mange pas de pain! 400 expressions familières ou voyoutes.* Paris 1982.
—, REY, A.: *Dictionnaire du français non conventionnel,* Paris 1980.
CHAURAND, J.: *Histoire de la langue française.* Paris 1969.
CHAVASSE, P.: *Essai sur la phonétique statistique de la langue française et son application à l'étude de l'intelligibilité d'une conversation,* in: Annuaire de Télécommunication 1948, 3, 1-16.
CHÉTRIT, J.: *Syntaxe de la phrase complexe à subordonnée temporelle.* Paris 1976.
CHIGAREVSKAIA, N.-A.: *Sur les valeurs et fonctions des fausses subordonnées en français d'aujourd'hui,* in: *Actes du XIIIe CILPhR,* Bd. 2, Québec 1976, 157-164.
CHOCHEYRAS, J.: *Un nouvel outil grammatical en français moderne: le verbe* voir, in: FM 36, 1968, 219-225.
—: *La détermination quantitative en français parlé,* in: FM 47, 1979, 353-361.
CHRISTENSEN, B. W.: *Phonèmes et graphèmes en français moderne. Quelques réflexions typologiques,* in: Acta Linguistica Hafniensia 10, 1966/67, 217-240.
CHRISTMANN, H. H.: *Zu den formes surcomposées im Französischen,* in: ZFSL 68, 1958, 72-100 (mit Literatur).
—: *Ludwig Söll (1931-1974),* in: ZRP 90, 1974, 679-686.
—: *Gesprochene Sprache von heute oder alte Sprachstufen als „wahrer" Gegenstand der Linguistik?,* in ZRP 94, 1978, 549-562.
—: *Das Französische der Gegenwart: zu seiner Norm und seiner „défense",* in: *Die französische Sprache von heute,* 1983, 411-440.
CHRISTOVA, D.: *La relation prédicative avec „il y a",* in: Godisen zbornik 4, 1978, 129-133.
CICUREL, F.: *Conversations écrites,* in: FdM 167, 1982, 20-27.
CINQUE, G.: *Left Dislocation in Italian,* in: Cahiers de lexicologie 34, 1979, 96-127.
COHEN, M.: *Observations à propos de l'ordre des mots en français contemporain,* in: Journal de psychologie normale et pathologique 43, 1950, 59-73.
—: *Nouveaux regards sur la langue française.* Paris 1963.
—: *Toujours des regards sur la langue française.* Paris 1970.
—: C'est rigolo *n'est pas populaire,* in: FM 38, 1970, 1-9. (Auch in: *Die französische Sprache von heute,* 1983, 306-314).
COLIGNON, J.-P.: *La ponctuation. Art et finesse.* Paris 1975.
COMPANYS, E.: *Les jonctions,* in: FdM 57, 1968, 20-24.
Computer corpora in English language research. Ed. S. JOHANSSON. Bergen 1982.
CONFAIS, J.-P.: *Grammaire explicative.* München [2]1978.
Connecteurs pragmatiques et structure du discours. Actes du 2e colloque de pragmatique de Genève, in: CLF 5, 1983.
Conversational routine: Explorations in standardized communication situations and prepatterned speech. Ed. F. COULMAS. The Hague 1981.
Conversations téléphoniques. Hg. v. E. SCHMALE-BUTON u. G. SCHMALE (Bielefelder Text-corpora Romanischer Sprachen 1). Bielefeld 1984 (Manuskript).
CORBIN, P.: *„Niveaux de langue",* in: BCA 4, 1980, 325-353.

CORBIN, D. ET P.: *Le monde étrange des dictionnaires (1): les „marques d'usage" dans le Micro Robert,* in: BCA 4, 1980, 237-324.

CORBLIN, F.: *Sur le rapport phrase — texte. Un exemple: l'emphase,* in: FM 47, 1979, 17-34.

CORNU, M.: *Les formes surcomposées en français.* Bern 1953.

A Corpus of English Conversation. Hg. v. J. SVARTVIK u. R. QUIRK, Lund 1980.

COSTERMANS, J., HUPET-WEBER, A.: *Information et redondance du français parlé,* in: Le langage et l'homme 41, 1969, 3-11.

COULMAS, F.: *Routine im Gespräch.* Wiesbaden 1981.

COWPER, E. A.: *Right dislocation in Franco-Canadian,* in: *Papers from the 15th Regional Meeting of the Chicago Linguistic Society,* Chicago 1979, 70-78.

CSÉCSY, M.: *De la linguistique à la pédagogie. Le verbe français.* Paris 1968.

—: *Les marques orales du nombre,* in: FdM 57, 1968, 43-48.

CULIOLI, A.: *Pour quoi le français parlé est-il si peu étudié?,* in: RFP 5, 1983, 291-300.

DABÈNE, M.: *Besoins langagiers et pratiques d'écriture,* in: LF 36, 1977, 51-66.

DAMOISEAU, R.: *Comment transformer en dialogues des textes narratifs,* in: FdM 42, 1966, 40-43.

DAMOURETTE, J., PICHON, E.: *Des mots à la penséee.* Paris o. J.

DANEŠ, F.: *Kultur der gesprochenen Äußerungen,* (1969) in: *Stilistik und Soziolinguistik* (s. u.), 73-93.

DANJOU-FLAUX, N.: *Les marques de satisfaction et d'insatisfaction,* in: FM 43, 1975, 289-307.

—: Au contraire, *connecteur adversatif,* in: CLF 5, 1983, 275-304.

DARDEL, R. DE: *Quelques aspects de la séquence expressive en français parlé.* Groningen 1972.

DARIAN, ST.: *Spoken and written communication: their forms and functions,* in: ITL 62, 1983, 27-51.

DAROT, M., LÈBRE-PEYTARD, M.: *Oral: les hésitations,* in: FdM 180, 1983, 102-104.

—: *„Ben, ici, c'est pas restreint hein" ou „hein", marqueur d'interaction et d'argumentation,* in: FdM 176, 1983, 89-91.

—: *Tours de parole et conversations familières,* in: FdM 184, 1984, 87-90.

DAUSES, A.: *Etudes sur l'e instable dans le français familier.* Tübingen 1973.

DAVISON, A.: *Syntactic markedness and the definition of sentence topic,* in: Language 60, 1984, 797-846.

DELBECQUE, N.: *Les mots charnières: fréquence et fonction,* in: ITL 59, 1983, 55-98.

—, BAS, E.: *La syllabation automatique du français parlé,* in: ITL 59, 1983, 99-136.

DELSAUT, Y.: *L'économie du langage populaire,* in: Actes de la recherche en sciences sociales 1, 1975, 33-40.

DERRIDA, J.: *De la grammatologie.* Paris 1967.

DESHAIES, D.: *Le futur simple et le futur proche dans le français parlé dans la ville de Québec,* in: Langues et linguistique 7, 1981, 21-37.

DÉSIRAT, C., HORDÉ, T.: *La langue française au XXe siècle.* Paris 1976.

DEULOFEU, J.: *Les énoncés à constituant lexical détaché,* in: RFP 2, 1979, 75-109.

—: *Perspective linguistique et sociolinguistique dans l'étude des relatives en français,* in: RFP 3, 1981, 135-193.

—: *L'étude des langues parlées et la typologie des langues,* in: RFP 5, 1983, 103-123.

DEVLAMMINCK, B.: *Différentes valeurs du français* se faire, in: Leuvense Bijdragen 62, 1973, 301-308.

DEYCK, R. VAN: *La syntaxe de la négation en français moderne,* in: TL 5, 1977, 35-60.

Dialogforschung. Jahrbuch 1980 des Instituts für deutsche Sprache. Düsseldorf 1981.

Dialogmuster und Dialogprozesse. Hg. v. D. METZING. Hamburg 1981.

Dictionnaire des fréquences. Vocabulaire littéraire des XIXe et XXe siècles. Paris 1971.

Les différents types de marqueurs et la détermination des fonctions des actes de langage en contexte, in: CLF 2, 3, 1981.

DIMTER, M.: *Textklassenkonzepte heutiger Alltagssprache.* Tübingen 1981.

DOBROVIE-SORIN, C.: *Impératifs conditionnels,* in: FM 52, 1984, 1-21.

DOPPAGNE, A.: *La bonne ponctuation. Clarté, précision, efficacité de vos phrases.* Gembloux 1978.

DOUAUD, P.: *Canada and France: Main Trends in the Sociolingustics of French,* in: Anthropological Linguistics 21, 1979, 163-181.

DRESSLER, W.: *Textsyntax,* in: Lingua e stile 5, 1970, 191-213.

DRIEMAN, G. H. J.: *Differences between written and spoken language,* in: Acta Psychologica 20, 1962, 36-57, 78-100.

DUBOIS, J.: *Grammaire structurale du français. Nom et pronom.* Paris 1965.

—: *Grammaire structurale du français. Le verbe.* Paris 1967.

DUBOIS, J., LAGANE, R.: *La nouvelle grammaire du français.* Paris 1973.

DUCROT, O. et al.: *Les mots du discours.* Paris 1980.

DUEZ, D.: *Silent and non-silent pauses in three speech styles,* in: Language and speech 25, 1982, 11-28 (betrifft Französisch).

DUPRÉ, P.: *Encyclopédie du bon français dans l'usage contemporain.* Paris 1972.

DURAND, M.: *Le genre grammatical en français parlé.* Paris 1936.

EAGLESON, R. D.: *Premeditated and Unpremeditated Speech: The Nature of the Difference,* in: English Studies 39, 1958, 145-154.

EBNETER, TH.: *Thema und Fokus im Französischen,* in: *Mélanges Theodor Gossen.* Bern 1976, 195-214.

—: *Le laboratoire de langues à l'université,* in: ELA 21, 1976, 113-122.

—, GESSNER, M.: *La causalité en français parlé,* in: TraLiLi 12, 1974, 325-346.

EDMONDSON, W.: *Spoken discourse: A model for analysis.* London 1981.

ÉDOUARD, R.: *Dictionnaire des injures.* Paris 1967.

EGGERS, H.: *Zur Syntax der deutschen Sprache der Gegenwart,* in: Studium generale 15, 1962, 49-59.

EGGS, E.: *Zum Gebrauch des Subjonctif im Französischen,* in: *Beiträge zur Linguistik des Französischen,* 1981, 21-49.

EHLICH, K., SWITALLA, B.: *Transkriptionssysteme,* in: Studium Linguistik 2, 1976, 78-105.

L'élaboration du français fondamental (1er degré). Hg. von G. Gougenheim, P. Rivenc, R. Michéa, A. Sauvageot. Paris 1967.

Ellipsen und fragmentarische Ausdrücke. Hg. v. R. MEYER-HERMANN u. H. RIESER. Tübingen 1985.

Empirische Textwissenschaft. Aufbau und Auswertung von Text-Corpora. Hg. v. H. BERGENHOLTZ u. B. SCHAEDER. Königst./Ts. 1979.

ENDRES-NIGGEMEYER, B.: *Das Lexikon französischer Massenliteratur in den mittleren und unteren Frequenzklassen.* Darmstadt 1975.

ENFIÈRE, A.: *La réforme de l'orthographie* [sic], in: Grammatica II (cf. BINAT) 1973, 109-124.

ENGEL, U.: *Satzbaupläne in der Alltagssprache,* in: *Satz und Wort im heutigen Deutsch.* Düsseldorf 1967, 55-73.

ENGWALL, G.: *Vocabulaire du roman français (1962—1968). Dictionnaire des fréquences.* Stockholm 1984.

Enquête sur le langage de l'enfant français. Transcription de conversations d'enfants de 9 ans. Transcription de conversations d'enfants de 10 ans. 3 Bde., Paris, CREDIF 1966, 1968 (vervielfältigt).

ERIKSSON, B.: *L'emploi des modes dans la subordonnée relative en français moderne.* Uppsala 1979.

ERNST, G.: *Prolegomena zu einer Geschichte des gesprochenen Französisch,* in: *Zur Geschichte des gesprochenen Französisch,* 1980, 1-14.

—: *Gesprochenes Französisch zu Beginn des 17. Jahrhunderts. Direkte Rede in Jean Héroards „Histoire particulière de Louis XIII" (1605-1610).* Tübingen 1985.

Erzählen im Alltag. Hg. v. K. EHLICH. Frankfurt a. M. 1980.

Erzählforschung. Ein Symposion. Hg. v. E. LÄMMERT. Stuttgart 1982.

ESCHMANN, J.: *Die Numerusmarkierung des Substantivs im gesprochenen Französisch.* Tübingen 1976.

—: *Texte aus dem „francais parlé".* Tübingen 1984.

ESSER, J.: *Untersuchungen zum gesprochenen Englisch.* Tübingen 1984.

ETTINGER, ST.: *Frequenzuntersuchungen zu einer Grundgrammatik des Französischen,* in: LuD 41, 1980, 71-78.

Etudes de grammaire française descriptive. Hg. v. F. J. HAUSMANN. Heidelberg 1983.

FEIDER, H.: *A Comparative Syntactic Description of Spoken and Written English.* Diss. Indiana University 1969.

FELIXBERGER, J.: *Untersuchungen zur Sprache des spanischen Sprichwortes.* München 1974.

—: *Phonologische Probleme an der Morphemgrenze im Französischen. Eine kritische Bestandsaufnahme zu* liaison, h aspiré *und* e muet, in: *Aufsätze zur Sprachwissenschaft* I. Hg. v. H. STIMM. Wiesbaden 1976, 110-139.

FILLOL, F., MOUCHON, J.: «Alors cet événement s'est passé ...». *Les éléments organisateurs du récit oral,* in: Pratiques 13, 1977, 100-127.

—: *Approche des notions de cohérence et de cohésion sur un corpus oral,* in: LF 38, 1978, 87-100.

FINKE, A.: *Untersuchungen zu Formen und Funktionen der Satzfrage im Theater des 17. und 18. Jahrhunderts.* Genf 1983.

FIRBAS, J.: *On Defining the Theme in Functional Sentence Analysis,* in: Travaux linguistiques de Prague 1, 1964, 267-280.

—: *Professor Josef Vachek Septuagenarian,* in: Brno Studies in English 13, 1979, 9-28 (mit Bibliogr.).

FISHMAN, J. A.: *Who speaks what language to whom and when?,* in: La linguistique 2, 1965, 67-88.

FLOREA, L. ST.: *Innovations syntaxiques du français parlé. De la disjonction au décumul,* in: Cercetări de Lingvistică 26, 1981, 157-165.

—: *Structure et agencement de la phrase orale. Le modèle „topic-comment",* in: Revue roumaine de linguistique 28, 1983, 209-222.

FONTIER, G., LE CUNFF, M.: *Julig, l'enseignant et le modèle (L'échantillon de discours oral: choix et utilisation),* in: FdM 121, 1976, 36-55.

FOUCHÉ, P.: *Traité de prononciation française.* Paris 1956.

FRAISSE, P., BREYTON, M.: *Comparaisons entre les langages oral et écrit,* in: L'année psychologique 59, 1959, 61-71.

Le français parlé. Etudes sociolinguistiques, hg. v. P. THIBAULT. Edmonton 1979.

Le français parlé au Québec, in: Revue québécoise de linguistique 11, 2, 1982.

Le français parlé en milieu populaire. Ed. C. LEFEBVRE et al., in: Recherches linguistiques à Montréal 15, 1980.

FRANÇOIS, D.: *Français parlé.* 2 Bde., Paris 1974.

—: *Français parlé ou français populaire,* in: Ethnologie française 3, 1973, 265-270.

—: *Les auxiliaires de prédication,* in: La Linguistique 11-II, 1975, 31-40.

—: *Norme orale et norme écrite: L'exemple de* c'est *et* il y a, in: *Kongreßberichte der 7. Jahrestagung der Gesellschaft für Angewandte Linguistik.* Stuttgart 1977, I, 21-28 (auch in: *Etudes de grammaire française descriptive,* 1983, 64-68).

—: *Traits spécifiques d'oralité et pédagogie,* in: Pratiques 17, 1977, 31-52.

—: *L'oral, les oraux et leur grammaire,* in: FdM 145, 1979, 40-45.

—: *L'opposition verbo-nominale en français,* in: Modèles linguistiques 6, 1, 1984, 233-238.

FRANÇOIS, F.: *Fonctions et norme de la langue écrite,* in: *Le pouvoir de lire.* Paris 1975, 56-70.

— u. a.: *La syntaxe de l'enfant avant 5 ans.* Paris 1977.

— u. a.: *Conduites linguistiques chez le jeune enfant.* Paris 1985.

Die französische Sprache von heute. Hg. v. F. J. HAUSMANN, Darmstadt 1983.

FRÉDÉRIC, M.: *La tautologie dans le langage naturel,* in: TraLiLi 19, 1, 1981, 313-326.

—: *La répétition,* Tübingen 1984.

FREI, H.: *La grammaire des fautes.* Paris 1929.

—: *Le livre des deux mille phrases.* Genf 1966.

—: *Signes intonationnels de mise en relief,* in: *Festschrift W. v. Wartburg zum 80. Geburtstag.* Tübingen 1968, Bd. 1, 611-618.

—: *The segmented sentence. Bally's theory reconsidered,* in: *Linguistics and literary studies in honor of A. A. Hill.* Bd. 1, Lisse 1976, 139-144.

—: *Il y a répétition et répétition,* in: Lingua 39, 1976, 1-25.

—: *Définition du type* Les Marocaines, vous aimez?, in: *Festschrift K. Baldinger zum 60. Geburtstag.* Tübingen 1979, 300-303.

FRIES, CH. C.: *The Structure of English.* New York 1952.

FRITZ, G.: *Zur Verwendung tautologischer Sätze in der Umgangssprache,* in: Wirkendes Wort 31, 1981, 398-415.

FURUKAWA, N.: *Le nombre grammatical en français contemporain.* Paris 1978.

GAATONE, D.: *Le rôle de* voir *dans les procédures de retournement de la phrase,* in: Linguistics 58, 1970, 18-29.

—: *Etude descriptive du système de la négation.* Genf 1971.

—: *Liaison et structure syllabique en français,* in: FM 47, 1979. 312-334.

GAGNÉ, G. u. a.: *Etudes sur la langue parlée des enfants québécois (1969—1980).* Montréal 1981.

GAK, V. G.: *L'orthographe du français.* Paris 1976.

GALAMBOS, S. J.: *A clarification of the notion of topic: Evidence from popular spoken French,* in: *Papers of the parasession on pronouns and anaphora,* hg. v. J. Kreiman. Chicago 1980, 125-138.

GARROTE, E.: *Notes sur le français dit ‚populaire',* in: Boletín de filología 31, 1980/81, 775—786.

GECKELER, H.: *Sigmaphobie in der Romania?,* in: ZRP 92, 1976, 265-291.

—: *„Phonischer Code" und „skripturaler Code",* in: Iberoromania 8, 1978, 11-29.

—: *Le français est-il une langue isolante? — V. Skalička et la typologie du français,* in: *Navicula Tubingensis. Studia in honorem Antonii Tovar.* Tübingen 1984, 145-159.

GEFFROY, R.: *La conjugaison orale des verbes français.* Paris 1978.

GENOUVRIER, E.: *Ecrire et parler,* in: FdM 169, 1982, 73-79.

—, PEYTARD, J.: *Linguistique et enseignement du français.* Paris 1970.

GEORGE, K. E. M.: *Formules de négation et de refus en français populaire et argotique,* in: FM 38, 1970, 307-314.

—: *L'apocope et l'aphérèse en français familier, populaire et argotique,* in: FM 48, 1980, 16-37.

—: *Redoublement lexical, procédé intensif,* in: FdM 180, 1983, 63-65.

GÉRARD, J.: *L'exclamation en français. La syntaxe des phrases et des expressions exclamatives.* Tübingen 1980.

GERTNER, M. H.: *The morphology of the modern French verb.* Den Haag 1973.

Gespräche zwischen Alltag und Literatur. Hg. v. D. CHERUBIM u. a. Tübingen 1984.

Gesprochene Sprache. Probleme ihrer strukturalistischen Untersuchung. Wiesbaden 1966.

Gesprochene Sprache. Bericht der Forschungsstelle Freiburg. Mannheim 1973.

Gesprochenes Italienisch in Geschichte und Gegenwart. Hg. v. G. HOLTUS u. E. RADTKE, Tübingen 1985.

GESSNER, M. P.: *Grammaires du français et de l'anglais parlés contemporains,* in: NS 77, 1978, 127-137.

GIACOMI, A.: *Approche de la relative dans un corpus de français parlé,* in: LS 25, 1983, 41-60.

—, VÉRONIQUE, D.: *A propos de „il y a"/„il y en a",* in: FM 50, 1982, 237-242.

GIL, A.: *Die Wiedergabe gesprochener Sprache im spanischen Roman der Gegenwart,* in: Iberoromania 20, 1984, 9-20.

GILBERT, P.: *Différenciations lexicales,* in: FdM 69, 1969, 41-47.

GIRAUD, R.: *L'Argot tel qu'on le parle. Dictionnaire français-argot.* Paris 1981.

GLEASON, H. A.: *Introduction à la linguistique.* Paris 1969.

GOEBL, H.: *Die normandische Urkundensprache.* Wien 1970.

GÖLLER, A.: *Elemente zu einer Didaktik der französischen Rechtschreibung,* in: LuD 26, 1976, 130-143.

GÖTZ, D.: *Die gesprochene Fremdsprache,* in: *Wissenschaft zwischen Forschung und Ausbildung.* München 1975, 129-139.

GOLDBERG, G.: *Conduite du discours enfantin et complexité syntaxique,* in: La Linguistique 12-I, 1976, 3-34.

—: *Syntaxe et types d'énonciation,* in: LF 35, 1977, 77-85.

GORGAS, J.: *Begleitformen des Gesprächs im Französischen und Spanischen.* Diss. Freiburg 1969.

GORNIK-GERHARDT, H.: *Zu den Funktionen der Modalpartikel „schon" und einiger ihrer Substituentia.* Tübingen 1981.

GOSSEN, C. TH.: *Quelques aspects de la mise en relief d'une idée en italien et en français,* in: ZRP 67, 1951, 147-166.

GRAFSCHAFT, W. K.: *Die Onomasiologie von «sterben» im Französischen.* Bonn 1974.

GRAFSTRÖM, Å.: On *remplaçant* nous *en français,* in: RLiR 33, 1969, 270-298.

La grammaire du français parlé. Hg. v. A. RIGAULT. Paris 1971.

Grammaire Larousse du français contemporain. Paris 1964.

Grammatik, Konversation, Interaktion, Beiträge zum Romanistentag 1983. Hg. v. E. GÜLICH u. TH. KOTSCHI, Tübingen 1985.

GREGORY, M.: *Aspects of Varieties Differentiation,* in: Journal of Linguistics 3, 1967, 177-198.

GREIVE, A.: *Neufranzösische Formen der Satzfrage im Kontext.* Mainz 1974.

—: *Zur Linguistik des gesprochenen Französisch,* in: ASNSL 215, 1978, 33-48.

—: *Französische Orthographiefehler in linguistischer Sicht* in: *Romanica Europaea et Americana.* Festschrift für Harri Meier, Bonn 1980, 207-216.

—: *Remarques sur l'histoire du français parlé,* in: CILL 10, 1984, 65-76.

GREVISSE, M.: *Problèmes de langage. Troisième série.* Paris 1964.

—: *Le bon usage.* Gembloux, Paris [8]1964 ([11]1980).

—: *Code de l'orthographe française.* Amiens, Brüssel [4]1965.

GROSJEAN, F.: DESCHAMPS, A.: *Analyse des variables temporelles du français spontané,* in: Phonetica 26, 1972, 129-156, 28, 1973, 191-226.

GSELL, O.: *Beobachtungen an einem «kranken» Modus,* in: *Sprache und Mensch in der Romania. H. Kuen zum 80. Geburtstag.* Wiesbaden 1979, 94-109.

GÜLICH, E.: *Makrosyntax der Gliederungssignale im gesprochenen Französisch.* München 1970.

—: *Was sein muß, muß sein. Überlegungen zum Gemeinplatz und seiner Verwendung,* in: *Logos Semantikos.* Studia linguistica in honorem E. Coseriu Vol. II, Berlin 1981, 343-363.

—: *La „phrase segmentée" en français et en allemand: une technique particulière à la communication orale,* in: *Didactique des langues étrangères.* Français, Allemand. Actes du colloque tenu à l'Université Lyon II en mars 1981, Lyon 1982, 33-66.

—, HENKE, K.: *Sprachliche Routine in der Alltagskommunikation. Überlegungen zu „pragmatischen Idiomen" am Beispiel des Englischen und des Französischen,* in: NS 78, 1979, 513-530; NS 79, 1980, 1-33.

—, KOTSCHI, TH.: *Les marqueurs de la reformulation paraphrastique,* in: CLF 5, 1983, 305-351.

GUESPIN, L.: *Interaction verbale et catégorisation dans l'entretien: sur une enquête sociologique à Louviers,* in: Langages 74, 1984, 47-91.

GUEUNIER, N.: *Les niveaux de langue en milieu scolaire,* in: FdM 112, 1975, 6-12.

—, GENOUVRIER, E., KHOMSI, A.: *Les Français devant la norme. Contribution à une étude de la norme du français parlé.* Paris 1978.

GUION, J.: *L'institution orthographe.* Paris 1974.

GUIRAUD, P.: *La syntaxe du français.* Paris 1963. (Que sais-je? 984).

—: *Le français populaire.* Paris 1965. (Que sais-je? 1172).

—: *Le système du relatif en français populaire,* in: Langages 3, 1966, 40-48.

—: *Patois et dialectes français.* Paris 1968. (Que sais-je? 1285).

—: *Français populaire ou français relâché,* in: FdM 69, 1969, 23-27.

—: *L'argot.* Paris [5] 1969. (Que sais-je? 700).

—: *Les gros mots.* Paris 1975. (Que sais-je? 1597).

—: *Le langage du corps.* Paris 1980. (Que sais-je? 1850).

HALLIDAY, M. A. K.: *Functional Diversity in Language as Seen from a Consideration of Modality and Mood in English,* in: Foundations of Language 6, 1970, 322-361.

HALMÖY, O.: *Le gérondif.* Trondheim 1982.

HANNERZ, U.: *Language Variation and Social Relationships,* in: Studia Linguistica 24, 1970, 128-151.

HANSE, J.: *Pour une rationalisation de l'orthographe,* in: La Banque des mots 12, 1976, 123-144.

—: *Modifications orthographiques et tolérances grammaticales,* in: Bulletin de l'Académie royale de langue et littérature françaises 55, 1977, 42-72.

—: *Orthographe et grammaire. Politique nouvelle.* Paris 1980.

HARMER, L. C.: *The Present State of French,* in: Forum for Modern Language Studies 1, 1965, 250-265 und 376-390 (dtsch. in: *Die französische Sprache von heute,* 1983, 216-258).

—: *Le déclin du subjonctif dans le français moderne,* in: CILPhR X, Paris 1965, 491-500.

—: *Remarques sur la ponctuation française,* in: FdM 66, 1969, 22-28.

—: *Uncertainties in French Grammar.* Cambridge 1979.

HARRIS, M.: *The evolution of French syntax: a comparative approach.* London 1978.

HARWEG, R.: *Pronomina und Textkonstitution.* München 1968.

—: *Die Rundfunknachrichten,* in: Poetica 2, 1968, 1-4.

—: *Textanfänge in geschriebener und in gesprochener Sprache,* in: Orbis 17, 1968, 342-388.

—: *Buchstabe und Graphem,* in: LB 13, 1971, 78-80.

HAUSENBLAS, K.: *Stile der sprachlichen Äußerungen und die Sprachschichtung* (1962), in: *Stilistik und Soziolinguistik* (s. u.), 38-53.

—: *On the Characterization and Classification of Discourses,* in: Travaux linguistiques de Prague 1, 1964, 67-83.

HAUSMANN, F. J.: *Studien zu einer Linguistik des Wortspiels.* Tübingen 1974.

—: *Gesprochenes und geschriebenes Französisch,* in: RJb 26, 1975, 19-45.

—: *Soziolekte und Register in ihrem Verhältnis zur Sprech- und Schreibnorm im Französischen,* in: *Kongreßberichte der 7. Jahrestagung der Gesellschaft für Angewandte Linguistik.* Stuttgart 1977, I, 89-95.

—: *Wie alt ist das gesprochene Französisch? Dargestellt speziell am Übergang von* j'allons *zu* on y va, in: RF 91, 1979, 431-444.

—: *Reden wie ein Buch. Zur Linguistik und Didaktik des gesprochenen Französisch,* in: *Sprache in Unterricht und Forschung. Schwerpunkt Romanistik.* Hrsg. v. R. BAUM u. a. Tübingen 1979, 123-136.

—: *Zur Rekonstruktion des um 1730 gesprochenen Französisch,* in: *Zur Geschichte des gesprochenen Französisch,* 1980, 33-46.

—: *Gesprochene Sprache im* Trésor de la langue française, in: ZFSL 92, 1982, 220-232.

HAVRÁNEK, B.: *Die Theorie der Schriftsprache* (1969), in: *Stilistik und Soziolinguistik* (s. u.), 19-37.

HAYAKAWA, S. I.: *Semantik.* Darmstadt 1967.

HEGER, K.: *La conjugaison objective en français et en espagnol,* in: Langages 3, 1966, 19-39.

—: *Die* liaison *als phonologisches Problem,* in: *Festschrift W. v. Wartburg zum 80. Geburtstag.* Tübingen 1968, I, 467-484.

—: Il la lui a donnée à Jean, son père, sa moto: *neue Überlegungen zu einem alten Beispiel,* in: *Festschrift für Johannes Hubschmid.* Bern, München 1982, 53-66.

HEIKE, G.: *Sprachliche Kommunikation und linguistische Analyse.* Heidelberg 1969.

HEINZE, H.: *Gesprochenes und geschriebenes Deutsch.* Düsseldorf 1979.

HELLBERG, G.: *Le système hypothétique dans le français écrit et parlé 1947-1957.* Diss. Stockholm 1971.

HENNE, H.: *Gesprächswörter, in: Interdisziplinäres deutsches Wörterbuch in der Diskussion.* Düsseldorf 1978, 42-47.

HENRY, A.: *Etudes de syntaxe expressive.* Paris 1960 ([2]1977).

HÉRAIL, R. J., LOVATT, E. A.: *Dictionary of Modern Colloquial French.* London 1984.

HERDAN, G.: *The Advanced Theory of Language as Choice and Chance.* Berlin 1966.

HERZOG, CHR.: *Le passé simple dans les journaux du XXe siècle.* Bern 1981.

HESSE, B., KLEINEIDAM, H.: Code Oral *oder* Langue Parlée?, in: LB 27, 1973, 52-71.

HILDEBRANDT, R.: *Eine Funktion des französischen Passivs textlinguistisch gesehen.* in: Sprachwissenschaft 2, 1977, 422-432.

HILL, C., VARENNE, H.: *Family Language and Education: The Sociolinguistic Model of Restricted and Elaborated Codes,* in: Social Science Information 20, 1981, 187-228.

HILL, J. K.: *‚A la recherche de temps perdus': The double compound forms of the verb in present-day French,* in: Word 35, 1984, 89-112.

HILL, L. A.: *The Passive again,* in: English Language Teaching 18, 1963/64, 69-74.

HILTY, G.: *Langue française.* Zürich 1974.

HOCKETT, CH. F.: *The State of the Art.* The Hague 1968.

HÖFFE, W. L.: *Sprachlicher Ausdrucksgehalt und akustische Struktur,* in: Wiss. Z. Jena, Ges.- und sprachw. Reihe 6, 1956/57, 794-830.

HÖHNE-LESKA, CHR.: *Statistische Untersuchungen zur Syntax gesprochener und geschriebener deutscher Gegenwartssprache.* Berlin 1975.

HÖLKER, K.: *„Quoi" als diskursorganisierende Partikel im gesprochenen Französisch,* in: LB 92, 1984, 46-59.

—: Enfin, j'ai évalué ça, vous savez, à quelque chose près, quoi, in: *Grammatik, Konversation, Interaktion,* 1985.

HÖRMANN, H.: *Psychologie der Sprache.* Berlin 1967.

HOLTUS, G.: *Untersuchungen zu Stil und Konzeption von Célines* «Voyage au bout de la nuit». Frankfurt 1972.

—: Code parlé *und* code écrit *und ihre Berücksichtigung in französischen (Schul-) Grammatiken,* in: NM 31, 1978, 100-111.

—: *Zu einigen Beschreibungsversuchen der Varietäten und Strukturen der französischen Gegenwartssprache,* in: Fh 9, 1978, 161-169.

—: *Français parlé und Italiano parlato: Notizen zur Untersuchung gesprochener*

Sprache in der Romanistik, in: *Zur Geschichte des gesprochenen Französisch*, 1980, 47-57.

—, Pfister, M.: Code parlé *und* code écrit *im Französischen*, in: ZRP 93, 1977, 58-96.

Hordé, T.: *Les mots exclus*, in: Le français aujourd'hui 58, 1982, 5-10.

Hořejší, V.: *Analyse structurale de l'orthographe française*, in: Philologica Pragensia 5, 1962, 225-236.

—: *Quelques traits caractéristiques de l'orthographe française*, in: BRP 3, 1964, 65-71.

—: *Formes parlées, formes écrites et systèmes orthographiques des langues*, in: FL 5, 1972, 185-193.

Hronova, V.: *La publicité radiophonique*, in: Etudes romanes de Brno 7, 1974, 35-44.

Hudelot, Chr.: Relative *et* relatif, in LF 35, 1977, 97-106.

Hufschmidt, J., Mattheier, K. J.: *Sprachdatenerhebung*, in: *Sprachliches Handeln — Soziales Verhalten*. München 1976, 105-123.

Hug, M.: *L'adjectif épithète et le complément du nom dans la langue des journalistes 1968 et 1928: étude statistique comparative*, in: ELA 1, 1971, 58-102.

Hunnius, K.: *Archaische Züge des* langage populaire, in: ZFSL 85, 1975, 145-161. (Auch in: *Die französische Sprache von heute*, 1983, 345-365).

—: Rez. B. Müller, *Das Französische der Gegenwart*, in: ASNSL 213, 1976, 438-442.

—: *Frz.* je: *ein präfigiertes Konjugationsmorphem?*, in: ASNSL 214, 1977, 37-48.

—: *Teilungsartikel + Adjektiv. Ein Beitrag zur Kenntnis des gesprochenen Französisch*, in: LuD 33, 1978, 97-106.

—: *Sprachnorm und Sprachgebrauch. Zur Geschichte der Kongruenzregeln des participe passé*, in: *Romanica Europaea et Americana*. Festschrift für Harri Meier, Bonn 1980, 244-253.

—: *Mais des idées, ça, on en a, nous, en France. Bilanz und Perspektiven der Diskussion über das Personalpronomen* on *im gesprochenen Französisch*, in: ASNSL 218, 1981, 76-89.

Hupet, M., Costermans, J.: *Des fonctions sémantiques du passif*, in: CILL 2, 1973/1974, 211-243.

—: *Un passif: pour quoi faire?*, in: La Linguistique 12-II, 1976, 3-26.

Illich, I.: *Mündlichkeit und Schriftlichkeit*, in: Skarabaeus 3, 1984, 45—70.

Imbs, P.: *L'emploi des temps verbaux en français moderne*. Paris 1960.

—: *Les niveaux de langue dans le dictionnaire*, in: FdM 69, 1969, 51-58.

—: *Principe* [sic] *d'une réforme de l'orthographe*, in: FM 39, 1971, 307-335.

Iverson, G. K.: *The elsewhere condition and h-aspiré*, in: Journal of Linguistics 19, 1983, 369-376.

Jäger, K.-H.: *Untersuchungen zur Klassifikation gesprochener deutscher Standardsprache. Redekonstellationstypen und argumentative Dialogsorten*. München 1976.

Jakobson, R.: *Essais de linguistique générale*. Paris 1963.

JEANJEAN, C.: *‚Soit y'avait le poisson soit y'avait ce rôti farci'. Etude de la construction de* il y a *dans la syntaxe du français,* in: RFP 2, 1979, 121-160.

—: *L'organisation des formes sujets en français de conversation: étude quantitative et grammaticale de deux corpus,* in: RFP 3, 1981, 99-134.

—: *Qu'est-ce que c'est que* ça?, in: RFP 4, 1982, 117-151.

—: *A propos de l'utilisation des conjonctions chez les enfants,* in: RFP 5, 1983, 191-209.

JEDLIČKA, A.: *Zur Prager Theorie der Schriftsprache,* in: Travaux linguistiques de Prague 1, 1964, 47-58.

JELÍNEK, M.: *Die stilistische Spannweite der heutigen tschechischen Schriftsprache* (1969), in: *Stilistik und Soziolinguistik* (s. u.), 54-72.

JOLIVET, R.: *L'acceptabilité des formes verbales surcomposées,* in: FM 52, 1984, 159-176.

JOLY, H.: *Orthographe et néologie,* in: La Banque des mots 12, 1976, 149-152.

JONAS, M.: *Une planche de salut pour le français,* in: FR 51, 1977, 180-187.

JUDGE, A., HEALEY, F. G.: *A Reference Grammar of Modern French.* London 1983.

JUILLAND, A.: *Frequency Dictionary of French Words.* The Hague 1970.

—: *„L'autre français" ou doublets, triplets et quadruplets dans le lexique verbal de Céline,* in: FM 48, 1980, 38-69.

KAHN, F.: *Le système des temps de l'indicatif.* Genf 1954.

KAISER, E.: *Strukturen der Frage im Französischen. Synchronische und diachronische Untersuchungen zur direkten Frage im Französischen des 15. Jahrhunderts (1450-1500),* Tübingen 1980.

—: *Structures orales dans les textes dramatiques de la fin du XVe siècle.* In: *Du mot au texte,* Tübingen 1982, 189—197.

KALLMEYER, W.: *(Expressiv) Eh ben dis donc, hein' pas bien — Zur Beschreibung von Exaltation als Interaktionsmodalität,* in: *Bildung und Ausbildung in der Romania,* hg. R. Kloepfer, Bd. 1, München 1979, 549-568.

KAMLAH, W., LORENZEN, P.: *Logische Propädeutik.* Mannheim 1967.

KARASCH, A.: *Passiv und passivische Diathese im heutigen Französischen und Deutschen.* Frankfurt, Bern 1982.

KATZ, J. J.: *Semi-sentences,* in: J. A. Fodor, J. J. Katz (Hg.), *The Structure of Language.* Englewood Cliffs 1964, 400-416.

KELLER, R. E.: *Some Problems of German Umgangssprache,* in: Transactions of the Philological Society 1966, 88-106.

KEMP, W.: *L'histoire récente de* ce que, qu'est-ce que *et* qu'osque *à Montréal: trois variantes en interaction,* in: *Le francais parlé,* 1979, 53-74.

KHOMSI, A.: *Comment étudier le langage oral de l'enfant,* in: Bref 9, 1977, 61-73.

—: *Prosodie et syntaxe: quelques indices de perception de l'emphase,* in: Travaux du laboratoire de phonétique de Tours 3, 1977, 39-54.

KIEFER, F.: *Generative Morphologie des Neufranzösischen.* Tübingen 1973.

KIELHÖFER, B.: *Entwicklungssequenzen beim Erwerb der Vergangenheitstempora in der französischen Kindersprache,* in: LB 81, 1982, 83-103.

KLAUSENBURGER, J.: *French Prosodics and Phonotactics.* Tübingen 1970.

—: *Review article* [TRANEL, WALKER, LOVE], in: Language 59, 1983, 608-626.

—: *French Liaison and Linguistic Theory.* Wiesbaden 1984.

KLEIN, H.-W.: Moi *betonte Form zu* je?, in: Praxis 19, 1972, 79-84 (Auch in: *Die französische Sprache von heute*, 1983, 320-330).

—, KLEINEIDAM, H.: *Grammatik des heutigen Französisch.* Stuttgart 1983.

KLEIN, J.-R.: *Le vocabulaire des mœurs de la vie parisienne sous le Second Empire. Introduction à l'étude du langage boulevardier.* Louvain 1976.

KLIMA, E. S.: *Relatedness between Grammatical Systems,* in: Language 40, 1964, 1-20.

KLINKENBERG, J.-M.: *L'orthographe française constitue-t-elle un système?,* in: FM 39, 1971, 236-256.

—: *Les niveaux de langue et le filtre du „bon usage". Du discours normatif au discours sociolinguistique,* in: FM 50, 1982, 52-61.

KLUM, A.: *Verbe et adverbe.* Uppsala 1961.

KNOOP, U.: *Mündlichkeit — Schriftlichkeit*, in: *Schriftsprachlichkeit*, hrsg. v. U. GROSSE. Düsseldorf 1983, 24—36.

KNOPP, K.: *Französischer Schülerargot.* Frankfurt a. M. 1979.

KOCH, P.: *Gesprochenes Italienisch und sprechsprachliche Universalien*, in: *Gesprochenes Italienisch*, 1985.

—: *Sprechsprache im Französischen*, in: ZFSL 95, 1985.

—, OESTERREICHER, W.: *Sprache der Nähe — Sprache der Distanz. Mündlichkeit und Schriftlichkeit im Spannungsfeld von Sprachtheorie und Sprachgeschichte*, in: RJb 36, 1985.

KOCOUREK, R.: *La langue française de la technique et de la science.* Wiesbaden 1982.

KOERNER, E. F. K.: *Notes on the Semantics of Technical Terms in the Description of the Varieties of Contemporary German,* in: German Quarterly 44, 1971, 1-23.

KOLSTRUP, S.: *Les temps du passé du français oral,* in: *Actes du VIIIe Congrès des Romanistes Scandinaves,* Odense 1983, 191-200.

KRAMER, J.: *Sprachunterricht und Sprachvarietäten,* in: Fh 10, 1979, 99-107.

KREMOS, H.: *Höflichkeitsformeln in der französischen Sprache.* Zürich 1955.

KRENN, H.: *Pro-Passiv: Ein französisches Paradoxon,* in: *Fakten und Theorien. Festschrift H. Stimm.* Tübingen 1982, 117-120.

KRIWONOSSOW, A.: *Die Distribution des Wortes* schon *in der deutschen Gegenwartssprache,* in: Wiss. Zs. Berlin, Ges.- u. sprachw. Reihe 12, 1963, 403-427.

KUPFERMANN, L.: *Il y a une place de libre: study of a construction,* in: Linguistics 18, 1980, 821-848.

LABELLE, G.: *La langue des enfants de Montréal et de Paris,* in: LF 31, 1976, 55-73.

LAGANE, R.: *Le français commun, mythe ou réalité?,* in: FdM 69, 1969, 6-11.

LAKS, B.: *Contribution empirique à l'analyse socio-différentielle de la chute de /r/ dans les groupes consonantiques finals,* in: LF 34, 1977, 109-125.

LAMBRECHT, K.: *Topic, French Style. Remarks about a basic sentence type of Modern, Non-Standard French,* in: Berkely Linguistics Society 6, 1980, 337-360.

—: *Topic, Antitopic and Verb Agreement in Non-Standard French,* Amsterdam 1981.

LAMY, Y.: *Attention aux gros mots,* in: FdM 146, 1979, 39 f.

LANGACKER, R. W.: *Language and its Structure.* New York 1967.

LANGENBACHER, J.: *Das „Néo-français": Sprachkonzeption und kritische Auseinandersetzung Raymond Queneaus mit dem Französischen der Gegenwart.* Frankfurt a. M. 1981.

Language by Ear und by'Eye. Ed. J. F. Kavanagh. Cambridge 1972.

LAPARRA, M.: *Sélection thématique et cohérence du discours à l'oral* in: FM 50, 1982, 208-236.

LAPIERRE, A.: *Quelques aspects quantitatifs de la conjugaison en français contemporain,* in: FM 42, 1974, 97-107.

LARSSON, E.: *La dislocation en français. Etude de syntaxe générative.* Lund 1979.

LÉARD, J. M.: *Essai d'explication de quelques faits de morphosyntaxe du québécois: le pronom relatif en diachronie structurale,* in: Revue québécoise de linguistique 12, 1, 1982, 97-143.

LE BIDOIS, G. und R.: *Syntaxe du français moderne.* Paris ²1967.

LÈBRE-PEYTARD, M. et al.: *Des Parisiens ont la parole,* in: FdM 196, 1984, 73-80.

LECLÈRE, CHR.: *Datifs syntaxiques et datif éthique,* in: *Méthodes en grammaire française.* Paris 1976, 73-96 (engl. in: Journal of Linguistic Calculus 1, 1979, 122-147).

LE GOFFIC, P.: *Linguistique et enseignement des langues: A propos du passif en français,* in: LF 8, 1970, 78-89 (auch in: *Etudes de grammaire française descriptive,* 1983, 55-63).

LEMHAGEN, G.: *L'analyse sociolinguistique d'un corpus de français parlé,* in: StN 50, 1978, 305-323.

LENNIG, M.: *Acoustic measurement of linguistic change: The modern Paris vowel system.* PhD Diss. Univ. of Pennsylvania 1978 (W. Labov).

—: *Une étude quantitative du changement linguistique dans le système vocalique parisien,* in: *Le français parlé,* 1979, 29-40.

LÉON, M.: *L'accentuation des pronoms personnels en français standard.* Paris 1972.

—: *Erreurs et normalisation: les liaisons fautives en français contemporain,* in: Revue de phonétique appliquée 69, 1984, 1-10.

LÉON, P. R.: *Prononciation du français standard.* Paris 1966.

—: *Aspects phonostylistiques des niveaux de langue,* in: FdM 57, 1968, 68-72.

LEONTEV, A. A.: *Sprache — Sprechen — Sprechtätigkeit.* Stuttgart 1971.

LERAT, P.: *Etude descriptive d'énoncés du type de „ça/les féministes protestent",* in: LI 7, 1983, 261-270.

LEROND, A.: *Dictionnaire de la prononciation.* Paris 1980.

LEROT, J.: *La motivation valencielle et pragmatique du passif,* in: CILL 10, 1-3, 1984, 163-171.

LEVITT, J.: *Spelling-Pronunciation in Modern French,* in: Linguistics 42, 1968, 19-28.

—: *The French Vowel Phonemes,* in: Linguistics 58, 1970, 38-51.

—: *The Agreement of the Past Participle in Modern French: Orthographic Convention or Linguistic Fact?,* in: Linguistics 114, 1973, 25-41.

—: *The Influence of Orthography on Phonology,* in: Linguistics 208, 1978, 43-67.

LINDENFELD, J.: *The social conditioning of syntactic variation in French,* in: American Anthropologist 71, 1969, 890-898, abgedruckt in: *Advances in the Sociology of Language.* Ed. J. A. FISHMAN, The Hague 1972, 77-90.

—: *Communicative Patterns at French Marketplaces,* in: Semiotica 23, 1978, 279-290.

LINDQVIST, A.: *Satzwörter. Eine vergleichende Studie.* Göteborg 1961.

LINDQVIST, C.: *L'emploi temporel dans la complétive au subjonctif introduite par un temps du passé en français contemporain.* Uppsala 1979.

Linguistic Variation. Models and Methods. Hg. v. D. SANKOFF. New York, London 1978.

LIPKA, L.: *„Mise en relief" und „Cleft sentence".: zwei Verfahren der Thema/Rhema-Gliederung,* in: *Fakten und Theorien.* Festschrift für H. Stimm, Tübingen 1982, 163-172.

Liste de modifications orthographiques acceptées par l'Académie française, in: La Banque des mots, 12, 1976, 145-148.

LITTLEWOOD, W. T.: *Some Linguistic Factors in Listening Comprehension,* in: Audio-Visual Language Journal 15, 1977, 170-4.

LOFFLER-LAURIAN, A.: *L'expression du locuteur dans les discours scientifiques.* Je, nous et on *dans quelques textes de chimie et de physique,* in: RLiR 44, 1980, 135-157.

Logique, argumentation, conversation. Actes du Colloque de Pragmatique Fribourg 1981. Bern, Frankfurt/M. 1983.

LUCCI, V.: *Rythme et longueur du message parlé. La conversation,* in: Bulletin de l'Institut de Phonétique de Grenoble 3, 1974, 139-150.

—: *Le mécanisme du* e *muet dans différentes formes de français parlé,* in: La Linguistique 12-II, 1976, 87-104.

—: *Reconnaissance des variantes socio-culturelles et situationnelles du français oral,* in: Bulletin de l'Institut de phonétique de Grenoble 7, 1978, 33-66.

LÜDI, G.: Tu parles!, in: *Logique, argumentation, conversation,* 1983, 113-140.

LÜDICKE, A.: *Zum Ausfall der Verneinungspartikel* ne *im gesprochenen Französisch,* in: ZRP 98, 1982, 43-58.

LURÇAT, L.: *Langage oral et langage écrit. Passage du langage oral au langage écrit dans une épreuve de rédaction,* in: Bulletin du CERP 12, 1963, 193-207.

LUTZ, V.: *Observations sur les affirmations, les négations et les réponses dans la conversation du 20e siècle.* Diss. Zürich 1953.

LUZZATI, D.: *„Ben", appui du discours,* in: FM 50, 1982, 193-207.

LYONS, J.: *Introduction to Theoretical Linguistics.* Cambridge 1968.

—: (ed.) *New Horizons in Linguistics.* Harmondsworth 1970.

MAIR, W.: *Überlegungen zum Problem der „gesprochenen" und „geschriebenen" Sprache im Französischen,* in: *Sprachtheorie und Sprachenpraxis. Festschrift H. Vernay,* Tübingen 1979, 179-206.

—: *„Français parlé" et „français écrit": remarques sur les rapports entre „modes de manifestation linguistique" et „modes de production signifiante",* in: Lingua e stile 16, 1981, 151-162.

—: *Elemente gesprochener Sprache bei Robert de Clari,* in: ZFSL 92, 1982, 193-219.

MAJUMDAR, M. J., MORRIS, A. M.: *The French Pluperfect Tense as a Punctual Past,* in: Archivum Linguisticum 11, 1980, 1-12.

MALANDAIN, J.-L.: *La conjugaison en français fondamental,* in: FdM 83, 1971, 6-12.

—: *Il faut bien faire avec des bribes, hein!,* in: FdM 176, 1983, 84-88, 98 f.

MALÉCOT, A.: *New Procedures for Descriptive Phonetics,* in: *Papers in Linguistics and Phonetics to the Memory of Pierre Delattre.* Den Haag 1972, 345-355.

—: *French* Liaison *as a Function of Grammatical, Phonetic and Paralinguistic Variables,* in: Phonetica 32, 1975, 161-179.

—: *The Effect of Linguistic and Paralinguistic Variables on the Elision of the French Mute-*e, in: Phonetica 33, 1976, 93-112.

—: *Introduction à la phonétique française.* Den Haag 1977.

—: RICHMANN, M.: *Optional Word-Final Consonants in French,* in: Phonetica 26, 1972, 65-88.

—: LINDSAY, P.: *The neutralization of /ɛ̃/ — /œ̃/ in French,* in: Phonetica 33, 1976, 45-61.

MALMBERG, B.: *Structural Linguistics and Human Communication.* Berlin ²1967.

—: *Phonétique française.* Malmö 1969.

MARCATO, G., URSINI, F.: *Per una metodologia della ricerca sulla lingua orale.* Padua 1983.

MARCELLESI, J. B., GARDIN, B.: *Introduction à la sociolinguistique.* Paris 1974.

MARTEL, P.: *Recherches sociolinguistiques dans la région de Sherbrooke,* in: Travaux de linguistique québécoise 2, 1978, 21-42.

MARTIN, R.: *Sur l'unité du mot* même, in: TraLiLi 13, 1975, 227-243.

MARTINET, A.: *Grundzüge der allgemeinen Sprachwissenschaft.* Stuttgart 1963. (Frz. Originalausgabe: *Eléments de linguistique générale.* Paris 1960).

—: *La réforme de l'orthographe française d'un point de vue fonctionnel,* in: A. Martinet, *Le français sans fard,* Paris 1969, 62-90.

—: *L'évolution contemporaine du système phonologique français,* in: A. M., *Le français sans fard,* 168-190.

—: *Qu'est-ce que le* «e muet»?, in: A. M., *Le français sans fard,* 209-219.

—: *Langue parlée et code écrit,* in: J. Martinet (éd), *De la théorie linguistique à l'enseignement de la langue.* Paris 1972, 77-87.

—: *De l'économie des formes du verbe en français parlé,* in: A. Martinet, *Le français sans fard,* 91-120.

—: *Grammaire fonctionnelle du français.* Paris 1979.

—, WALTER, H.: *Dictionnaire de la prononciation française dans son usage réel.* Paris 1973.

MARTINS-BALTAR, M.: *Actes de parole,* in: *Un niveau-seuil.* Hg. v. D. COSTE u. a. Strasbourg 1976, 83-224.

MARTY, F.: *Les formes du verbe en français parlé,* in: FdM 57, 1968, 49-54.

Materialien zum Hörverstehen. Au micro. Hefte 1 ff., München 1977 ff.

MATT, P.: *Sprechausdruck (Literaturbericht),* in: *Sprache und Sprechen.* Band 1, Wuppertal 1968, 31-42.

MAURIAC, P.: *Recherche sur la pédagogie du français langue seconde. Remarques sur quelques structures de la langue parlée.* Thèse de 3e cycle Nancy II 1976 (dactylographiée).

—: *La segmentation en français parlé: reprise du sujet,* in: NS 77, 1978, 138-149.

MAURY, C.: *Economie et variantes des pronoms personnels en français,* in: Cahiers de linguistique d'orientalisme et de slavistique 5-6, 1975, 235-249.

MAURY, N.: *Forme et fonction de* -hein? *D'après un corpus de français ontarien,* in: Canadian Journal of Linguistics 18, 1973, 146-156.

—: *Observations sur les formes syntaxiques et mélodiques de l'interrogation dite totale,* in: FR 47, 1973/1974, 302-311.

MEIER, H.: *Deutsche Sprachstatistik.* Hildesheim ²1967.

MEIER, HARRI: *Über Sprachschichten und Sprachwandel im modernen Französisch,* in: RF 89, 1977, 357-381.

MEISSNER, F.-J.: *Zu „Sprachunterricht und Sprachvarietäten" — Gedanken zu Johannes Kramers Beitrag aus der Sicht der Praxis,* in: Fh 11, 1980, 293-301.

—: *Feydeau und die Grammatik des Ehestreits: Une leçon de français parlé,* in: Fh 13, 1982, 195-208.

MENGE, H. E.: *Was ist Umgangssprache? Vorschläge zur Behandlung einer lästigen Frage,* in: ZDL 49, 1982, 52-63.

MENZEL, H.-B.: *Abkürzungen im heutigen Französisch.* Rheinfelden 1983.

METTAS, O.: *Du Faubourg St. Germain à la Muette. Aspects phoniques d'un des sociolectes parisiens.* Paris 1979.

MEYER-HERMANN, R.: *Aspekte der Analyse metakommunikativer Interaktionen,* in: *Sprechen. Handeln. Interaktion,* 103-142.

MICHEL, J. C.: *Problèmes sémiologiques de l'orthographe française,* in: RLaR 80, 1974, 425-448.

MICHEL, L.: *Le français de Carcassonne,* in: Annales de l'Institut d'Etudes Occitanes 2, 1949, 80-93.

MICHEL-LOPEZ, A.: *De l'oral à l'écrit ou les avatars du locuteur et de l'interlocuteur,* in: FM 50, 1982, 243-251.

MITTERAND, H.: *Les mots français.* Paris 1963.

MOESCHLER, J.: *Dire et contredire. Pragmatique de la négation et acte de réfutation dans la conversation.* Bern, Frankfurt 1982.

—: *Structure de la conversation et connecteurs pragmatiques,* in: *Grammatik, Konversation, Interaktion,* 1985.

—, de Spengler, N.: Quand même: *de la concession à la réfutation,* in: CLF 1981, 93-112.

Moignet, G.: *Esquisse d'une théorie psycho-mécanique de la phrase interrogative,* in: Langages 3, 1966, 49-66.

—: *Le problème du nombre, français,* in: Bulletin de la Faculté des lettres de Strasbourg 43, 1964/65, 463-479.

—: *Le pronom personnel français. Essai de psycho-systématique historique.* Paris 1965.

—: *Systématique de la langue française.* Paris 1981.

Mok, Q. I. M.: *Contribution à l'étude des catégories morphologiques du genre et du nombre dans le français parlé actuel.* The Hague 1968.

—: *Le nombre du substantif en français parlé,* in: RFB 1979, 15-25.

—: *Interpretatie en ‚Underspecification'* in: Forum der Letteren 20, 1979, 412-419.

Montaut, A.: *Céline et le langage populaire,* in: Neophilologus 66, 1982, 525-546.

Moody, M. D.: *Stable Final Consonants in French,* in: FR 51, 1977/78, 407-412.

Moreau, M.-L.: *Français oral et français écrit: deux langues différentes?,* in: FM 45, 1977, 204-242.

Morin, Y.-Ch.: *La morphophonologie des pronoms clitiques en français populaire,* in: Cahier de linguistique 9, 1979, 1-36.

—: *Some myths about pronominal clitics in French,* in: Linguistic Analysis 8, 1981, 95-110.

—: *De la (dé)nasalisation et de la marque du genre en français,* in: Lingua 61, 1983, 133-156.

Mortagne, M. J. et al.: *Français parlé — français écrit: une recherche faite dans le domaine de l'expression de la cause et de la conséquence,* in: RFB 50, 1980, 1-12.

Moscovici, S., Humbert, C.: *Etudes sur le comportement verbal. Langage oral et langage écrit,* in: Psychologie française 5, 1960, 175-186.

Moscovici, S., Plon, M.: *Les situations-colloques: observations théoriques et expérimentales,* in: Bulletin de psychologie 247, 1966, 702-722.

Moser, H.: *Entwicklungstendenzen des heutigen Deutsch,* in: Moderna Språk 50, 1956, 213-235.

—: *Umgangssprache,* in: Zeitschrift für Mundartforschung 27, 1960, 215-232.

Mouchon, J., Fillol, F.: *Pour enseigner l'oral.* Paris 1980.

Mounin, G.: *Clefs pour la langue française.* Paris 1975.

Mourin, L.: *La structure des thèmes des indicatifs présents en français,* in: Revue des langues vivantes 44, 1978, 260-264.

—: *Quelques caractéristiques du système verbal français,* in: Studii şi cercetări linguistice 29, 1978, 575-578.

Müller, B.: *Das Französische der Gegenwart.* Heidelberg 1975.

—: *Soziale Sprachvarietäten und heutiges Französisch,* in: *Imago Linguae. Beiträge zu Sprache, Deutung und Übersetzen.* Festschrift zum 60. Geburtstag von Fritz Paepcke, München 1977, 411-424.

—: *Linguistische Futurologie (an Beispielen der franz. Phonetik/Phonologie),* in:

Romanica Europaea et Americana. Festschrift für Harri Meier, Bonn 1980, 244-253.

—: *Entwicklungstendenzen im Französischen: Adjektiv und Genusmarkierung,* in: *Fakten und Theorien.* Festschrift für H. Stimm, Tübingen 1982, 185-194.

MÜLLER-HAUSER, M.-L.: *La mise en relief d'une idée en français moderne.* Genf 1943.

MULLER, CH.: *Initiation à la statistique linguistique.* Paris 1968.

—: *Code écrit et code parlé — Les personnes verbales,* in: Praxis 15, 1968, 25-32.

—: *Sur les emplois personnels de l'indéfini* on, in: RLiR 34, 1970, 48-55.

—: *Une expérience de statistique métalinguistique,* in: TraLiLi X, 1, 1972, 55-69.

—: *Les verbes les plus fréquents du français,* in: FdM 103, 1974, 14-17.

—: *Prononciation et graphie dans le lexique français,* in: Praxis 25, 1978, 71-75.

MULLINEAUX, L. A., BLANC, M. H. A.: *The Problems of Classifying Population Sample in the Socio-Linguistic Survey of Orleans (1969) in Terms of Socio-Economic, Social and Educational Categories,* in: ITL 55, 1982, 3-37.

NABRINGS, K.: *Sprachliche Varietäten.* Tübingen 1981.

NEF, E.: Maintenant 1 *et* maintenant 2, in: *La notion d'aspect.* Metz 1980, 145-167.

NEULAND, E.: *„Punkt zwölf muß et Essen auf'n Tisch stehe". Analyse alltäglicher Kommunikation in einer Arbeiterfamilie,* in: LB 76, 1981, 64-89.

NÈVE DE MÉVERGNIES, F.-X.: *„Auquin doute:* un parfum brun *s'en va ..." La disparition du phonème /œ̃/ en français contemporain,* in: FM 52, 1984, 198-219.

NICOLAS, A.: *Les écuries d'Argo,* in: Revue des sciences humaines 41, 1976, 587-603.

NOAILLY-LE BIHAN, M.: Côté, question *et quelques autres,* in: LI 6, 1982, 333-343.

NOREIKO, ST. F.: *The Language of the Majority Again: The Academic Study of Popular French,* in: Modern Languages 62, 1981, 138-143.

NOSEK, J.: *Semantic Features of Modern Colloquial English,* in: Zeitschrift für Anglistik und Amerikanistik 11, 1963, 5-28.

OCHS, E.: *Planned and Unplanned Discourse.* In: Syntax and Semantics 12, hg. v. T. Givón. New York 1979, 51-80.

O'DONNELL, R. C.: *Syntactic differences between speech and writing,* in: American Speech 49, 1974, 102-110.

OESTMANN, J.-O.: *„You know": A Discourse-Functional Approach.* Amsterdam 1981.

OLSSON, L.: *Étude sur l'emploi des temps dans les propositions introduites par* quand *et* lorsque. Uppsala 1971.

ONG, W. J.: *Orality and literacy.* London 1982.

L'oral en situation. Hg. v. J. PINCHON, in: FM 50, 1982, 191-265.

L'Orthographe, in: LF 20, 1973.

L'Orthographe et l'histoire, in: FM 44, 1976, 1 ff.

Orthographe et système d'écriture, in: ELA 8, 1972.

OUKADA, L.: *On* on, in: FR 56, 1982, 93-105.

PAINCHAUD, L.: *Le pluriel de la langue parlée,* in: Revue de l'Association québécoise de linguistique 3, 1984, 243-264.

PAPE-MÜLLER, S.: *Textfunktionen des Passivs.* Tübingen 1980.

Die Partikeln der deutschen Sprache. Hg. v. H. WEYDT, Berlin 1979.

Partikeln und Deutschunterricht. Hg. v. H. WEYDT, Heidelberg 1981.

Partikeln und Interaktion. Hg. v. H. WEYDT, Tübingen 1983.

PENTTILÄ, A.: *Zur Grundlagenforschung der geschriebenen Sprache.* Uppsala 1970.

PERRET, P.: *Le Petit Perret illustré par l'exemple.* Paris 1982.

PETERFALVI, J.-M.: *Introduction à la psycholinguistique.* Paris 1970.

PETIOT, G.: *Registres de langue et manuels scolaires,* in: LF 33, 1977, 68-78.

PETROVA, N. u. a.: *L'entropie du français écrit,* in: BSL 59, 1964, 130-151.

PEYTARD, J.: *Pour une typologie des messages oraux,* in: FdM 57, 1968, 73-80.

—: *Oral et scriptural,* in: LF 6, 1970, 35-47. Ebenso in: J. Peytard, *Syntagmes.* Paris 1971, 43-56.

—: *Recherches sur la préfixation en français contemporain.* Lille, Paris 1975.

—: *Le français parlé, langue et usage. Situer l'oral,* in: FM 45, 1977, 193-203. Ebenso in: J. Peytard, *Syntagmes 2.* Paris 1979, 13-22.

PFISTER, M.: *L'imparfait, le passé simple et le passé composé en français moderne,* in: RLiR 38, 1974, 400-417.

—: *Trois problèmes morphosyntaxiques à la lumière de l'enquête sur le langage de l'enfant français de 10 ans,* in: *Actes du XIII*[e] *CILPhR,* Québec 1976, Bd. 1, 451-466.

Phonai: Textkorpora I. Grunddeutsch. Texte der gesprochenen deutschen Gegenwartssprache. Hg. v. J. A. PFEFFER u. A. LOHNES, Tübingen 1985.

Phonologie des usages du français, in: LF 60, 1983.

Phonologie et société. Hg. v. H. WALTER, Paris 1977.

PINCHON, J.: *Remarques sur le passif,* in: FdM 130, 1977, 45 f., 131, 1977, 54-56, 132, 1977, 51-53.

—, COUTÉ, B.: *Le système verbal du français: description et applications pédagogiques.* Paris 1981.

POGGI, I.: *Le interiezioni. Studi del linguaggio e analisi della mente.* Turin 1981.

POHL, J.: *Observations sur les formes d'interrogation dans la langue parlée et dans la langue écrite non littéraire,* in: *Actes du X*[e] *CILPhR,* Paris 1965, 501-516.

—: *Témoignages sur la syntaxe du verbe dans quelques parlers français de Belgique.* Bruxelles 1962.

—: Ne *dans le français parlé contemporain: Les modalités de son abandon*, in: *Actas del XI*[e] *CILPhR,* Madrid 1968, III, 1343-1358.

—: *L'homme et le signifiant.* Paris, Bruxelles 1972.

—: *L'omission de* ne *dans le français contemporain,* in: FdM 111, 1975, 17-23.

—: *Les constructions about-pronom sujet-verbe dans le français contemporain,* in: *Actes du XIII*[e] *CILPhR,* Bd. 1, Québec 1976, 499-513.

La Ponctuation, in: LF 45, 1980.

POOLE, M. E., FIELD, T. W.: *A comparison of oral and written code elaboration,* in: Language and Speech 19, 1976, 305-311.

PORTER, L. C.: *Le pronom relatif dans le français non littéraire,* in: *Homenaje a R. A. Hall, Jr.* Madrid 1977, 221-228.

POSTAL, M.: *Underlying and Superficial Linguistic Structure,* in: Harvard Educational Review 34, 1964, 246-266.

POTTIER, B.: *Phonétique et syntaxe,* in: *Sprache und Geschichte. Festschrift für Harri Meier.* München 1971, 413-415.

Pour une sociolinguistique appliquée, in: FdM 121, 1976.

PRICE, G.: *The French Language. Present and Past.* London 1971.

PULGRAM, E.: *Graphic and Phonic Systems: Figurae and Signs,* in: Word 21, 1965, 208-224.

QUIRK, R.: *Colloquial English and Communication,* in: *Studies in Communication.* London 1955, 169-182.

RAASCH, A.: *Französische Mindestgrammatik.* München ²1977.

RADTKE, E.: *Die Rolle des argot in der Diastratik des Französischen,* in: RF 94, 1982, 151-166.

RAGSDALE, J. D., SISTERHEN, D. H.: *Hesitation phenomena in the spontaneous speech of normal and articulatory-defective children,* in: Language and Speech 27, 1984, 235-244.

RAINER, F.: *Adjektiv-Adverbien im* français populaire, in: *Sprachtheorie, Pragmatik, Interdisziplinäres,* hg. v. W. Kürschner u. R. Vogt, Bd. II, Tübingen 1985.

Rapport général sur les modalités d'une simplification éventuelle de l'orthographe française [Commission Beslais]. Paris 1965.

RATH, R.: *Kommunikationspraxis. Analysen zur Textbildung und Textgliederung im gesprochenen Deutsch.* Göttingen 1979.

RATTUNDE, E.: Code oral *und* code écrit *im Französischunterricht.* Frankfurt 1973.

—: *Toleranzbreite oder Normgrenze?* (des bons amis — de bons amis), in: NS 73, 1974, 331-339.

—: *Analyse gesprochener Sprache,* in: NS 77, 1978, 100-108.

—: *Sprachnorm und Fehlerkorrektur,* in: *Sprachnorm(en) im Fremdsprachenunterricht.* Hg. v. E. RATTUNDE, Frankfurt 1979, 62-90.

—: C'est de beaux résultats? — *oder: Wie wichtig ist der neue Toleranzerlaß für den Französischunterricht,* in: NS 80, 1981, 2-18.

RAUPACH, M.: *„Regeln" für die Verwendung der voix passive?* in: Der fremdsprachliche Unterricht 54, 1980, 124-134.

RAYNAUD, F.: *Heureux!* Paris 1975.

Recherches sur le français parlé. Hg. v. GARS (= Groupe Aixois de Recherches en Syntaxe). Aix-en-Provence 1977, 1979, 1981, 1982, 1983 (= RFP).

REDARD, F.: *Etude des formes interrogatives en français chez les enfants de trois ans,* in: ELA 21, 1976, 98-110.

REID, T. B. W.: *Verbal Aspect in Modern French,* in: *The French Language. Studies presented to L. C. Harmer.* London 1970, 146-171.

RENCHON, H.: *Etudes de syntaxe descriptive II: La syntaxe de l'interrogation.* Brüssel 1967.

REY-DEBOVE, J.: *Etude linguistique et sémiotique des dictionnaires français contemporains.* Den Haag, Paris 1971.

—: *Le métalangage dans le langage parlé,* in: RFP 5, 1983, 211-226.

RICHMAN, M.: *The distribution of /e/ — /ɛ/ in French verb endings,* in: Phonectica 33, 1976, 307-319.

RICKEN, U.: *Französische Lexikologie. Eine Einführung.* Leipzig 1983.

RICKHEIT, G.: *Zur Syntax der gesprochenen Sprache im Grundschulalter,* in: Wirkendes Wort 26, 1976, 183-204.

—, STROHNER, H.: *Medienspezifische Textverarbeitung,* in: *Sprache im politischen Kontext,* hg. v. P. Finke, Tübingen 1983, 175-207.

RIESEL, E.: *Der Stil der deutschen Alltagsrede.* Leipzig 1970.

RIGAULT, A.: *Les marques du genre,* in: FdM 57, 1968, 37-43.

RIVENC, P.: *Lexique et langue parlée,* in: FdM 57, 1968, 25-33.

ROBACH, I.-B.: *Étude socio-linguistique de la segmentation syntaxique du français parlé.* Lund 1974.

ROHRER, CH.: *Das französische Vokalsystem,* in: *Wortbildung, Syntax und Morphologie. Festschrift Hans Marchand.* The Hague 1968, 190-202.

—: *Funktionelle Sprachwissenschaft und transformationelle Grammatik.* München 1971.

ROLAND, P.: *Skidiz. Lexique du français familier.* Paris 1977.

ROLFFS, E.: *Die Orthographie als Gegenstand der modernen Sprachwissenschaft — mit besonderer Berücksichtigung der französischen Orthographie,* Diss. Münster 1980.

ROLSHOVEN, J.: *Kontextfunktionale Aspekte französischer Fragesatzformen,* in: RF 89, 1977, 467-472.

ROSOFF, G. H.: *The function of* liaison *as a correlative of plurality in spoken French,* in: Canadian Modern Language Review 30, 1974, 357-361.

ROSS, J.: *Enquête sociolinguistique et description syntaxique (L'étude sociolinguistique sur Orléans, 1967—1973),* in: *AILA Third Congress Proceedings,* Bd. 2, Heidelberg 1974, 137-154.

—: *L'étude des variétés et l'enseignement de la langue,* in: FdM 121, 1976, 11-17.

ROTHE, W.: *Romanische Objektkonjugation,* in: RF 78, 1966, 530-547.

—: *Phonologie des Französischen* (Grundlagen der Romanistik 1). Berlin ²1978.

—: *Die Genusbildung des französischen Adjektivs auf der Ebene der Hörbarkeit,* in: NM 27, 1974, 216-221.

ROTHENBERG, M.: *Les propositions relatives à antécédent explicite introduites par des présentatifs,* in: ELA 2, 1971, 102-117 (auch in: *Etudes de grammaire française descriptive,* 1983, 69-81).

—: *Les propositions relatives prédicatives et attributives: problèmes de linguistique française,* in: BSL 74, 1979, 351-395.

ROULET, E.: *Syntaxe de la proposition nucléaire en français parlé.* Brüssel 1969.

—: *Etude des réalisations directes et indirectes de l'acte d'offre en français parlé,* in: Studi italiani di linguistica teorica ed applicata 6, 1977, 525-539.

ROY, G.-R.: *Contribution à l'analyse du syntagme verbal. Étude morpho-syntaxique et statistique des co-verbes.* Paris 1976.

RUBIN, A.: *A theoretical taxonomy of the differences between oral and written language.* Boston 1978.

RÜCK, H.: *Langue parlée et argot.* Frankfurt 1979.

—: *Der Status der ‚langue littéraire' im gegenwärtigen Französisch,* in: *Bildung und Ausbildung in der Romania,* Vol. II, hg. v. R. Kloepfer. München 1979, 239-256.

—: *Was heißt eigentlich „literarisches" Französisch?,* in: LuD 43/44, 1980, 319-326.

RUOFF, A.: *Grundlagen und Methoden der Untersuchung gesprochener Sprache.* Tübingen 1973.

—: *Alltagstexte I,* Tübingen 1985.

RUPP, H.: *Gesprochenes und geschriebenes Deutsch,* in: Wirkendes Wort 15, 1965, 19-29.

RUWET, N.: *Introduction à la grammaire générative.* Paris 1967.

SAND, J. U.: *Le subjonctif en français oral,* in: *Actes du VIIIe Congrès des Romanistes Scandinaves,* Odense 1983, 303-313.

SANDMANN, M.: *Das Klangbild der französischen Sprache. Ein Vergleich mit dem Englischen.* München 1976.

SANKOFF, G.: *The Social Life of Language.* Philadelphia 1980.

—: *Usage linguistique et grammaticalisation,* in: *Die Soziolinguistik in romanischsprachigen Ländern,* Tübingen 1982, 81-85.

—, CEDERGREN, H.: *Les contraintes linguistiques et sociales de l'élision du* L *chez les Montréalais,* in: *Actes du XIIIe CILPhR,* Québec 1976, 1101-1116.

—, KEMP, W., CEDERGREN, H.: *The syntax of* ce que/qu'est-ce que *variation and its social correlates,* in: *Dimensions of Variability and Competence.* Washington 1982.

—, THIBAULT, P.: *L'alternance entre les auxiliaires* avoir *et* être *en français parlé à Montréal,* in: LF 34, 1977, 81-108 (engl. in: SANKOFF 1980, 311-345).

—, VINCENT, C.: *L'emploi productif du* ne *dans le français parlé à Montréal,* in: FM 45, 1977, 243-256 (engl. in: G. SANKOFF, *The social life,* 1980, 295-310).

SAUVAGEOT, A.: *Français écrit, français parlé.* Paris 1962.

—: *L'articulation du discours,* in: FdM 57, 1968, 63-67.

—: *Analyse du français parlé.* Paris 1972.

—: *Français d'hier ou français de demain?,* Paris 1978.

SCHANE, S. A.: *L'élision et la liaison en français,* in: Langages 8, 1967, 37-59.

—: *On the Abstract Character of French* e muet, in: Glossa 2, 1968, 150-163.

SCHANK, G., SCHOENTHAL, G.: *Gesprochene Sprache.* Tübingen ²1983.

SCHEMANN, H.: *Die Modalpartikel und ihre funktionalen Äquivalente. Untersuchung an Hand des Deutschen, Französischen und Portugiesischen,* in: ASNSL 219, 1982, 1-18.

SCHERER, H. S.: *Sprechen im situativen Kontext.* Tübingen 1984.

SCHERFER, P.: *Funktionale Sprachvarianten.* Kronberg/Ts. 1977.

SCHLIEBEN-LANGE, B.: *Traditionen des Sprechens.* Stuttgart 1983.

SCHLYTER, B.: *Les types interrogatifs en français moderne,* in: Moderna Språk 51, 1957, 99-115.

SCHMIDT, H.: *Suprasegmentale Kommunikation.* Konstanz 1983.

—: *Mhm. Intonation und kommunikative Funktion von Rezipientensignalen im Französischen und Deutschen,* in: Zeitschrift für Literaturwissenschaft und Linguistik 49, 1983, 101-123.

SCHMIDT-KNÄBEL, S.: *Die Syntax der* -ant-*Formen im mod. Französisch.* Bensberg 1971.

SCHMIDT-RADEFELDT, J.: *On so-called „rhetorical" questions,* in: Journal of Pragmatics 1, 1977, 375-392.

SCHMITT, CHR.: *Gesprochenes Französisch um 1600,* in: *Zur Geschichte des gesprochenen Französisch,* 1980, 15-32.

SCHNEIDER, K. D.: *Was ist* français parlé?, in: ZRP 89, 1973, 196-205.

SCHNELLE, H.: *Möglichkeiten und Grenzen der Automatisierung der Sprachverwendungsprozesse,* in: *Grammatik/Kybernetik/Kommunikation. Festschrift für A. Hoppe.* Bonn 1971, 160-166.

SCHOENTHAL, G.: *Das Passiv in der deutschen Standardsprache.* München 1976.

SCHOGT, H. G.: *Le système verbal du français contemporain.* Den Haag. Paris 1968.

Schrift, Schreiben, Schriftlichkeit. Hg. v. K. B. u. H. GÜNTHER, Tübingen 1983.

SCHROEDER, K.-H.: *Schrifttheorie und Konnotation der Schriftzeichen,* in: *Beiträge zur Linguistik des Französischen,* 1981, 123-140.

SCHÜTZ, H.: *Gesprochenes und geschriebenes Französisch. Bibliographische Materialien (1964-1976).* Tübingen 1978.

SCHUH, H.-M.: *Ellipse — Text — Kommunikation.* Bonn 1974.

SCHULZE, R.: *Höflichkeit im Englischen.* Tübingen 1985.

SCHUMANN, A.: *Zur Differenzierung von Sprachstilen des gesprochenen Französisch,* in: *Grundbegriffe und Hauptströmungen der Linguistik.* Hamburg 1977, 261-284.

SCHWEICKARD, W.: *Zur Diskussion um die Historizität gesprochener Sprache:* Français parlé *und* Italiano parlato, in: *Varietätenlinguistik des Italienischen,* 1983, 211-231.

SEELBACH, D.: *Unpersönliches „il" oder „ça" im Französischen,* in: LuD 43/44, 1980, 327-342.

—: *Dislokation im französischen Satz und Text,* in: IRAL 20, 1982, 193-216.

—: *Linguistik und französischer Grammatikunterricht.* Tübingen 1983.

—: *Fokussierung mit der* est-ce que-*Frage,* in: *Grammatik, Konversation, Interaktion,* 1985.

SÉGUIN, H.: *Le genre des adjectifs en français. Analyse quantitative et correspondances phonographiques des règles,* in: LF 20, 1973, 54-74.

—: *Rapports de variabilité grammaticale entre les formes phoniques et graphiques des adjectifs français*, in: G. Rondeau, ed., *Vingt-cinq ans de linguistique au Canada: Hommage à J.-P. Vinay*. Montréal 1979, 235—257.

—: *Statistique du code graphique du verbe français dans le lexique et dans le vocabulaire*, in: Studi italiani di linguistica teorica ed applicata 9, 1980, 195-220.

SETTEKORN, W.: *Pragmatique et rhétorique discursive*, in: Journal of Pragmatics 1, 1977, 195-210.

—: *Minimale Argumentationsformen. Untersuchungen zu Abtönungen im Deutschen und Französischen*, in: *Theorie der Argumentation*, hg. v. M. Schecker, Tübingen 1977, 391-415.

—: *Connaissance situationnelle et compréhension d'actes*, in: CLF 2, 1981, 183-204.

—: *Bestätigungssequenzen*, in: *Grammatik, Konversation, Interaktion*, 1985.

SIRDAR-ISKANDAR, C.: *Voyons!*, in: CLF 5, 1983, 111-130.

SLATKA, D.: *L'ordre du texte*, in: ELA 19, 1975, 30-42.

SMITH, J. C.: *Some Notes on Gender in French*, in: Quinquereme 1, 1978, 17-32.

Sociolinguistique. Approches, théories, pratiques. Paris 1980.

SÖLL, L.: *Der Doppelpunkt als Stilphänomen und Übersetzungsproblem. Bemerkungen zu* Les Mots *von Jean-Paul Sartre*, in: GRM, 1968, 422-431.

—: *Transcriptions de conversations d'enfants de neuf ans*, in: Idioma 5, 1968, 218-222.

—: *Aspekte der französischen Gegenwartssprache*, in: NS 69, 1970, 589-602 (auch in: *Die französische Sprache von heute*, 1983, 286-305).

—: *Die direkte Satzfrage im Übersetzungsvergleich*, in: *Interlinguistica. Festschrift M. Wandruszka*. Tübingen 1971, 533-544.

—: *Eine Pseudoregel der französischen Orthographie (Die Konsonantengeminierung in den Typen* apporter, apaiser) in: *Philologica Romanica. Erhard Lommatzsch gewidmet*, München 1975, 349-356.

—: *Situer* on *„nous" en français moderne*, in: *Etudes de grammaire française descriptive*, 1983, 7-15 (dtsch.: *Zur Situierung von* on *«nous» im neuen Französisch*, in: RF 81, 1969, 535-549).

—: *De la concurrence du futur simple et du futur proche en français moderne*, in: *Etudes de grammaire française descriptive* 1983, 16-24 (dtsch.: *Zur Konkurrenz von* futur simple *und* futur proche *im modernen Französisch*, in: VR 28, 1969, 274-284).

—: *L'interrogation directe dans un corpus de langage enfantin*, in: *Etudes de grammaire française descriptive*, 1983, 45-54 (dtsch.: *Der neufranzösische direkte Fragesatz in einem Corpus der Kindersprache*, in: *Sprache u. Geschichte. Festschrift H. Meier.* München 1971, 493-506).

SOLTESZ, J. A.: *Nombre grammatical et système du nombre en français*, in: Cahiers de linguistique 7, 1978, 89-135.

SOLTISCHI, L.: *Préliminaires à une stylistique de la relative*, in: Bulletin de la Société Roumaine de Linguistique, 11, 1975/76, 113-121.

SORNICOLA, R.: *Sul parlato.* Bologna 1981.

Soziolinguistik und Empirie. Beiträge zu Problemen der Corpusgewinnung und Auswertung. Wiesbaden 1977.

SPENCE, N. C. W.: *The French Semi-Vowels: A Fresh Angle?*, in: Lingua 27, 1971, 198-215.

—: *Nombre et genre en français parlé,* in: RLiR 36, 1972, 112-128.

—: *Some Reflections on French Gender,* in: ZRP 99, 1983, 16-28.

SPENGLER, N. DE: *Première approche des marqueurs d'interactivité,* in: CLF 1, 1980, 128-148.

SPILKA, I. V.: *La traduction du passif anglais en français,* in: Meta 24, 1979, 240-252.

SPITZER, L.: *Francais populaire* «question de», «comme» = *en fait de,* in: FM 8, 1940, 19-26.

Spoken and Written Language. Ed. D. Tannen. Norwood, N. J. 1982.

Sprachverhalten in ländlichen Gemeinden. Forschungsbericht Erp-Projekt, hg. v. W. BESCH. 2 Bde, Berlin 1981, 1983.

Sprechen. Handeln. Interaktion. Hg. v. R. MEYER-HERMANN, Tübingen 1978.

STAMMERJOHANN, H.: *Strukturen der Rede. Beobachtungen an der Umgangssprache von Florenz,* in: Studi di filologia italiana 28, 1970, 295-397.

—: *Zur Aussprache französischer Endkonsonanten:* août, but, cinq *usw.*, in: NS 75, 1976, 489-502.

—: *Französisch für Lehrer.* München 1983.

STAVINOHOVÁ, Z.: *Le futur «proche» et le futur simple dans la langue littéraire contemporaine,* in: Études romanes de Brno 9, 1977, 115-126.

—: *Les temps passés de l'indicatif dans le français contemporain.* Brno 1978.

STEEGMÜLLER, B.: *Das von der Schriftsprache abweichende Vokabular in Célines „Mort à crédit".* Frankfurt a. M. 1981. (Vgl. ZFSL 92, 1982, 377-379).

STEFENELLI, A.: *Geschichte des französischen Kernwortschatzes.* Berlin 1981.

STEGER, H.: *Gesprochene Sprache. Zu ihrer Typik und Terminologie,* in: *Satz und Wort im heutigen Deutsch.* Düsseldorf 1967, 259-291.

—: *Forschungsbericht: Gesprochene Sprache,* in: *Probleme des Deutschen als Fremdsprache.* Hg. M. Triesch, München 1969, 80-99.

—: *Über Dokumentation und Analyse gesprochener Sprache,* in: Zielsprache Deutsch, 1970, Heft 2, 51-63.

—: *Gesprochene Sprache und geschriebene Sprache,* in: *Sprache — Brücke und Hindernis.* München 1972, 203-214.

STEIN, G.: *Studies in the function of the passive.* Tübingen 1979.

STEIN, P.: *Kreolisch und Französisch.* Tübingen 1984.

STEINMEYER, G.: *Historische Aspekte des français avancé.* Genf 1979.

STEMPEL, W.-D.: *„L'amour, elle appelle ça", „L'amour tu ne connais pas",* in: *Logos Semantikos.* Studia linguistica in honorem E. Coseriu Vol. IV, Madrid, Berlin 1981, 351-367.

—: *Zur Frage der narrativen Identität konversationeller Erzählungen,* in: *Erzählforschung,* 1982, 7-32.

—: *Fiktion im konversationellen Erzählen,* in: *Poetik und Hermeneutik,* Vol. X, München 1982, 331-356.

—: *„Ich vergesse alles". Bemerkungen zur Hyperbolik in der Alltagsrhetorik,* in: *Allgemeine Sprachwissenschaft, Sprachtypologie und Textlinguistik.* Festschrift für P. Hartmann, Tübingen 1983, 87-98.

—, FISCHER, R.: *Die französische Intonationsfrage in alltagsrhetorischer Perspektive,* in: *Grammatik, Konversation, Interaktion,* 1985, 239-268.

—, WEBER, K.: *Stereotypie und Selbstartikulation. Bemerkungen zur restringierten Schriftpraxis anhand französischer Briefe,* in: RJb 25, 1974, 27-62.

Stilistik und Soziolinguistik. Beiträge der Prager Schule zur strukturellen Sprachbetrachtung und Spracherziehung. Hg. v. E. Beneš und J. Vachek, Berlin 1971.

STIMM, H.: *Eine Ausdrucksform passivischer Idee im Neufranzösischen,* in: Syntactica und Stilistica. Festschrift Ernst Gamillscheg. Tübingen 1957, 581-610.

STOURDZÉ, C.: *Les niveaux de langue,* in: FdM 65, 1969, 18-21.

STOURDZÉ, C. et al.: *Sur un sketch comique,* in: FdM 115, 1975, 49-60.

STRACK, W.: *Das Verb im gesprochenen Französisch.* Frankfurt 1977.

La Structure de l'orthographe française. Paris 1974.

STURM, J.: *Morpho-syntaktische Untersuchungen zur* phrase négative *im gesprochenen Französisch. Die Negation mit und ohne NE.* Frankfurt a. M. 1981. (Vgl. RF 96, 1984, 301-305).

SVARTVIK, J. et al.: *Survey of Spoken English. Report on Research 1975-1981.* Lund 1982.

SZMIDT, Y.: *Étude de la phrase interrogative en français canadien et en français standard,* in: *Recherches sur la structure phonique du français canadien.* Hg. v. P. R. LÉON, Montréal 1969, 192-209.

TANASE, A.-M.: *La forme du déterminant devant une voyelle en français (type: «mon amie»),* in: FM 45, 1977, 257-262.

TANASE, E.: *Les moyens d'expression de l'idée de pluriel dans les noms dans le français parlé,* in: RLaR 72, 1955/58, 297-329.

—: *Le féminin des adjectifs dans le français oral,* in: *Actes du XIIe CILPhR,* Bd. 1, Bucureşti 1970, 635-641.

—: *L'accord du participe passé dans le français oral,* in: *Actes du XIIIe CILPhR,* Québec 1976, 475-482.

TANNEN, D.: *Oral and literate strategies in spoken and written narratives,* in: Language 58, 1982, 1-21.

TERNES, E.: *Konsonantische Anlautveränderungen in den keltischen und romanischen Sprachen,* in: RJb 28, 1977, 19-53.

—: *Das schwere Erbe der Lateinschrift. Ein Beitrag zum Verhältnis von Phonologie und Graphemik,* in: *Sprache in Unterricht und Forschung. Schwerpunkt Romanistik.* Tübingen 1979, 137-174.

TERRY, R. M.: *Contemporary French Interrogative Structures.* Sherbrooke 1970.

—: *The Frequency of Use of the Interrogative Formula* est-ce que, in: FR 40, 1966/67, 814-22.

—: Faut-il *or* est-ce qu'il faut. *Inversion vs.* est-ce que, in: FR 43, 1969/70, 480-482.

—: *Concepts of Pastness: The Passé composé and the Imperfect,* in: Foreign Language Annals 14, 1981, 105-110.

TESNIÈRE, L.: *Eléments de syntaxe structurale.* Paris ²1965.

Texte gesprochener deutscher Standardsprache I-IV. München ²1978, 1974, 1975, 1979.

THÉROND, M.: *Du tac au tac. Formules, réflexes et images de la conversation française actuelle.* Paris ⁴1972.

THIBAULT, P.: *Style, sens, fonction,* in: *Die Soziolinguistik in romanischsprachigen Ländern,* Tübingen 1982, 73-79.

THIBAULT, J., VINCENT, D.: *Le sacre en français montréalais: aspects fonctionnels et dynamique expressive,* in: FM 49, 1981, 206-215. (Über Interjektionen).

THIELE, J.: *Wortbildung der französischen Gegenwartssprache.* Leipzig 1981.

THIELE-KNOBLOCH, G.: *Umgangssprachliche Varietäten und Register im Hochschulunterricht,* in: *Beiträge zur Linguistik des Französischen,* 1981, 156-181.

THIELEMANN, W.: *Aspekte der Unterscheidung zwischen Vorgangsangabe und Zustandsangabe im französischen Passiv,* in: BRP 18, 1979, 327-332.

THIERRY, F.: *De l'emploi et de la valeur de la segmentation,* in: VR 2, 1950, 148-161.

THIMONNIER, R.: *Le système graphique du français.* Paris 1967.

—: *Code orthographique et grammatical.* Paris 1970.

—: *Pour une pédagogie rénovée de l'orthographe et de la langue française.* Paris 1974.

THOMAS, J. J.: *Littérature populaire/langue populaire,* in: Poétique 37, 1979, 10-23.

THUN, H.: *Die Präsentation durch* que *im volkstümlichen Französisch,* in: *Grammatik. Akten des 10. Linguistischen Kolloquiums,* Bd. 2, Tübingen 1976, 265-276.

THUROT, CH.: *De la prononciation française depuis le commencement du XVIe siècle, d'après les témoignages des grammairiens.* 2 Bde., Paris 1881, 1883 (Genf 1966).

TIETZ, M.: *Zur Diskussion um eine Reform der französischen Orthographie,* in: Praxis 25, 1978, 400-407.

TOGEBY, K.: *Précis historique de grammaire française.* Kopenhagen 1974.

—: *Grammaire française.* Vol. I-IV. Kopenhagen 1982-1984.

TRANEL, B.: *A note on final consonant deletion in modern French,* in: Lingua 39, 1976, 53-68.

—: *On the elision of /i/ in French* qui, in: Studies in French Linguistics 1, 1978, 53-74.

—: *Concreteness in generative phonology: Evidence from French.* Berkeley 1981.

TRAUTMANN, M.: *Die Sprachlaute im Allgemeinen und die Laute des Englischen, Französischen und Deutschen im Besonderen.* Leipzig 1884-1886.

TRETTNER, U.: *Die Ausdrücke der Bewunderung und des Abscheus im Umgangsfranzösisch und im Argot (1900—1965).* Diss. Bonn 1967.

TRIER, J.: *Alltagssprache,* in: *Die deutsche Sprache im 20. Jahrhundert.* Göttingen 1966, 100-133.

TROJAN, F.: *Der Ausdruck der Sprechstimme.* Wien 1952.

TÜRK, E.: *Elemente des gesprochenen Französisch in geschriebenen Texten und ihre Übertragung ins Deutsche,* in: *Kongreßbericht der 6. Jahrestagung der Gesellschaft für Angewandte Linguistik.* Bd. 1, Heidelberg 1975, 79-88.

—: *Soziolinguistische Aspekte der direkten Frage im heutigen Französisch und das Problem ihrer Wiedergabe im Deutschen,* in: NS 77, 1978, 149-158.

Umgangssprache in der Iberoromania. Festschrift für Heinz Kröll. Hg. v. G. HOLTUS u. E. RADTKE, Tübingen 1984.

UNGEHEUER, G.: *Bemerkungen zum Thema „Umgangssprache",* in: G. Ungeheuer, *Sprache und Kommunikation.* Hamburg ²1972, 207-212.

URBAS, K.: *Erhebungen und Analysen zur Verbreitung der liaison facultative im heutigen Französisch.* Genf 1983.

VACHEK, J.: *Zu allgemeinen Fragen der Rechtschreibung und der geschriebenen Norm der Sprache* (1964), in: *Stilistik und Soziolinguistik* (s. o.), Berlin 1971, 100-122.

—: *The Present State of Research in Written Language,* in: FL VI, 1973, 47-61.

—: *Written Language.* Den Haag 1973.

—: *Das Problem der Redundanz in der geschriebenen Sprache,* in: *Linguistische Studien Reihe A, Arbeitsberichte,* 54, 1979, 39-46.

VALDMAN, A.: *Not All is Wrong with French Spelling,* in: FR 37, 1963/64, 213-223 (dtsch. in: *Die französische Sprache von heute,* 1983, 184-198).

—: *Norme pédagogique. Les structures interrogatives du français,* in: IRAL 5, 1967, 3-10.

—: *Introduction to French Phonology and Morphology.* Rowley, Mass. 1976.

—: *Français standard et français parlé, sociolectes ou fictions?,* in: FR 56, 1982, 218-227.

VALLI, A.: *Note sur les constructions dites „pseudo-clivées" en français,* in: RFP 3, 1981, 195-211.

VALUET, M.: *Différents ‚niveaux' de l'analyse phrastique: contribution à l'étude des structures du français familier,* in: AUMLA 59, 1983, 99—117.

VANOYE, F. u. a.: *Pratiques de l'oral.* Paris 1981.

VAN VLIET, E. R.: *The disappearance of the French* passé simple: *A morphological and sociolinguistic study,* in: Word 34, 1983, 89-114.

Variation omnibus. Ed. D. SANKOFF. Edmonton 1981.

Varietätenlinguistik des Italienischen. Hg. v. G. HOLTUS u. E. RADTKE, Tübingen 1983.

VÉDÉNINA, L.: *La transmission par la ponctuation des rapports du code oral avec le code écrit,* in: LF 19, 1973, 33-40.

—: *La syntaxe du français dans le miroir de la ponctuation,* in: La Linguistique 15-II, 1979, 131-9.

VERJAT MASSMANN, A.: *Remarques sur la concordance du participe passé en français moderne,* in: *Actes du XIIIe CILPhR,* Bd. 1, Québec 1976, 467-474.

VERNAY, H.: *Syntaxe et sémantique.* Tübingen 1980.

VIGNEAU, C.: *L'appellatif familier: la Cendrillon de la phrase,* in: Grammatica V. Annales publiées par l'Université de Toulouse-Le-Mirail XIII-7, 1977, 33-51.

VILDÉ-LOT, J.: *L'Orthographe française et l'analyse structurale d'après M. V. G. Gak,* in: FM 34, 1966, 39-46.

VINCENT, D.: *La correction, une parenthèse dans la conversation,* in: *Le francais parlé,* 1979, 111-120.

VULPE, M.: *Syntaxe du dialecte et syntaxe de la langue parlée,* in: La Ricerca Dialettale 3, 1981, 35—48.

WÄNGLER, H.-H.: *Rangwörterbuch hochdeutscher Umgangssprache.* Marburg 1963.

WAGNER, K.-R.: *Die Sprechsprache des Kindes.* 2 Bde., Düsseldorf 1974, 1975.

WAGNER, R.-L.: *A propos de* c'est, in: *Mélanges Grevisse.* 1966, 335-342.

—: *La grammaire française.* Paris 1968.

—: PINCHON, J.: *Grammaire du français classique et moderne.* Paris [2]1962. ([3]1973).

WALES, M. L.: *The semantic distribution of* aller + *infinitive and the future tense in spoken French,* in: General Linguistics 23, 1983, 19-28.

WALL, K.: *L'inversion dans la subordonnée en français contemporain.* Uppsala 1980.

WALLACE, W. D.: *How registers register: Toward the analysis of Language Use,* in: IRAL 19, 1981, 267-286.

WALLING, J.-J.: *The language of the majority: a contribution to the analysis of popular French,* in: Modern Languages 61, 1980, 16-21.

WALPOLE, E. L.: *French Adjective Morphology. A Statistical-Structural Study.* Ph. D. Diss. Stanford University 1970 (DA 31, 1787-A).

WALTER, H.: *La dynamique des phonèmes dans le lexique français contemporain.* Paris 1976.

—: *La phonologie du français.* Paris 1977.

—: *Le surcomposé dans les usages actuels du français,* in: *Actants, voix et aspects verbaux,* Angers 1981, 24-44.

—: *Enquête phonologique et variétés régionales du français.* Paris 1982.

WANDRUSZKA, M.: *Sprachen, vergleichbar und unvergleichlich.* München 1969.

—: *Réflexions sur la polymorphie de l'interrogation,* in: RLiR 34, 1970, 65-77.

—: *Réflexions sur la voix passive,* in: *The French Language. Studies presented to L. C. Harmer,* London 1970, 123-145.

—: *Interlinguistik. Umrisse einer neuen Sprachwissenschaft.* München 1971.

—: *Pour une linguistique à visage humain,* in: FM 39, 1971, 3-17.

WANDRUSZKA, U.: *Nochmals zum „thematischen" Konjunktiv,* in: *Fakten und Theorien, Festschrift für H. Stimm,* Tübingen 1982, 343-352.

WARTBURG, W., v. ZUMTHOR, P.: *Précis de syntaxe du français contemporain.* Bern [2]1958.

WEHR, B.: *Diskurs-Strategien im Romanischen.* Tübingen 1984.

WEIJENBERG, J.: *Authentizität gesprochener Sprache in Lehrwerken für Deutsch als Fremdsprache.* Heidelberg 1980.

WEIL, D.: *Langage parlé à l'école et dans la famille,* in: LF 13, 1972, 71-94.

WEINRICH, H.: *In Abrede gestellt: der Teilungsartikel in der französischen Sprache,* in: *Philologische Studien für Joseph M. Piel.* Heidelberg 1969, 218-223.

—: *Tempus. Besprochene und erzählte Welt.* Stuttgart ²1971 (¹1964).

—: *Textgrammatik der französischen Sprache.* Stuttgart 1983.

WEISS, A.: *Syntax spontaner Gespräche.* Düsseldorf 1975.

WELLS, R.: *Nominal and Verbal Style,* in: *Style in Language.* Ed. by T. A. Sebeok. Cambridge (Mass.) 1960, 213-220.

WENTZLAFF-EGGEBERT, H.: *Drucktypenwechsel,* in: Zeitschrift für Literaturwissenschaft und Linguistik 15, 1974, 27-49.

WEYDT, H.: *Abtönungspartikel. Die deutschen Modalwörter und ihre französischen Entsprechungen.* Bad Homburg v. d. H., Berlin, Zürich 1969.

WICHTER, S.: *Die Abfolge aus Nominalphrase und Satz als Einheit des gesprochenen Deutsch,* in: Zeitschrift für germanistische Linguistik 8, 1980, 34-50.

WILDENHAHN, B.: *Français parlé — français écrit. Codes, formes et niveaux de langue,* in: BRP 20, 1981, 129-135. (Frz. Fassung in: Romanica Wratislaviensia 17, 1981, 95-103).

WINTER W.: *Relative Häufigkeit syntaktischer Erscheinungen als Mittel zur Abgrenzung von Stilarten,* in: Phonetica 7, 1961, 193-216.

WIOLAND, F.: *Pour ‚bien' parler, prendre le temps . . . ou la structure de l'information en français parlé: le rythme,* in: FdM 172, 1982, 42-48.

WOLF SCHAPIRA, S.: *Les pronoms personnels de la 3ᵉ personne substituts dans un syntagme nominal sujet,* in: Grammatica II (cf. BINAT), Toulouse 1973, 83-89.

WUNDERLI, P.: *Das Forschungsprojekt „Intonation im Französischen",* in: ZRP 94, 1978, 93-118.

—: *La jonction entre paragraphes dans la langue française,* in: Travaux de l'Institut de phonétique de Strasbourg 11, 1979, 1-78.

—, BRASELMANN, P.: *L'intonation des phrases interrogatives: le type „Tu vas où?",* in: Studii Cercetarii Literarii 31, 1980, 649-660.

—: *Au sujet de l'intonation du français: la parenthèse en position finale,* in: TL 6, 1979, 83-111, 7, 1980, 87-114.

—: *Kontrastive Intonationsanalyse (Französisch-Deutsch) und die zukünftigen Aufgaben der Intonationsforschung,* in: ZFSL 91, 1981, 289-322.

—: *Au sujet de l'intonation du français: la parenthèse en position initiale,* in: *Romanica historica et Romanica hodierna.* Festschrift für O. Deutschmann. Frankfurt/M., Bern 1982, 221-258.

—: *Au sujet de l'intonation du français: la parenthèse en position médiane,* in: TraLiLi 20, 1982, 233-270.

—: *Die Intonation der Fragen vom Typ „Tu penses à quoi?",* in: *Beiträge zur allgemeinen, indogermanischen und romanischen Sprachwissenschaft.* Festschrift für Johannes Hubschmid. Bern, München 1982, 827-846.

—: *L'intonation des complexes de parenthèses,* in: Revue Romane 18, 1983, 183-215.

—: *L'intonation des phrases interrogatives du type, „Il est né en quelle année?"*, in: Romanica Gandensia 20, 1983, 169-181.

—: *L'intonation des relatives explicatives et déterminatives,* in: ITL 60-61, 1983, 43-75.

—: BENTHIN, K., KARASCH, A.: *Französische Intonationsforschung.* Tübingen 1978.

ZEMB, J.-M.: *Vergleichende Grammatik Französisch-Deutsch.* 2 Bde. Mannheim 1978, 1984.

ZENONE, A.: *Marqueurs de consécution: le cas de* DONC, in: CLF 2, 1981, 113-139.

ZEZULA, J.: *Le passé simple dans la langue de la presse française d'aujourd'hui,* in: BRP 8, 1969, 336-345.

ZIMMER, R.: *Aspekte der Sprachkomik im Französischen.* Tübingen 1972.

ZIMMERMANN, H.: *Zu einer Typologie des spontanen Gesprächs.* Bern 1965.

ZIMMERMANN, R.: *Themenfrontierung, Wortstellung und Intonation im Deutschen und Englischen,* in: NS 71, 1972, 15-28.

ZÖFGEN, E.: *Strukturelle Sprachwissenschaft und Semantik.* Frankfurt 1977.

ZRIBI-HERTZ, A.: *La construction „se-moyen" du français et son statut dans le triangle: moyen — passif — réfléchi,* in: LI 6, 1982, 345-401.

Zur Geschichte des gesprochenen Französisch und zur Sprachlenkung im Gegenwartsfranzösischen. Beiträge des Saarbrücker Romanistentages 1979. Hg. v. H. STIMM, Wiesbaden 1980.

ZWANENBURG, W.: *Recherches sur la prosodie de la phrase française.* Leiden 1965.

—: *Etat actuel de la description du français parlé,* in: Levende Talen 1968, 82-89 (auch in: *Die französische Sprache von heute,* 1983, 259-269).

Nachtrag

DELBECQUE, N.: *French Connection: Spotlight on Discourse Organization in Spoken French,* in: Linguistica Computazionale 3, 1983, Supplement, 145-156.

FFANCKEL, J.-J.: *Futur «simple» et futur «proche»,* in: FdM 182, 1984, 65-71.

HUGOT, J.-P.: *Y a-t-il un passif en français?* in: *Actants, voix et aspects verbaux,* Angers 1981, 2-13.

KIELHÖFER, B.: *Rhetorische Fehler im mündlichen Vortrag,* in: NM 38, 1985, 159-165.

LÈBRE-PEYTARD, M.: *Constructions segmentées, cohérence et non-dit des discours oraux,* in: FdM 188, 1984, 105-108.

ROULET, E. u. a.: *L' articulation du discours en français contemporain.* Bern, Frankfurt a. M. 1985.

TANZMEISTER, R.: *Untersuchungen zur verbalen Negation in französischen Kriminalromanen,* in: *Romanistik integrativ.* Festschrift für W. Pollak. Wien 1985, 565-588.

VICK, M.: *Hesitationsphänomene im Französischen.* Trier 1985.

Sachregister

Wortregister*

1. Französisch

* Graphiebeispiele aus dem IV. Kapitel sind nicht aufgeführt.

2. Deutsch

3. Englisch

Frankreich-Lexikon

Schlüsselbegriffe zu Wirtschaft, Gesellschaft, Politik, Geschichte, Kultur, Presse- und Bildungswesen

von Bernhard Schmidt, Jürgen Doll, Walther Fekl, Siegfried Loewe

I. Académie — Jours de France

372 Seiten, DIN A 5, kartoniert, DM 39,—. Grundlagen der Romanistik, Band 7

II. Laïcité — Zone Franc

563 Seiten, DIN A 5, kartoniert, DM 68,–. Grundlagen der Romanistik, Band 13

Dieses Frankreich-Lexikon enthält in alphabetischer Folge Artikel zu über 600 Schlüsselbegriffen und bietet damit allen an Frankreich Interessierten eine einmalige Informations- und Nachschlagemöglichkeit. Alle für die Frankreichkunde wichtigen Begriffe sind erfaßt und in den lexikalischen Artikeln erklärend behandelt. Dabei wird der Blick überall auch auf die geschichtlichen Zusammenhänge gelenkt. Besonderen Informationswert haben die beigefügten Adressenangaben und weiterführenden Literaturhinweise. Die umfangreichen Anhänge im II. Band bieten dem Benutzer mit Karten, tabellarischen Übersichten, einer synoptischen Zeittafel und einer thematisch gegliederten Bibliographie zusätzliche Arbeitshilfen. Drei große Register erschließen das gesamte Lexikon.

Französische Lyrik des 20. Jahrhunderts

Theorie und Dichtung der Avantgarden

von Walter Pabst

360 Seiten, DIN A 5, kartoniert, DM 54,–. Grundlagen der Romanistik, Band 12

Walter Pabst führt mit diesem Band an die Grundzüge und Richtungen der französischsprachigen Lyrik im 20. Jahrhundert heran. Was dabei unter Lyrik zu verstehen ist, klärt er aus der Sicht wechselnder Perspektiven und stellt das Typische und Neue dieses Jahrhunderts unter Berücksichtigung der historischen Hintergründe exemplarisch heraus. An Beispielen zeigt der Autor, wie sich seit hundert Jahren Empfinden und Imagination in französischer Lyrik kristallisieren. Er vermittelt zugleich ein Gesamtbild der großen Entwicklungslinien. — Mit weiterführenden Bibliographien.

Geschichte des lateinamerikanischen Romans

von Leo Pollmann

I. Die literarische Selbstentdeckung (1810—1929)

153 Seiten, DIN A 5, kartoniert, DM 29,80. Grundlagen der Romanistik, Band 11

II. Literarische Selbstverwirklichung (1930—1979)

184 Seiten, DIN A 5, kartoniert, DM 38,60. Grundlagen der Romanistik, Band 14

Schon seit Beginn des 19. Jahrhunderts hat sich auf dem Gebiet des Romans eine über alle lateinamerikanischen Staaten verzweigte Tradition herausgebildet, für die es bisher aber noch keine umfassende, auch Brasilien einschließende Darstellung gibt. Pollmann legt daher eine Geschichte der literarischen Selbstentdeckung und Selbstverwirklichung Lateinamerikas anhand seiner Romane vor, mit der er zugleich die Aspekte der allgemeinen historischen Entwicklung berücksichtigt. Dieses zweibändige Werk, das dem heutigen großen Interesse an Lateinamerika Rechnung trägt, liegt jetzt abgeschlossen vor.

ERICH SCHMIDT VERLAG